Egon Netenjakob Eberhard Fechner

Für Manfred Delling
und
Dietrich Leder

Egon Netenjakob
Eberhard Fechner

Lebensläufe dieses
Jahrhunderts im Film

QUADRIGA

CIP-Titelaufnahme der Deutschen Bibliothek

Netenjakob, Egon:
Eberhard Fechner: Lebensläufe dieses Jahrhunderts im Film /
Egon Netenjakob. – Weinheim ; Berlin: Quadriga, 1989
  ISBN 3-88679-181-5

©1989 Quadriga Verlag · Weinheim und Berlin
Lektorat: Claus Koch
Umschlaggestaltung: Manfred Manke
Satz: Hermann Hagedorn GmbH · 6806 Viernheim
Druck: Druckhaus Beltz · 6944 Hemsbach
Buchbinder: Josef Spinner
Großbuchbinderei GmbH · 7583 Ottersweier
Printed in Germany
ISBN 3-88679-181-5

INHALT

*Unseren Gesellschaftswissenschaften (...) muß die Normalität
als ein dunkler Kontinent erscheinen, als ein unerforschlicher
Schwarzer Körper, der das Licht der Neugier, der Kritik und
der herrschenden Vernunft verschluckt. Die Normalität ist
eine defensive Kraft, aber sie ist unfähig, zu resignieren.
Mit Meinungen, Weltanschauungen, Ideologien ist ihr nicht
beizukommen. (...) Sofern die Gattung fähig ist zu überleben,
wird sie ihre Fortdauer vermutlich nicht irgendwelchen
Außenseitern verdanken, sondern ganz gewöhnlichen Leuten.*

Hans Magnus Enzensberger

Vorwort

Die Arbeiten des „filmenden Literaten" Eberhard Fechner vermitteln auf eine ungewöhnliche Weise die Geschichte dieses Jahrhunderts. Das Bedeutsame ist, daß seine Filmerzählungen zwar extrem detailreich sind, aber überhaupt nicht elitär. Über das Fernsehen erreichen sie nicht nur ein Millionenpublikum, sondern sie bewegen auch viele Menschen tief, wie die Zuschriften immer wieder beweisen. Die Programmplaner reagieren auf die Publikumsgunst mit zahlreichen Wiederholungen. Und außergewöhnlich für Fernsehereignisse ist auch die Aufmerksamkeit, die seine Arbeiten in der Presse auf sich gezogen haben, mit hunderten von Besprechungen und Berichten. Daß Zuschauer und Kritiker so fasziniert sind, mag daran liegen, daß sie Dinge aus dem Leben ihrer Großeltern, ihrer Eltern oder aus ihrem eigenen Leben wiedererkennen können, aber im zeitgeschichtlichen Zusammenhang verblüffend neu gesehen. Und dies ohne an auch nur einer Stelle besserwisserisch belehrt zu werden.

Dieses Buch verfolgt unter anderem die Absicht, Menschen, die diese Filme sehen, Fechners Werk näher zu bringen. Um seinen besonderen Ansatz zu verstehen und nachvollziehbar zu machen, war es notwendig, den Filmregisseur nicht nur nach seiner Arbeit, sondern auch nach seinem Leben zu fragen, insbesondere nach den frühen Jahren, weil Arbeit und Lebensgeschichte gerade bei Fechner ineinander verschränkt sind.

Ein Schriftsteller, der Befragungen, Autorenporträts skeptisch sieht, meint, in der abgefragten Biographie lauere „ein Großmythos, der seit Jahrhunderten bemüht wird, um ein Standbein in die Beliebigkeit zu rammen und individuelles Gebiet abzustecken...". Ich mag dagegen jemandem, der sein Persönliches ängstlich vor einem Frager versteckt, nicht glauben, weil ich mich immer schon mehr für Autoren interessiert habe, die sich aus politischer Einsicht bemühen, das Schöpferische zu *entmystifizieren*. Daß auch Eberhard Fechner das versucht, und, soweit möglich, wie ein ‚Tischler‘ Auskunft gibt über sich und sein Handwerk, ist eine Voraussetzung gewesen für dieses Buch.

Egon Netenjakob, im März 1989

Einleitung

Warum ein Künstler (eine Künstlerin) arbeitet wie er (sie) arbeitet, ist eine Frage, die mich zentral beschäftigt. Seine (ihre) persönliche Geschichte interessiert mich umso mehr, je inniger der Zusammenhang abzulesen ist zwischen den Erfahrungen, die er (sie) gemacht hat und deren Formulierung. Diese Intensität erreicht nicht jemand, der einen solchen Zusammenhang willentlich herstellen möchte, sondern nur jemand, der über das Formulierbare hinaus einen Antrieb, ein Bedürfnis hat, das, was ihm begegnet ist, zu sammeln, festzuhalten, zu begreifen, zu verdichten, zu formulieren. Fast mehr noch als die *Resultate* interessieren mich die offenliegenden und die verborgenen *Motive,* die zu ihnen führen, die Verläufe, der ganze Produktions*prozeß,* das Handwerk, das Ingenieursmäßige. Ich beschäftige mich mit Eberhard Fechners *Neugier* auf das anscheinend Normale, mit seiner Methode, einen „unerforschlichen Schwarzen Körper, der das Licht der Neugier, der Kritik und der herrschenden Vernunft verschluckt" (Enzensberger), sichtbar zu machen.

Dazu bedient Fechner sich einer noch immer relativ neuen Technik, der Filmaufnahme, deren Möglichkeiten längst nicht erschöpft sind. Und die mündliche freie Rede ist, seit man sie in Ton und Bild festhalten kann, in anderer Weise zugänglich. *Fechner zielt mit der Methode, die er gefunden hat, auf nichts Geringeres als auf eine neue Form der Überlieferung.* Er denkt – und das ist nicht Unbescheidenheit, sondern nur die Konsequenz des Handwerks – an die Bedeutung, die ein Film wie „Der Prozeß" in fünfzig, in hundert Jahren haben könnte. (Vorausgesetzt, die Geschichte der Menschheit wird nicht vorzeitig beendet.) Fechner hat eine Synthese zwischen einer *filmischen* und einer *literarischen* Erzählweise entwickelt. Seine Aussagen-Mosaike kombinieren die Vorteile des gefilmten Interviews (Spontaneität, lebendiges Mienenspiel, persönliche Stimme) mit

11

denen eines literarischen Gesprächs-Abbilds (Verdichtung der Aussage, folgerichtige Argumentation, poetische Konstruktion). Dazu kommt noch eine Annäherung an Spielformen durch die künstliche Verknüpfung der einzelnen Aussagen verschiedener Personen an verschiedenen Orten zum fiktiven Dialog.

Bestimmte Aspekte der Geschichte erzählt zu bekommen von ganz normalen Menschen, die daran hauptsächlich erleidend beteiligt waren, in einer Lebendigkeit, welche die Dimension Zeit geradezu aufhebt: das ist ein faszinierender Gedanke. Filme wie die von Fechner werden dann, das ist meine Überzeugung, kleine Zeitmaschinen, die es erlauben, sich mit einer ziemlich konkreten Fantasie ins 20. Jahrhundert zurückzubegeben. Das ist nichts prinzipiell Neues, weil Künstler das immer schon bis zu einem bestimmten Grade geleistet haben. Aber es wäre doch etwas anderes, wenn wir zum Beispiel Mitglieder einer Pariser Handwerkszunft um etwa 1790 über ihre persönlichen Erinnerungen an die Revolution reden hören und sehen könnten. Die Mittel, eine solche „Geschichte von unten" zu erzählen, gibt es nun. In dem Maße, in dem es durch die stürmischen technischen, politischen und sozialen Entwicklungen schwieriger wird, die Vorgänge in der Welt richtig zu überschauen und einzuordnen, müßten Methoden wichtiger werden, die zu einer exemplarischen Darstellung komplizierter menschlicher Zusammenhänge führen. Die Naturgesetzlichkeit der Normalität, des alltäglichen menschlichen Handelns, in ihren hoffnungslosen und zugleich hoffnungsvollen Widersprüchen, das ist vielleicht eine Perspektive in der gar nicht so „neuen" Unübersichtlichkeit.

Heute morgen hast Du gesagt, daß die Leute in meinen Filmen eigentlich fast nie einen Gedanken äußern. Ich bin da anderer Ansicht. Ich versuche nur eine Situation zu vermeiden wie diese hier, wo Du ein Buch über meine Arbeit schreibst und mich dadurch zwingst, mich dazu zu artikulieren. Das ist eine Ausnahme-Situation. Der Alltag, der mich interessiert – der Alltag in jeglicher Form, der sogenannte alltägliche Mensch, die Banalität, das scheinbar Durchschnittliche –, findet eben nicht – wie in Theaterstücken oder auch in Filmen – so statt, daß die Leute ununterbrochen Sentenzen von sich geben, die meistens vom Autor stammen, der das zu einem Zeitpunkt geschrieben hat, als man es besser wissen konnte. Es ist leicht, in einen Film nachträglich einen Mahner einzubauen, der den Zeigefinger hebt. Es ist etwas anderes, Figuren zu erfinden, die es eben nicht besser wissen als ihre Zeit, die in ihrer Zeit, in ihren Irrtümern befangen bleiben.

Diese Art von Normalität des alltäglichen Lebens ist für Eberhard Fechner das zentrale Motiv. Die Menschen in seinen Filmen, den fiktiven wie den dokumentarischen, handeln unbekümmert um jede ‚höhere‘ und allgemeine Einsicht aus ihrer jeweiligen persönlichen Interessenlage heraus. Die berühmte Identität zwischen Sein und Bewußtsein, hier realisiert sie sich. Das Denken, die Anschauungen leiten sich unmittelbar aus den Interessen ab. Die Menschen bewegen sich entschieden außerhalb des politisch oder kulturell Offiziellen. Die Mikrostruktur der kleinen Beweggründe durchschaut und präsentiert Fechner in ungewöhnlichem Maße. In ihren Widersprüchen und scheinbaren Absurditäten enträtseln sich die Fechnerschen Lebensgeschichten als Überlebensgeschichten.

Fechner wuchs zu einer Zeit auf, als der immer vorhandene Unterschied zwischen dem, was offiziell gesagt und geschrieben wird, und dem, wie die Menschen tatsächlich denken und handeln, extrem groß war.

Du darfst nicht vergessen, daß ich meine Kindheit in der Nazizeit verbracht habe. Das ist es, was so schwer zu vermitteln ist: Dieser offizielle Wahnsinn war ja nur oben. Das Leben ging scheinbar normal weiter. Und den Krieg mit all diesem offiziellen Wahnsinn haben die Menschen wahrscheinlich auch nur deshalb so gut überstanden, weil sie es für unabdingbar hielten. Auch wenn man nicht Nazi war, hielt man Geschichte und damit auch das eigene Leben für ein unabwendbares Fatum, an dem nicht zu rütteln war. Dem war man ausgesetzt und diesem Gesetz hatte man sich zu fügen, und man hatte keinen Einfluß darauf. Du bist eben in diese Welt so und so hineingeboren. Niemand kam auf die Idee, den Krieg als solchen in Frage zu stellen, daran Kritik zu üben. Ja nun, der Krieg ist da, jetzt fallen die Bomben. An der Front wird eben geknallt, und wenn du verwundet wirst, dann wirst du verwundet, und wenn du getötet wirst, dann wirst du getötet. Diese jahrelange Geschichte bewirkte so eine Haltung: das ist nun so, das hat sich nun so getroffen, man muß sehen, wie man zurecht kommt. Das ist die normale Haltung.

Fechners extrem nüchterne Sicht der Menschen und ihrer Beweggründe im alltäglichen Handeln ist nicht verachtend. Vielmehr stimmt der von *jedem Idealismus befreite* Blick nicht selten heiter. Die aufgezeigten Mechanismen haben oft eine gewisse Komik. Mir fällt der französische Komödienautor Feydeau ein, weil er gleichfalls seine Personen in ein präzise kalkuliertes Netz von Ursachen und ungewollten Wirkungen verstrickt, die den Unterschied zwischen realem Handeln und offizieller Moral nur zu deutlich werden läßt. Übrigens wie bei Fechner ohne die Personen zu denunzieren, weil sie unter der Gleichheit eines ‚Cosi fan tutte‘ stehen. Was bei Feydeau lust- und effektvoll eingeschränkt ist auf die bürgerliche Zweigeleisigkeit in Denken und Handeln allein gegenüber der Sexualität, eine in bestimmten Verhältnissen begründete, vielleicht mit diesen zu überwindende ‚Doppelmoral‘, das ist bei Fechner – weniger spektakulär, aber umfassender – die allgemeine Befindlichkeit des „normalen“ Menschen.

Fechners Illusionslosigkeit kommt aus der Generationserfahrung. Die Nazi-Diktatur war etabliert, als Fechner zur Schule kam, schien ihn nur am Rande zu berühren, und war besiegt, als er erwachsen wurde. Aber die Vorgänge, die Verbrechen waren trotz aller bekannten historischen Herleitungen und Kommentierungen in ihren alltäglichen Ursachen so wenig zu erklären, daß ein Bedürfnis zu begreifen, lebenslang vorhanden ist. Die Kette seiner Arbeiten bis hin zu „La Paloma" gestattet immer neue Einblicke.

Das Bedürfnis nach Aufklärung äußert sich in einer permanenten Suche nach den Fakten, den kleinen alltäglichen Handlungen und Entscheidungen. Alles andere, etwa die Begründungen, welche die Menschen in ihren Erzählungen für ihre Handlungsweise geben, wird mit bestimmten handwerklichen Mitteln als bloße Einkleidung sichtbar. Bei der skrupulösen Auswahl, die Fechner aus den gesammelten Interview-Aussagen trifft, werden Selbstinterpretationen nur dann herangezogen, wenn sie als solche auch deutlich werden. Wenn die Widersprüche zu den herausgearbeiteten Fakten nicht direkt sichtbar werden, hilft die Montage nach, etwa durch eine Reihung einander widersprechender Aussagen.

Und das hat mich eben fasziniert, daß durch die Summe subjektiver, unterschiedlicher und widersprüchlicher Aussagen am Ende sich doch ein relativ genaues Bild dessen abzeichnet, was darzustellen ist. Ob das der Schulunterricht im Dritten Reich war, das Schicksal von deutschen Juden in Frankfurt, das einer Unterhaltungsmusikgruppe, oder das Leben der Adeligen in diesem Jahrhundert: am Ende kommt zwangsläufig heraus das ziemlich – ich sage immer ‚ziemlich', weil hundertprozentig gibt es nicht – zutreffende Bild einer ganz bestimmten Gesellschaftsschicht zum einen und von individuellen Schicksalen zum anderen. Und das Bild bestimmter historischer Situationen, sei es das Kaiserreich, sei es Weimarer Republik, sei es Inflation, Drittes Reich – Anfang, Mitte, Ende –, sei es

Kriegszeit und Nachkriegszeit. Es ist eben möglich, Geschichte von unten zu beschreiben, aus der Sicht der Betroffenen.

Die Geschichte „von unten zu beschreiben" heißt aber für Fechner nicht nur, die „Betroffenen" zu Wort kommen zu lassen, sondern den Motiven nachzuspüren, mit denen sie ihr Leben bestimmen oder von denen sie es bestimmen lassen. Die schwer erforschliche Normalität ist es, der er beharrlich und kontinuierlich immer wieder nachspürt.

Von dieser Zielrichtung seiner Neugier sind seine Methoden bestimmt. Während in einem konventionellen Feature die Befragten Hauptpersonen bleiben, Experten, an die der Interviewer wichtige Positionen delegiert, geht Fechner in seinen Interview-Filmen einen entscheidenden Schritt weiter. Ihm kommt es nicht darauf an, die Position eines bestimmten Interviewten zu reproduzieren. Er bleibt vielmehr immer der Autor, der nach Wissen und Gewissen darüber bestimmt, welche Person an welcher Stelle mit welcher Aussage zitiert wird. Und er kann auch auf den üblichen Kommentar verzichten. Obwohl er keinen einzigen Satz geschrieben hat, ist er als Autor in der Summe der zitierten Sätze präsent. Mit jeder Teil-Montage und mit der Komposition der Montage-Teile formuliert er seine Sicht. Der einzelne Interviewte hat seine Hauptrolle verloren. Eine Bedeutung ist ihm nur in dem Maße zugestanden, wie er als Zulieferant für die Einsichten taugt, die der Autor im Verlaufe seiner Arbeit gewinnt. Der Befragte ist nur mit den zehn oder fünfzig oder zweihundert Sätzen präsent, die der Autor ihm innerhalb einer Erörterung, innerhalb der systematischen Begehung eines bestimmten historischen Feldes zuweist. Und seine Sätze erscheinen nicht in der Reihenfolge, in denen er sie gesprochen hat, sondern sie kommen mit den Abschnitten der Film-Konstruktion, zu denen sie jeweils passen.

Gegen diese Methode richten sich Einwände, manchmal unter dem Stichwort *Manipulation*, die noch zu erörtern sein werden, wenn vom Handwerklichen genauer berichtet wird. Dabei wird sich übrigens zeigen, wie subjektiv und wie wenig ohneweiteres zu kopieren dieses ‚dokumentarische‘ Verfahren ist, wie sehr es von bestimmten Eigenschaften des Autors Eberhard Fechner abhängt.

Neu ist auch Fechners Form der Literatur-Verfilmung. Die Spielfilm-Drehbücher entstehen nach demselben Prinzip wie die Interview-Filme. Ein Roman ist ihm eine Materialsammlung mit einzelnen Motiven und Aussagen, die in eine neue, seinen Interessen und Absichten entsprechende Reihenfolge zu bringen sind. Wie die Abschrift der Interviews nimmt er den Roman auseinander. Seite für Seite und Absatz für Absatz ordnet er nach den für ihn wichtigen Informationen, Szenen, Motiven und setzt systematisch neu zusammen. Dabei bemüht er sich nicht, die Struktur der literarischen Vorlage zu erhalten. Vielmehr arbeitet er (wie in den Interview-Filmen) daran, das herauszuholen und zu verstärken, was eigenen Erfahrungen, Einsichten, Fantasien entspricht. Fechners ‚Verfilmungen‘ versuchen also nicht, das Original nachzuahmen, sondern folgen eigenen Intentionen. Gerade dadurch wirken sie ‚authentisch‘, denn es gibt keine guten Interpreten, die auf sich selber verzichten.

Weil Fechners Arbeiten von immer dem gleichen Interesse an ganz normalen Menschen bestimmt sind, haben sie auch alle miteinander zu tun:

> Von 1973 an habe ich keinen Film mehr gemacht, der nicht in irgendeiner Beziehung zu allen anderen steht. Das heißt, ich habe mich für ein Projekt, ein Thema erst dann entschieden, wenn ich mir darüber klar wurde, daß es als Ergänzung, als Pendant, als Gegensatz, als Widerspruch zu dem bisher Gemachten taugt. Das bringt für mich eine Bereicherung, Erweiterung, Vertiefung.

17

Charlotte Fechner

Eberhard Fechner ist bei seiner Mutter aufgewachsen. Es ist ihre Haltung zum Leben, ihre Art, mit Menschen umzugehen, die ihn geprägt haben, und nicht zuletzt ihre ganz selbstverständlich auf den Sohn gerichtete Liebe, die intensiv war, aber nicht einengend. Fechners Sicht auf die Menschen und ihre Lebensumstände ist geprägt durch die Denkweise dieser bemerkenswert eigenständigen Frau. Er erinnert sich enthusiastisch an die merkwürdig gleichberechtigte Rolle, die er als das einzige Kind für sie spielte:

> Für meine Mutter war ich der Mittelpunkt ihres Lebens, von dem Moment an, wo ich geboren wurde, bis sie starb. Eigentlich immer. Sie hat viele Freunde gehabt, aber wenn ich einen Mann nicht mochte, das kriegte sie ja schnell raus, dann hörte sie mit ihm auf, und es kam irgendwann jemand anderes. Und sie hat das auch nie vor mir verheimlicht. Ich lernte sie alle kennen, und ich mochte sie oder ich mochte sie nicht. Einer war Korvettenkapitän bei der Marine und war im diplomatischen Dienst. Der wollte sie heiraten. Und er sagte, aber dann muß Eberhard in ein Internat. Aber sie sagte, nein, der kommt nicht in ein Internat und hat ihn nicht geheiratet. Eifersüchtig bin ich nie gewesen. Dazu hat mich meine Mutter mit zu viel Liebe eingehüllt. Ich hab ja auch nie den Vater vermißt.

Charlotte Fechner ist 1901 in der schlesischen Kreisstadt Liegnitz geboren. Ihre Mutter Lisbeth war die Tochter des auf vielen Instrumenten virtuosen Stadtmusikers Zimpel. Ihr Vater Fritz Sternsdorff war in Liegnitz Finanzbeamter. Dessen Vater war als standesbewußter Gutsbesitzer über Heirat und mäßige Karriere des Sohnes nicht erfreut. Mit seinem sich vom Sohn und seiner Familie distanzierenden Klassenbewußtsein verlor der Großvater jede Bedeutung für Eberhard Fechners Familiengeschichte, wozu sein früher Tod zusätzlich beitrug. Die Musiker-Familie dagegen blieb mit einigen Tanten, den Schwestern der Großmutter, wichtig und gegenwärtig.

Zu einer von ihnen wurde Charlotte Fechner als Kind gegeben. Unter nicht ganz leichten familiären Umständen hatte Fechners Großmutter in diesen Wunsch ihrer kinderlosen Schwester Clara eingewilligt. Entgegenstehende Gefühle beschwichtigte sie mit dem Gedanken, die Tochter würde es durch eine reiche Erbschaft (die dann nicht zustandekam) einmal besser haben.

Der innere Konflikt der Großmutter wurde jedoch zu einem äußeren: Im Elternhaus in der Liegnitzer Raupachstraße fühlte Charlotte sich wie eine Fremde. Die Kluft zu ihrer Mutter war nie wieder zu überbrücken. Daß sie nach dem Ersten Weltkrieg mit achtzehn Jahren den Hauptlehrer Paul Fechner nach kurzem Kennenlernen sogleich heiratete, war wohl auch eine Flucht aus den Spannungen.

Aber auch die Enttäuschung war damit schon vorgezeichnet: In schlesischen Dorfschulverhältnissen zu leben, in Schulwohnungen ohne fließend Wasser mit unheizbarer Toilette auf dem Hof, was in den kalten Wintern sehr unangenehm war, in Orten wie Trockenau von gewohnten geselligen und kulturellen Zusammenhängen abgeschnitten zu sein, das war für die lebenslustige Bürgerstochter nicht sehr angenehm. Für die junge Frau war es nicht erträglich, daß sie auf dem Lande mit einem Mann zusammengespannt war, der gewiß weder ein dummer noch ein schlechter oder unempfindlicher Mensch war; es könnte aber so gewesen sein, daß er seine Liebe nicht recht ausdrücken konnte, daß es ihm an spontaner Zärtlichkeit ebenso fehlte wie an leichten Gedanken, daß er sich hinter Strenge und Folgerichtigkeit verschanzte. Das wäre dann eine durchaus übliche männliche Haltung gewesen gegenüber einer jüngeren, aber von der Tante zu Selbstbewußtsein erzogenen Frau. Charlotte empfand diese Zeit, so sagte sie es dem Sohne später, als die schlimmsten Jahre ihres Lebens.

Der Weg zum Selbständigsein, zu der für sie charakteristischen improvisierenden Lebenstüchtigkeit konnte nur über einen Bruch mit den einengenden Eheverhältnissen führen. Ihre Auflüge aus der dörflichen Enge zur Freundin nach Liegnitz oder in die Universitätsstadt Breslau wurden häufiger. Dort verliebte sie sich in einen Studenten und wurde von ihm schwanger. Die Schmulers waren eine bürgerliche jüdische Familie in Lüben, etwa 30 km nördlich von Liegnitz. Der Vater des Freundes war Direktor des dortigen Postamts. Die Umstände waren so, daß Charlotte Fechner schließlich entschied, sich scheiden zu lassen, worin Paul Fechner unter der Bedingung einwilligte, daß sie vor Gericht die ‚Schuld‘ auf sich nahm.

Sie wohnte jetzt wieder bei ihrer Mutter in Liegnitz in der Raupachstraße. Dort wurde der Sohn Eberhard am 21. Oktober 1926 geboren. Charlotte war jetzt ohne ausreichende Mittel. Die Unterstützung durch den ehemaligen Ehemann, der den außerehelichen Sohn gern bei sich gehabt hätte, war sehr gering: 14 RM im Monat. Und das bißchen Geld, das Fechners Großmutter von der Oberinspektorswitwen-Rente abzweigen konnte, bekam ‚Louis Quatorze‘, wie die bevorzugte Tante Hildegard ihrer künstlich aufgetürmten Lockenpracht wegen in der Familie hieß. Der Familientradition folgend, studierte sie in Berlin Musik. Dort, so hieß es böswillig oder treffend, genoß sie mehr das künstlerische Milieu und ihre Weiblichkeit, als in das Wesen der Musik einzudringen. Was sie zur Musiklehrerin prädestinierte. Aus ihrer schnell gescheiterten Ehe stammte die Cousine Helga, Eberhards Spielgefährtin. Es gab familiäre Spannungen. Fechner erinnert sich an die häusliche Atmosphäre:

Diese drei Frauen saßen nun in Liegnitz in einer Wohnung. Und sie waren sich so spinnefeind, daß sie sich – das habe ich gesehen – vor Haß sogar geprügelt haben. Der größte Liebling meiner Großmutter war ausgerechnet ich, der Sohn der Tochter, die sie nicht mochte. Mit Helga, dem

Kind der Tochter, mit der sie ganz eng war, konnte sie wiederum nichts anfangen. Eine Tschechowsche Situation.

Die Scheidung und die Familien-Situation war für Charlotte Fechner das Signal, ihre Unabhängigkeit zu suchen, die sie dann niemals wieder aufgab. Sie nahm sofort einen Eilkursus in Stenographie und Schreibmaschine. Ihr erster Beruf war also Stenotypistin, ihre erste Anstellung für 90 Reichsmark im Monat auf dem Schlachthof in Liegnitz. Dann am selben Ort für 102 RM in der Weinhandlung Debré.

Der Tod von Tante Clara 1930, Charlottes geliebter Ziehmutter, genauer gesagt deren Begräbnis, ist eine von Eberhard Fechners frühesten Erinnerungen: die Bahnreise mit Mutter und Großmutter. Bei dem Film „Damenstift" kamen sie wieder hoch, denn es war ein Schloß, ein Stift, in dem die Großtante nach dem Tod ihres wohlhabenden Mannes gelebt hatte. Eberhard Fechners Mutter wurde während der Zeit, als sie bei ihren Zieheltern lebte, in einer kleinen Privatschule unterrichtet. Während der Dreharbeiten zu „Damenstift" war es ihm so, als ob die ältere Schwester der Gräfin Oppersdorf eine Mitschülerin auf dieser Privatschule gewesen sei.

Imaginative Rückbezüge während der Arbeit auf die eigene Lebensgeschichte sind für Eberhard Fechner nicht selten. Vielmehr gibt es, und das ist in der Fechner-Literatur bisher unbekannt, ständig solche Beziehungen, die sich inhaltlich und formal auswirken. Fechner, dessen Filme Vielen als eng an Fakten orientiert gelten, arbeitet in Wirklichkeit versteckt autobiografisch, sobald sich eine Gelegenheit dazu bietet. Auch dies ein wichtiges Motiv für den Versuch, etwas von seiner Lebensgeschichte zu verstehen und darzustellen.

Von der Mutter selbstverständlich geliebt zu werden, war das eine wichtige Moment in Eberhard Fechners Kindheit. Das andere, damit in Zusammenhang stehend, war, von der Mutter nicht in einen künstlichen Kindheits-Schonbezirk ausgegrenzt zu werden. Eberhard wurde von Anfang an als Person ernst genommen. Aus den eigenen Erfahrungen und mit ihren Bedürfnissen sah Charlotte Fechner in dem Kind einen ganz normalen Menschen mit zu respektierenden Eigenschaften, lediglich ohne entwickelte Erfahrungen. Von vorneherein, so verstehe ich die Geschichten, die Eberhard Fechner mir erzählt hat, betonte sie eine Art Gleichberechtigung in der Unterschiedlichkeit. Diese praktisch emanzipierte Auffassung von Kindererziehung war damals in Deutschland noch weniger allgemein als in der Bundesrepublik heute.

Fechner erinnert sich besonders gern an Gefühle oder Situationen aus der frühen Kindheit. Charlotte Fechner erzählte über ihre Erfahrungen, die öffentlichen und die privaten, immer so viel und solange, wie Eberhards Aufmerksamkeit reichte. Und das war weit mehr als einem Kind üblicherweise zugestanden wird. Was Eberhard Fechner heute selber als charakteristische Eigenschaft empfindet, seine Neugier, sein Bedürfnis, so viel wie nur möglich erfahren und verstehen zu wollen, mag auch darin begründet sein, daß er sehr früh zum Zuhörer gemacht wurde.

> Meine Mutter hatte die Angewohnheit – und sie hat sie bis zu ihrem Tode beibehalten –, alle Probleme, die sie hatte, mit mir zu besprechen. Als ich ein kleiner Junge war, lag ich immer schon im Bett, wenn sie abends von der Arbeit kam. Dann setzte sie sich zu mir und erzählte mir offen ihre Erlebnisse.

Wenn sie zum Beispiel den Jungen als Kleinkind mit Gemüse fütterte, spielte es eine Rolle, daß sie dieses Gemüse bei dem Schuster Hornig eingekauft hatte. Der hatte in Liegnitz vor der Stadt ein Feld. Charlotte Fechner fuhr mit Eberhard eigens hin, um ihm zu zeigen, wie's wuchs.

Der Hornig-Junge war im Hof sein Spielkamerad. Er litt an Kinderlähmung, fuhr aber virtuos in dem von seinem Vater gebauten „Holländer", wie die mit den Händen zu bewegende Konstruktion eines Kinderautos damals genannt wurde. Im

Hause betätigte er ein anderes, beneidenswert kostbares Besitztum, eine wunderbare Dampfmaschine mit vielen, wasserdampfgetriebenen Maschinchen.

Die erste Freundin war Daphne Rosenthal von der anderen Straßenseite. Die Rosenthals besaßen das angesehenste Bekleidungsgeschäft in Liegnitz. Ob sie, die Juden waren, sich haben retten können, weiß Fechner nicht zu sagen.

Als er, ein etwa Dreijähriger, wieder einmal über den Zaun geklettert war und in die neue kurze Hose eine Dreiangel gerissen hatte, war das 1929 ein größeres Unglück, als man es sich heute vorstellen kann. In der ersten Instanz versuchte die wenig ältere Daphne mit weißem Faden und großen Stichen den Schaden zu beheben. Nachdem die Mutter die Blöße bei dem sich verlegen an der Wand herumdrückenden Jungen entdeckt und der unvermeidliche spontane Gefühlsausbruch sich wieder gelegt hatte, erklärte sie genau und geduldig die Ursache für ihren Zorn: sie schilderte, wie lange sie für so eine Hose hatte arbeiten müssen und berichtete, daß gegenwärtig kein Geld da war für eine neue.

Das charakterisierte Verhältnis zwischen Mutter und Kind bewährte sich gerade auch in Konflikten. Ein einziges Mal setzte es Prügel, als er die Unterschrift der Mutter, die unter die Bescheinigung einer schlechten Schulleistung kommen sollte, gefälscht hatte. Und auch dieses Mal folgte der Strafe die einsehbare Urteilsbegründung.

Ein direkter Zusammenhang zwischen Kindheitserfahrungen und der späteren Arbeit zeigt sich deutlich bei „Klara Heydebreck", dem Film, mit dem Fechner berühmt wurde. Jeder Mensch, wird bewiesen, der wirklich beachtet wird, ist diese Anstrengung auch wert. Daß nach dem freiwilligen Tod der alten Frau die existentiellen Linien eines ganz normalen Menschen, der im Leben übersehen wurde, deutlich werden und Anteilnahme erzwingen, daß diese zufällig ausgewählte Person wichtig wird, macht die durchdringende Wirkung des Filmes aus. Kein anderer Autor hätte so detektivisch minutiös die entscheidende materielle Seite dieses Lebens aufgespürt und auf Mark und Pfennig dargelegt. Es waren Zusammenhänge, die Fechner kannte, und die er nur wiederentdecken mußte. Das Geld spielte, solange Fechner zurückdenken kann, immer eine so einsehbar wichtige Rolle, daß er bis heute die materielle Seite des Lebens immer im Auge hat.

Aus pekuniären Gründen gab es in dem Haus in der Liegnitzer Raupachstraße immer Untermieter. Einer namens Leuschner, ein SA-Mann, verschaffte 1932 dem Fünfeinhalbjährigen seinen ersten Job. Er setzte den Jungen hinten aufs Motorrad, einen Beutel mit Backwaren aus der Bäckerei im Nebenhaus um den Hals, und fuhr mit ihm zum SA-Vereinslokal. Das war an einem Sportplatz am Stadtrand gelegen. Die Angst, die Eberhard hatte, als unten die „Katzenköpfe", die Kopfpflastersteine vorbeiflogen, ist eine seiner frühen unauslöschlichen Erinnerungen. Den Liegnitzer SA-Leuten als Kind Gebäck verkauft zu haben, das gehört zu den absurden Situationen, die er als Beobachter nie übersieht und die er sich auch als Autor nicht entgehen läßt. Den Alltag als die Groteske wahrzunehmen, die er individuell und gesellschaftlich tatsächlich ist, mit einem erstaunten oder auch erschreckten Lachen, das kostet ihn keine Mühe, das ist etwas, was er kann.

Die Großmutter zog mit der Tante nach Berlin. Die Mutter konnte die Liegnitzer Wohnung nicht mehr halten und nahm ein möbliertes Zimmer. Die notwendige besser bezahlte Stellung fand sie bei der Liegnitzer NS-Frauenschaft als Sekretärin: Es war inzwischen 1933.

Es gab dann sogar Luxus in dem gemieteten Zimmer. Ein Telefon, das damals kaum jemand hatte und auf das die Mutter Wert legte. Und – vor allem auch für den Sohn wichtig – einen 12-Röhren-Radioapparat von Blaupunkt.

Das war damals so, als würde man sich heute einen Mercedes kaufen. Mit dem Radio konnte man wirklich jeden Sender in Europa kriegen. Und ich war ewig am Drehen. Und das war wunderschön.

Die selbständige, alleinstehende junge Frau mit Kind gehörte nicht zu der kleinen Minderheit der Menschen, welche die jeweilige politische Situation präzise analysieren können. Wo hätte sie, gerade als Frau, das damals auch lernen sollen? Aber mit den unmittelbaren persönlichen Erfahrungen gewann sie mehr und mehr kritische Einsicht in die Mißstände im national-sozialistischen Deutschland. Sie wußte zum Beispiel sehr gut, daß sie die Zugehörigkeit von Eberhards natürlichem Vater zur mißliebigsten aller Menschengruppen für sich behalten mußte, und daß sie an dieser Bewertung nie einen Anteil gehabt hatte und haben würde. Aber zunächst fiel ihr die Heimlichkeit über-haupt nicht schwer. Sie hatte mit der Familie Schmuler keine gute Erfahrung gemacht. Die waren über die Verbindung ihres Sohnes mit einer älteren, noch dazu verheirateten Frau nicht erfreut gewesen und hatten sich entsprechend verhalten. Und der Freund hatte sich der Familienraison gefügt. Da fiel es leicht zu vergessen.

Nachdem die Großmutter (gestorben 1958 mit 86 Jahren) mit der Tante nach Berlin umgezogen war, kam für den Jungen eine Zeit, in der er viel bei Bekannten herumgereicht wurde. Die Mutter mußte ja arbeiten, oft bis abends um acht und immer auch Sonnabends.

Daß Fechners Filme sehr von eigenen Erlebnissen mitfor-muliert sind, gilt insbesondere für die Spielfilme nach den Kem-powski-Romanen. Die vielen Überschneidungen eigener Erin-nerungen mit dem, was die Kempowski-Jungen erleben, waren das wesentliche *Motiv* für Fechner, gerade zu dieser Vorlage zu greifen. Die Filme sind eben nicht nur, wie geurteilt wird, die minutiöse Umsetzung von Szenen einer Vorlage, sondern sie enthalten versteckt viel Selbstbiographisches.

Wenn zum Beispiel in „Tadellöser & Wolff" besonders ein-drücklich Kinder malträtiert werden, bei der Nachhilfe oder beim Klavierunterricht, spielt die Erinnerung an zwei alte Frauen mit. Er sieht sie heute noch mit dem Gefühl der Kindheit als häßlich, alt, spindeldürr, unzeitgemäß gekleidet. Nach der

Mode von vor 1914. (Nebenbei: In Fechners Spielfilmen sind bei bestimmten Figuren, um sie damit zu charakterisieren, Kleider und Möbel deutlich älter als die aktuelle Mode der Zeit, in der sie spielen.) Diese beiden Alten zwangen ihn mit einem sadistischen Ritual, aufzuessen, was auf den Tisch kam. Gegen jeden Appetit. Als er erbrach, zwangen sie ihn sogar, das Erbrochene zu löffeln, eine wirkliche Folter. Fechner mag heute noch keinen Hering essen, weil der damals fixierte Ekel nicht mehr zu überwinden ist. Bei den Alten gab es allerdings auch Verlockendes: Bücher mit schönen Illustrationen und die Alben von Wilhelm Busch.

Und es gibt andere, gute Erinnerungen. Als die Mutter einmal ihren vierzehntägigen Jahresurlaub an der See verbrachte, wurde Eberhard bei einem kinderlosen älteren Studienrat untergebracht, der überaus freundlich und liebenswert war. Mit rührender Geduld schnitzte er Schiffchen aus Borke. Mast und Segel brachte er selbst in einer Nußschale unter. In seiner ganzen Art und Weise spürte der Junge sehr angenehm eine väterliche Liebe, die er meint, sonst nie vermißt zu haben, weder vorher noch nachher. Von heute aus gesehen gab es einen Schönheitsfehler. Dieser persönlich so freundliche Mann war ein überzeugter Nazi auf deutschnationaler Grundlage. Er schenkte dem Jungen ein unglaublich chauvinistisches Buch über den Krieg 1870/71 („Deutsche Hiebe" von Ernst Leistner, H. Krumbhaar-Verlag Liegnitz) mit pathetisch patriotischen Illustrationen, das Fechner heute noch besitzt. Wie er überhaupt an Erinnerungsstücken sehr hängt.

Ein Kindheitserlebnis (wahrscheinlich 1934) ist ihm besonders im Gedächtnis geblieben, weil es einen unvergeßlich starken Eindruck gemacht hat: eine Wanderung mit der Mutter durch das Riesengebirge von Krummhübel aus bis auf die Schneekoppe.

Mehrere Tage haben wir gebraucht, sind oben den Kamm des Riesengebirges entlanggelaufen bis zur Elbquelle.

Das ist wunderbar zu gehen. Und wir haben immer in „Bauden" übernachtet, das waren mehrstöckige Holzhäuser, praktisch Hotels. Und was mir da so tief im Gedächtnis geblieben ist und was mich heute noch so stark berührt, ist, daß ich dort, nachdem ich mal aus der Stadt Liegnitz rauskam, in kameradschaftlicher – um das Wort zu gebrauchen – Verbindung mit meiner Mutter das erste Mal so ein Freiheitsgefühl hatte wie zehn Jahre später bei dem Weg durch den Böhmerwald. Für mich war es eines der stärksten Erlebnisse meiner Kindheit. Inwiefern davon etwas in die einzelnen Filme geflossen ist, weiß ich nicht. Auf jeden Fall ist es in mein Leben hineingeflossen, daß ich immer ein Mensch war, der alles getan hat, um vollkommen unabhängig zu sein, gleichgültig, was für Folgen das hat.

Der Kontaktfreudigkeit seiner Mutter verdankt er unter anderem, was er als die schönsten Ferien seines Lebens erinnert. Ihre vielfältigen Beziehungen reichten an einer Stelle auch in die Kaste der schlesischen Rittergutsbesitzer, zu einer Familie von Wüstenhagen, deren riesiges Gut von vielleicht an die 10.000 Morgen in Ausche bei Liegnitz lag. Die nahmen, als sie in der Stadt zu tun hatten, Eberhard in ihrem offenen Mercedes (die unvermeidliche Assoziation damals: der Führer-*mercedes*) mit aufs Land in ihr Herrenhaus. Die jüngsten Kinder der Wüstenhagens, ein Zwillingspaar, hießen Hermann und Dorothea.

Trefflich hast du gehandelt, o Frau, daß du milde den Sohn fort
Schicktest, mit altem Linnen und etwas Essen und Trinken,
Um es den Armen zu spenden; denn Geben ist Sache des Reichen.
Was der Junge doch fährt! und wie er bändigt die Hengste!
Sehr gut nimmt das Kütschchen sich aus, das neue; bequemlich
Säßen viere darin, und auf dem Bocke der Kutscher.
Diesmal fuhr er allein; wie rollt es leicht um die Ecke!

So sprachs, unter dem Tore des Hauses sitzend am Markte,
Wohlbehaglich, zur Frau der Wirt zum Goldenen Löwen.

Goethes Vers-Epos hatte die Namen für die Zwillinge geliefert.
Bürgerlich-patriotische Absage an die Revolution. Der arme
Junge konnte diesmal umgekehrt das reiche Mädchen anhim-
meln, das in einem prachtvollen Hause wohnte und in dem er
sogar ein eigenes Zimmer hatte mit in Fechners Erinnerung ewig
wehenden Gardinen. Dorothea besaß etwas so Märchenhaftes
wie ein Kütschchen mit leibhaftigen Pony-Pferdchen. Unvergeßlich die Ponywagenfahrt zu den abgemähten Feldern, um
den Hühnern, die dort frei herumliefen und übriggebliebene
Körner aufpickten, etwas zusätzliches Futter zu bringen und
Wasser. Wenn der Kempowski-Junge bei Kriegsende noch einmal die verwüsteten Schloßräume betritt, sich umsieht, das Foto
der vornehmen Freundin vorsichtig aus dem Rahmen mit dem
zersprungenen Glas nimmt, sind das Kempowskis Erinnerungen? Oder sind es die Fechners?
Im Jahre 1935 ein HJ-Ferienlager. Das ist für Eberhard
Fechner die traumatische Erinnerung an einen Unfall und an
eine damit verbundene, in der furchtbarsten Weise demütigende
Situation. Unglücke passieren selten nur zufällig. Eberhard
hatte immer sehr gute Beziehungen zu einzelnen Kindern und
zu einzelnen Erwachsenen. Aber unübersichtliche Situationen
machten ihm Schwierigkeiten. Unter hunderten von Kindern
konnte sich ein so eindrucksfähiger und empfindlicher Junge
wie er nicht orientieren. Und es passierte das Peinigendste, was
überhaupt hätte passieren können. Als er nachts nervös und
schlaftrunken zum Plumpsklo ging, fiel er hinein, hielt sich am
Rande fest, schrie um Hilfe, wurde befreit und unter dem hun-
dertfachen Hohngelächter der Kinder, die für diese Situation
geweckt worden waren, mit einem kalten Schlauch abgespritzt.
Der Empfindliche, der kleine, daheim geachtete Außenseiter,
bekam schmerzlichst den Zeitgeist zu spüren. Die modische,
erbarmungslose Verachtung für alles, was aus dem Kollektiv

ausgegrenzt und als untüchtig diffamiert werden konnte. Für ihn, der es gewohnt war, über sein Alter hinaus ernst genommen zu werden, wirkte das paralysierend. Heute als Regisseur faszinieren ihn Massen-Szenen wie zum Beispiel der Gefängnis-Saal in „Ein Kapitel für sich". Und in dieser Faszination steckt zugleich der alte Schauder.

In der HJ-Szene im „Tadellöser" ist unter dem Drill der Sadismus unmittelbar präsent. Von der Vorlage ganz abweichend läßt er ihn dann in der privaten Szene zwischen den beiden Kindern an die Oberfläche kommen, in spielerischer Form und zugleich unheimlich. In „Ein Kapitel für sich" sind die Szenen im Zuchthaus Bautzen ein permanentes Umgehen in Variationen mit dem Schrecken und mit der eigenen Angst. Sie sind neurotisch im doppelten Sinne, objektiv als eine zu zeigende Extrem-Situation unter eingesperrten, zusammengepferchten Menschen, und subjektiv in den Urängsten, die eine solche Situation provoziert. In „Der Prozeß" suchte Fechner in den Interviews auch immer wieder die Antwort auf die Frage, wie ein Häftling seine Situation mit allen Details aushalten konnte.

Zeitlich ungefähr parallel zu der Szene im HJ-Lager hatte Charlotte Fechner ihr entscheidendes Erlebnis mit politisch stimulierten Menschenmassen. Mit der Leiterin der Liegnitzer NS-Frauenschaft fuhr sie zum Reichsparteitag nach Nürnberg. Das war für sie, wie sie später ihrem Sohn erzählte, ein für ihre Haltung entscheidendes Erlebnis. Was es genau war, das ihr an diesem Fest der nationalen Überhebung so unerträglich war, ist nicht mehr zu rekonstruieren. Zweifellos war die teils jüdische Herkunft des geliebten Sohnes inzwischen wichtiger geworden, machte sie es ihr doch unmöglich, den Rassenwahn auch nur passiv hinzunehmen. Ihr war das dort Erlebte so schrecklich, daß sie sofort nach der Rückkehr kündigte. Sie bewarb sich als Sekretärin in Berlin und fand eine Stelle mit 163 RM Monatsverdienst bei einem „Amt für Wiederaufbau", einer u. a. mit der IG-Farben-Industrie zusammenarbeitenden Dienststelle. Mutter und Kind zogen nach Berlin um. Nachdem sie mit dem Sohn vorübergehend bei Mutter und Schwester wohnten, mietete sie die Wohnung in der Kaiser-Wilhelmstraße 48.

Berlin C 2

In Liegnitz hatte Eberhard schon Neigungen gezeigt, die für ein Kind ungewöhnlich waren. Weil die Mutter tagsüber arbeiten mußte, war er nach der Schule sich selbst überlassen und machte in der Stadt seine eigenen Entdeckungen. Zum Beispiel ging er ohne ein religiöses Motiv gelegentlich in Kirchen.

> Ich bin sowohl in die protestantische als auch in die katholische Kirche und auch in die jüdische Synagoge gegangen, um mir da die Gottesdienste anzuhören und anzusehen. Und als Veranstaltung im wahren Sinne des Wortes hat mir die katholische am besten gefallen, weil sie die theatralischste war.

Ungewöhnlicher noch ist eine andere Erinnerung. Als er noch nicht oder gerade erst in der Schule war, jedenfalls noch nicht lesen und schreiben konnte, blieb er einmal aus und seine Mutter suchte ihn aufgeregt. Sie fand ihn schließlich in einem der Cafés, die es in Schlesien nach Wiener Vorbild gab. Sie entdeckte ihn bei einer ersten kulturellen Gewohnheit.

> Ich habe herausgefunden, daß man dort unendlich viele Zeitungen lesen konnte. Die hingen da und man konnte sie alle nehmen und brauchte sie nicht zu kaufen. Wo sollte ich das Geld her haben in dem Alter. Aber 20 Pfennig für eine Tasse Muckefuck hatte ich immer. Ich blätterte die Zeitungen durch, am Anfang ohne zu lesen die Bilder. Und später las ich eben darin.

Im Zentrum von Berlin aufzuwachsen, anstatt weiterhin in Liegnitz, in der deutschen Hauptstadt anstatt in einer, wenn auch angenehmen, Provinzstadt, brachte natürlich mit sich, daß es nun für den Jungen ungleich mehr zu entdecken gab. Die Lage der Wohnung war ideal dafür. Die Kaiser-Wilhelm-Straße, heute Karl-Liebknecht-Straße, war ein eher von sogenannten

31

Kleinen Leuten bewohnter, etwas nach Norden gebogener Fortsatz der großen Ostwest-Achse durch das Zentrum der Stadt. Von Westen her beginnt sie am heutigen Theodor-Heuss-Platz, oder noch weiter westlich mit der Heerstraße, heißt dann Bismarckstraße und Straße des 17. Juni (ehemals weniger bedeutungsbeladen Charlottenburger Chaussee), Brandenburger Tor, Unter den Linden, und hat dann ihr eigentliches Ende (oder ihren Anfang) am ehemaligen Stadtschloß, auf der Insel zwischen den Spreearmen. Am heutigen Marx-Engels-Platz steht noch, durch die Restauratoren zu neuer Schönheit gebracht, der Dom. Wer weiter geradeaus zu gehen versucht, kommt in die Karl-Liebknecht-Straße, vormals Kaiser-Wilhelm-Straße, die nicht weit vom Alexanderplatz unter der Hochbahn durchführt und vor dem Gebäude der Volksbühne auf dem Rosa-Luxemburg-Platz endet, der während der Hitlerzeit Horst-Wessel-Platz hieß und einmal der Landsberger Platz war. Das Haus, in dem Fechner mit der Mutter wichtige Jahre als Heranwachsender gewohnt hat, ist abgerissen worden. Aber hier ist sein eigentliches zu Hause gewesen. Auch heute noch erinnert er sich gern: Zuerst kam das Wohnzimmer, dann das Berliner Zimmer, in dem die Mutter schlief. Dann ging es zwei Stufen hinunter ins mit Kohle geheizte Bad und anschließend in Eberhards Zimmer, das schon im Hinterhaus gelegen war, dort im obersten Stock, sehr schön separat und mit gemütlichen schrägen Wänden. Die Wohnung hatte auch einen kleinen Balkon. Es gibt ein schönes Foto von Eberhard, von einer Freundin durch ein Fenster der Wohnung aufgenommen. Die Miete: 52 Mark.

Die, wie er es nennt, „verhauenste" Gegend von ganz Berlin ist es gewesen und damit wahrscheinlich von ganz Deutschland. In der Klasse, in die Eberhard ging, waren am Ende (mit 14) drei Jungen vorbestraft. Die Straßennamen aus „Berlin Alexanderplatz", dem Roman von Döblin, kann er alle mit eigenen Erfahrungen belegen, das ganze, in den 20er Jahren verrufene Kiez. Hinter der Hochbahn begann das Scheunenviertel, in dem die vielen jüdischen Familien noch lebten, von denen Fechner manche kannte; die meisten Erwachsenen gingen dort zwar nicht hin, sehr wohl aber die neugierigen Kinder.

Er wanderte die Rosenthaler Straße am Warenhaus Tietz vorbei, nach rechts bog er in die schmale Sophienstraße. Er dachte, diese Straße ist dunkler, wo es dunkel ist, wird es besser sein. (...) Ein Fremder hatte sich neben den entlassenen Sträfling gestellt, sah ihm zu. Er fragte: „Ist Euch was, ist Euch nicht gut, habt Ihr Schmerzen?", bis der ihn bemerkte, sofort mit dem Grunzen aufhörte. „Ist Euch schlecht, wohnt Ihr hier im Haus?" Es war ein Jude mit rotem Vollbart, ein kleiner Mann im Mantel, einen schwarzen Velourshut auf, einen Stock in der Hand. (...) „Gehn Sie doch los! Was wolln Sie denn von einem?" „Nun nun, nichts. Ihr ächzt und stöhnt so, wird man doch fragen können, wie Euch ist." Und durch den Türspalt drüben schon wieder die ollen Häuser, die wimmelnden Menschen, die rutschenden Dächer. Der Strafentlassene zog die Hoftür auf, der Jude hinter ihm: „Nun nun, was soll geschehn, wird doch nicht so schlimm sein. Man wird schon nicht verkommen. Berlin ist groß. Wo tausend leben, wird noch einer leben." Ein hoher finsterer Hof war da. Neben dem Müllkasten stand er. Und plötzlich sang er schallend los, sang die Wände an. (...) Und was er sang, daß es von den Wänden widertönte? „Es braust ein Ruf wie Donnerhall." Kriegerisch fest und markig. Und dann „Juvivallerallera" mitten aus einem Lied. Es beachtete ihn keiner. Der Jude nahm ihn am Tor in Empfang: „Ihr habt schön gesungen. Ihr habt wirklich schön gesungen. Ihr könntet Gold mit einer Stimme verdienen, wie Ihr sie habt." Der Jude folgte ihm auf der Straße, nahm ihn beim Arm, zog ihn unter unendlichem Gespräch weiter, bis sie in die Gormannstraße einbogen, der Jude und der starkknochige, große Kerl im Sommermantel, der den Mund zusammenpreßte, als wenn er Galle spucken müßte.

Döblin vermittelt eine bestimmte Menschlichkeit, einen Reichtum, der aus der Armut kommt, von dem der naive Strafentlassene Franz Biberkopf gefangen wird, bevor er es wieder vergißt. Von vornherein übersehen es natürlich die realen Bürger, weil diese Kultur mitten unter ihnen, mit ihrer sie erschreckenden und abstoßenden Armut, sie nicht nur nichts anzugehen schien, sondern ihnen Angst machte. Das ist die Abwehr-Haltung der Erwachsenen. Kinder reagieren unbefangen. Eberhard und seine Spielkameraden waren auf ihren Entdeckungs-Streifzügen öfter im Scheunenviertel.

> Es waren bettelarme Menschen, die dort lebten. Die hatten nichts, die hatten überhaupt nichts. Dreckig war es natürlich auch. Du mußt dir vorstellen, was los ist, wenn ein paar tausend Leute auf engstem Raum leben. Es war zwar kein Ghetto, aber sie konnten halt nur da wohnen.

Und Fechner erinnert sich an den Schock: Erst die vielen Menschen und dann die absurde Situation der Reihe von leeren Straßen mit den leeren Wohnungen hinter den offenstehenden Türen. Im Herbst 1941 waren die Juden abtransportiert worden. Die wenigen Habseligkeiten blieben auf der Straße, verschwanden sehr bald. Die Wohnungen wurden zugemacht, die Fenster und Türen zugenagelt. Einige Zeit später wurden Zigeuner einquartiert, auf der Durchreise ins KZ.

Am Rosenthaler Platz diente ein ehemaliges „jüdisches" Warenhaus als Möbellager. Als ab 1942 die Fliegerangriffe zunahmen, konnten sich Ausgebombte dort per Bezugsschein kostenlos bedienen. Nach der Herkunft der Möbel, die überwiegend von wohlhabend bürgerlichen jüdischen Familien stammten, fragte niemand oder wagte niemand zu fragen.

Kaum in Berlin seßhaft geworden, meldete Charlotte Fechner den Jungen beim Staats- und Domchor an. Das war eine wichtige Weichenstellung in Richtung ihrer kulturellen Interessen. Daß es etwas Besonderes war, Sängerknabe zu sein, das drückte sich für Eberhard am meisten in dem monatlichen

Gehalt aus, das er von der Akademie der Künste bezog. Am Anfang betrug es 7 oder 8, am Ende, als er wegen Stimmbruchs den Chor verlassen mußte, 15 RM im Monat. Heute als Mitglied der (Westberliner) Akademie der Künste an eine Nachfolge-Institution zurückgekehrt zu sein, ist ein schönes Gefühl für ihn.

Die Position eines Sängerknaben hatte damals den zusätzlichen Vorteil, daß er nicht ins Jungvolk und in die Hitlerjugend mußte. Er hatte ja nach der Schule täglich Proben. Dazu kam Sonntags das Singen beim Gottesdienst im Dom. Ferner gab es Konzerte, Plattenaufnahmen, Konzertreisen. Von zu Hause war es zur sonntäglichen Arbeit nur ein kurzer Gang die Kaiser-Wilhelm-Straße hinunter über die Schloßbrücke zum Dom. Nicht allzu weit war auch die Münzstraße, in den 20er Jahren eine der berüchtigsten Berliner Straßen, mit Straßenmädchen und Transvestiten. Dort gab es auch das älteste Kinematographentheater, den „Biograph".

Berlin, das waren auch die Buchantiquariate. Eine Erinnerung ist, wie er sein Spielzeug verkaufte, um sich in einem Buchantiquariat auf dem Prenzlauer Berg eine schöne, 1812 erschienene Erstausgabe von – durchaus zeittypisch – Schillers Werken leisten zu können. Weil die unter Opfern erworbenen Bände ihm so wichtig waren, mußte die verständnisvolle Mutter sie später bei den Fliegerangriffen immer mit in den Keller schleppen.

Ein weiterer Vorteil der Wohnlage Kaiser-Wilhelm-Straße 48 war wichtig. Nicht weit entfernt, fast am Alexanderplatz, waren die Zentralmarkthallen. Neben der Halle für den Großhandel auch eine Halle mit kleinen, allgemein zugänglichen Ständen. Der Mann der vergötterten und auch von Eberhard und seinen Freunden bewunderten Filmschauspielerin Jenny Jugo hatte dort einen Gemüseladen. Obst gab es bis in den Krieg hinein. Die Kinder durften Pfirsiche mit faulen Stellen für sich aussortieren. Wenn die weggeschnitten waren, schmeckten die Früchte noch vorzüglich. Aus der Perspektive des Jungen änderte nicht einmal der Krieg etwas an der fast paradiesischen Situation.

Als der Krieg ausbrach, gab's natürlich weniger Butter. Und dann wurde der Kaffee rationiert, und gewisse Südfrüchte gab es weniger. Meine Mutter hatte ohnehin nicht das Geld dafür. Es war uns vollkommen wurscht, ob es Ananas gab oder nicht.

Was haben die Menschen gemeinsam, die Eberhard Fechner in seiner eigenen Entwicklung wesentlich beeinflußt haben? Es waren immer solche, die sich entschieden über etablierte Konventionen hinwegsetzten. Die eigenen Einsichten und Bedürfnissen nachgingen und fremden Setzungen mißtrauten. Die bei den unvermeidlichen Konflikten, die ihnen diese Haltung eintrug, sich eine entschieden persönliche Sicht auf die öffentlichen Dinge hatten zulegen müssen. Denen das Privatleben kein bloßer Schonbezirk war, der mit dem Beruflichen nichts zu tun hatte. Und denen es umgekehrt unmöglich war, die privaten Interessen und Erkenntnisse aus ihrer Berufsarbeit herauszuhalten. Das heißt, es waren ganz normale Menschen, die sich etwas besser als die anderen mit ihrem Eigensinn hatten behaupten können. Darin drückte sich die Ernsthaftigkeit des Jungen aus, daß es nicht die propagierten Idole waren, auf die er sich bezog, sondern leibhaftige Menschen, auf die er bauen konnte. Das, was er im Umgang mit der Mutter an Kommunikation gelernt hatte, realisierte sich nun in – immer auch inhaltlich begründeten – Männerfreundschaften.

Die erste war die mit Hermann Hasenauer, Eberhard Fechners Klassenlehrer in Berlin von der fünften bis zur achten Schulklasse. Ein Pädagoge, der nebenbei Schriftsteller war. Als ehemaliger Kommunist war er mit Schreibverbot belegt. (In der Bundesrepublik hätte er also umgekehrt zwar Schriftsteller sein, nicht aber unterrichten dürfen.) Hasenauer mußte, erzählt Fechner, zwar vorsichtig mit seinen Äußerungen sein, aber seine politische Haltung war trotzdem klar. Die Grenzen seiner Freiheit, der Druck, unter dem er gestanden haben muß, äußerten sich in einer bestimmten Wut, die bei geeigneten Anlässen ausbrechen konnte. Er prügelte gelegentlich.

Ich habe von ihm Hiebe mit dem Rohrstock bekommen, sowohl auf die Hände als auch auf den Hintern. Aber abgesehen davon war er ein von Fantasie und Erzählfähigkeit übersprudelnder Mann.

Der seltene Zornesausbruch war schnell vergessen, weil die Anlässe klar waren und sofort danach wieder die alte Herzlichkeit da war. Und für den fantasievollen Erzähler war Eberhard der ideale, sich begeisternde Zuhörer. Fechner sieht es als ein wichtiges Moment seiner Entwicklung an, mitten in der Nazizeit neben der Mutter einen zweiten integren Erwachsenen in unmittelbarer Umgebung gehabt zu haben. Und zwar über volle vier Jahre und auch noch darüber hinaus. Denn der Kontakt blieb privat erhalten. Und auch Charlotte Fechner wendete sich gern an Hasenauer, wenn es über Eberhards Zukunft irgendetwas zu besprechen gab.

Und die Bewunderung war nicht einseitig gewesen. Auch er hatte mit bestimmten Leistungen den Lehrer erstaunt. Nicht nur im Vorlesen, auch im Schreiben, zum Beispiel von eigenen Gedichten. Das Wiedersehen nach dem Kriege zeigte, daß es trotz des Generationsunterschieds eine Freundschaft gewesen war.

Als ich ihn dann nach dem Kriege wiedersah, war er ganz anders, als ich ihn in Erinnerung hatte, ein weicher Mann, gelöst, der fröhlich war, daß wir ‚diese Kerle‘ überlebt hatten. Er fühlte sich nun frei in Ostberlin. Den berühmten Russenhaß der Deutschen hatte er ja nicht. Der fand ja nur bei reaktionären Leuten statt. Und wenn das auch die Mehrheit war, so hatte er diese Vorurteile in keiner Weise. Leider ist er dann bald gestorben (um 1950).

1941, nach dem Abschluß der Volksschule, schickte die Mutter ihn auf die höhere Handelsschule. Die langweilte ihn mit Fächern wie Buchführung und Geschäftsenglisch. Die zwei Jahre bis zum Abschluß der „mittleren Reife", wie das damals hieß, schaffte er nur mit Mühe. Seine eigentlichen Interessen waren längst woanders. Vor allem andern eigentlich beim Kino. Er sah jeden Film, den er erreichen konnte und oft mehrmals. Noch heute erinnert er sich präzise an einzelne Sequenzen. Und insbesondere der erste Teil des Films „Tadellöser & Wolff" ist formal – nicht inhaltlich – von den damaligen Seherfahrungen geprägt.

Bei seinem Wunsch, Schauspieler zu werden, dachte er allerdings nicht an das eigentlich geliebtere Kino, sondern an das Theater, die angesehenere Institution. Dabei mag ihn der doch eher bürgerliche Kulturbegriff Charlotte Fechners geleitet haben. – Und schließlich schrieb er Gedichte, um emotionale Spannungen abzubauen, mit denen er anders nicht fertig werden konnte.

Eine besondere Katastrophe im Schulunterricht war das Turnen, ein Hauptfach nach damaligem Staatsinteresse. Er brachte überhaupt nichts zuwege. Das „mangelhaft" oder „ungenügend" und der damit drohende vorzeitige Abgang konnte nur durch ein ärztliches Attest verhindert werden, das ein Herzleiden bescheinigte.

Überhaupt hatte Fechner schon als Kind Probleme mit der Gesundheit. Fast jedes Jahr hatte er unter einer schweren Angina zu leiden, oft verbunden mit einem Krankenhausaufenthalt. Es wurde gesagt, daß er zu schnell gewachsen sei. Schon mit dreizehn hatte er seine endgültige Größe von einseinundachtzig erreicht. Dies und die jährlichen Anginen sollen das Herz übermäßig belastet haben. (Auch das spätere Herzleiden könnte hier seinen Ursprung haben.) Seine Arbeit als Schauspieler und als Filmregisseur war in all den Jahren immer auch ein zu gewinnender Kampf mit den körperlichen Grenzen.

Als nach dem Stimmbruch das monatliche „Gehalt" als

Chorsänger wegfiel, versuchte er nach der Schule auf andere Weise Geld zu verdienen. Er arbeitete als Zeitungsjunge, als Kofferträger an der Station Alexanderplatz. Dann fand er eine andere, etwas weniger schwere Arbeit. In der Mauerstraße, damals Zentrum Berliner Mode, heute unweit der Mauer gelegen und Gorki-Straße benannt, war eine kleine Knopffabrik. Eberhard bezog zunächst mit einer Stanze Knopf-Schablonen mit Kleiderstoff. Das war damals (und auch noch nach dem Kriege) Mode. Nachdem er, manuell nicht sehr geschickt, zuviel Ausschuß produzierte, wurde er dann als Bote zu den Schneidern und Modegeschäften geschickt. Das brachte meistens ein gutes Trinkgeld ein.

Die Fotos aus diesen Jahren spiegeln die Entwicklung. Da sind die frechen Kinderfotos, die einen lebhaften Jungen zeigen, dem es offenbar gut geht. In der Pubertät zeigen sich dann starke Gegensätze. Da gibt es Eberhard, bestens gekleidet in eleganten Posen, siegesgewiß charmierend wie ein junger Gerard Philippe. Und da gibt es das Gegenteil, Unsicherheit, abgründige Stimmungslagen, die „gebeugten Gefühle", wie er es nennt.

Am Beispiel der Kempowski-Jungen drückt er diese Situation später im zeitgeschichtlichen Kontext aus. Wenn Eberhard auf bestimmten Fotos aus dem Jahre 1943 dasteht als ein Dandy mit Lederhandschuhen und elegant gebundenem Schal, dazu Accessoires wie die schwarze Armbanduhr mit Schweizer Werk, auf die er stolz war – ein Konfirmationsgeschenk –, dann leistet er sich dieselbe intuitiv oppositionelle Haltung zum Offiziellen wie sie der etwa gleichaltrige Kempowski-Junge (der ältere von beiden) zelebriert. Es ist nicht mehr und nicht weniger, als im Kontrast zur staatlich aufgezwungenen Militanz demonstrativ auf bestimmten, scheinbar äußerlichen eigenen Vorlieben zu bestehen. Aber genau das ist die Grundlage für allen Widerstand. Und mit Recht fiel das damals unter den Begriff der „Edelweißpiraten", den die Jugendlichen sich gerne beilegten. Der Begriff war weit und bedeutete keineswegs unbedingt aktiven, politisch rational bewußten Widerstand. Und heroisch (ein

bei Fechner meist mit Dummheit kombiniert gebrauchtes Wort)
war das schon gar nicht. Fechner zeigt in „Tadellöser & Wolff" all
diese Zusammenhänge subtil aus der Perspektive der Jugendlichen.

Kulturelle Interessen dagegen waren immer selbstverständlich. Sie sind von Charlotte Fechner sehr gefördert worden. Sie
nahm ihn schon als Jungen gern mit in das Schauspiel am Gen-
darmenmarkt, ins Deutsche Theater, in die Kroll-Oper. Sie las
auch sehr viele Romane. Es handelte sich eher um mittelmäßige
Literatur, wie sie damals gelesen wurde. Der Gipfelpunkt war
Knut Hamsun, der glaubwürdig und wichtig war für viele Menschen. Aufmerksam verfolgte sie Kulturelles im Radio. Zeitun-
gen und Zeitschriften dagegen las sie fast gar nicht.

Der Wunsch, Schauspieler zu werden, war Eberhard Fechner früh selbstverständlich. Auch Mitschüler hatten ihn. Bei
Eberhard war das mit tiefgehenden Bedürfnissen verbunden.
Etwa damit, sich selbst auszuprobieren, in den unglaublichsten
Situationen so angstfrei und selbstverständlich aufzutreten wie
die Helden der Leinwand, selber unsichtbar werden und doch
präsent sein in fremden ausgedachten Personen, deren Identität
er in der Fantasie erobert.

Von der kulturhungrigen Mutter wurde das, wie jeder
berechtigte Wunsch, mit einem selbstverständlichen Vertrauen
akzeptiert. Sie glaubte an die Begabung des Sohnes, weil sie sich
oft genug selber daran gefreut hatte. Eine Barriere setzte sie
allerdings. Zuvor mußte ein sicherer Beruf erlernt werden,
daran ließ sie keinen Zweifel. Und so fing Eberhard, nach zwei
Jahren Handelsschule, 1943 als kaufmännischer Lehrling an. Bei
der UFA-Handelsgesellschaft am Dönhoffplatz.

In der Lehre kriegte er 1943 einmal als Belohnung einen
richtig guten dunkelblauen Anzug auf Bezugsschein. Für eine
Rettungstat. Bei einem Bombenangriff waren Brandbomben in
das Gebäude der UFA-Handelsgesellschaft gefallen, in das
Dachgeschoß. Die Jugendlichen waren inzwischen Experten für

die verschiedenen Arten der Kriegsmaterialien und deren Eigenschaften. Eberhard beförderte die Brandbomben kunstgerecht aus dem Dachgeschoß nach draußen. Der Anzug diente dann noch nach dem Kriege, bis zur Währungsreform, zu besonderen Gelegenheiten. Er trug ihn zum Beispiel bei Theaterpremieren. Und sogar in bestimmten Rollen auf der Bühne. Die Lehre selber empfand Fechner als tödlich langweilig.

Die ersten durch Bombenangriffe zerstörten Häuser waren im übrigen eine Sensation. Viele neugierige Berliner fuhren hin und zogen in einer langen Schlange vorbei.

Man konnte sich das vorher nicht vorstellen. Man hatte irgendwie eine Ahnung, es könnten viele Häuser so aussehen. Aber man realisierte das nicht so ganz.

Zu den Schulpflichten gehörte der Luftschutzdienst. Eine Gruppe von Schülern kampierte nachts im Schulgebäude. Einmal ohne Aufsicht, engagierten sie eine Prostituierte aus der Münzstraße, die sich vor ihnen ausziehen und ihren nackten Körper herzeigen mußte. Eberhard, der dieser kollektiven Aktion eher widerstrebt hatte, ekelte sich. Er fand das Mädchen fürchterlich häßlich.

Bei einem der ersten Fliegerangriffe 1941 gab es viele Brände. Als die Jungen aus der Schule kamen, brannten auch die kleinen Läden unter der S-Bahn.

Da war ein Süßwarenladen, der brannte, und die Frau war dabei, ihre Sachen in Sicherheit zu bringen. Und da haben wir ihr geholfen. Während des Helfens haben wir uns natürlich etwas in den Mund gesteckt. Die hatte, wie auch immer, organisiert, Schokolade, und das war eine Sensation. Da fängt die an zu schreien von „Anzeigen" und von „Sabotage". Da haben wir sechs Mann so die Wut gekriegt wegen dieser Unverschämtheit, daß wir alles, was wir rausgetragen hatten, wieder zurückgeschmissen haben ins Feuer. Und dann sind wir weggelaufen.

Der Anblick der ersten verbrannten, zur Größe von Kindern zusammengeschrumpften Leichen erschütterte kaum. Es war wohl der bekannte psychische Schutzmechanismus: Was zu grauenhaft ist, um es in seiner vollen Bedeutung wahrzunehmen, wird erst einmal in die Zukunft verdrängt. Und bei den Kindern geschieht das noch gründlicher als bei Erwachsenen. Sie können sich ja das noch fast ganz vor ihnen liegende Leben nicht überlasten lassen. Aber wann tauen die festgefrorenen Eindrücke auf?

Bis in den Krieg hinein behielt Charlotte Fechner die Stelle im „Amt für Wiederaufbau" und wechselte dann zum Ost-Ministerium des Alfred Rosenberg. Sie diente dort zwei Wissenschaftlern als Sekretärin. Dr. Nüchterlein, der eine von beiden, blieb Eberhard Fechner in Erinnerung, weil er ihm zum Geburtstag ein Buch über die Hamburger Kaufmannsfamilie Godefroy verehrte.

Der andere Chef, Dr. Kranepuhl, verschaffte ihr einen Einblick in die wirklichen Zustände im Osten, den sie niemals wieder vergaß. Eines Tages diktierte er ihr ein Memorandum, das sie immer wieder umschreiben mußte. In vorsichtiger Sprache, aber in der Sache deutlich, wurden dort unglaubliche Vorgänge und Mißstände in den eroberten Ostgebieten benannt. Und in sorgfältig ausgefeilten Formulierungen Bedenken dagegen erhoben. Die barbarische Drangsalierung der russischen Bevölkerung wurde sichtbar und die unwürdigsten Grausamkeiten gegen die jüdischen Menschen. Der Autor machte dezidierte, präzise ausgearbeitete Vorschläge, wie – gerade auch im Sinne der Kriegsziele – anders gehandelt werden konnte und mußte.

Als Kranepuhl, der Eingabe wegen, aus dem Ministerium entlassen und an die Front geschickt wurde, war Charlotte so empört, daß sie kündigte. Ein zweites Mal in einer solchen Situation. Sie fand wieder Arbeit beim Luftgau-Kommando in Zehlendorf und nahm den täglichen weiten Weg von der U-Bahnstation Klosterstraße bis dorthin und zurück in Kauf.

42

Wie über alle wichtigen Angelegenheiten hatte sie dem Sohn auch über ihre schlimmen Erlebnisse im Ministerium berichtet. Und es sind seine ersten nachhaltigen Eindrücke von den Verbrechen der Nazizeit gewesen. Er gehört nicht zu denen, die am Ende von sich selber glaubten, daß sie gar nichts gewußt hätten.

Es ist wichtig zu sehen, daß der Autor des Majdanek-Films keine eigene emotionale Verstrickung zu bewältigen hat. Fechners Haltung als Filmemacher ist klar. Er will die anderen, die korrumpiert worden sind, in ihrer Handlungsweise begreifen. Filme wie „Klassenphoto" zeigen den gesellschaftlichen Zusammenhang. Es gibt keinen anderen Filmemacher, der immer wieder so bis ins unscheinbarste Detail hinein aufklärend vermittelt, *wie* und *warum* Menschen so handelten.

Der aufgezwungene Krieg

Der Krieg der Nationalsozialisten im Namen Deutschlands war ein fremder Krieg. Die Fechners identifizierten sich nicht mit ihm, wußten bald, wie er enden würde; ausweichen aber konnten sie ihm nicht. Auf den sechzehnjährigen Eberhard kam wie auf seine Alterskollegen der Kriegsdienst zu.

Als die Handelsschule 1943 zuende war, gab es in der Klosterstraße, in einem Konzertsaal, in dem er mit der Mutter manchmal Kammermusik gehört hatte, eine Versammlung. SS-Leute sagten zu den vielleicht 500 Jungen aus verschiedenen Schulen, sie alle seien verpflichtet, sich freiwillig zur Waffen-SS zu melden. Einer stand auf und sagte, daß er sich schon woanders freiwillig gemeldet habe. Fechner und, nach seiner Erinnerung, etwa zwanzig andere, schlossen sich an.

> Das war die einzige Chance, herauszukommen. Du konntest nicht sagen, ich will nicht.

Erstaunlich sind die Listen der mutigen Charlotte Fechner, die Eberhard zu berichten hat. Ihr hat er es zu verdanken, daß er erst am 3. Januar 1945 an die Front gekommen ist.

In die Lehre noch kam der Einberufungsbefehl zum Reichsarbeitsdienst. Der Leiter der Hals- Nasen- und Ohrenklinik im Bethanien-Krankenhaus, ein langjähriger Freund der Mutter, bescheinigte eine Gelbsucht. Fechner wurde vom Arbeitsdienst befreit. Nicht bedacht bei diesem Schachzug war ein schwerwiegender Nachteil. Die Einberufung zum Militär, die sonst automatisch *nach* dem Arbeitsdienst folgte, kam nun unvermeidlich früher. Am 1. März 1944 wurde der 17jährige Fechner Soldat. Er wurde abkommandiert nach Küstrin, zur Ausbildung ausgerechnet bei der bespannten Artillerie.

> Außer den Bierkutschpferden von Schultheiß in Berlin hatte ich noch nie ein Pferd von nahem gesehen. Es war sehr

44

hart, muß ich sagen. Ich hatte ja nie irgendwelche körperlichen Ertüchtigungen getrieben. Aber es ging auch anderen Jungen so. Nach dem Dienst haben wir manchmal eine halbe Stunde gebraucht, nur um wieder in den ersten Stock der Kaserne zu kommen. Wir zogen uns am Geländer im Treppenhaus hoch, so zerschlagen waren wir.

Aber schlimmer noch als diese körperlichen Strapazen war es zuzusehen, wie zwei Menschen, mit denen er sich hätte anfreunden können, zugrunde gerichtet wurden, weil sie die Anpassung verweigerten. Die beiden, erzählt Fechner, haben die Ausbildung nicht überlebt: ein Verweigerer aus Gewissensgründen und ein trotziger Bauernjunge, der sich nicht schikanieren lassen wollte. Widerstand jeder Art wurde erbarmungslos gebrochen.

Solche Erfahrungen mit der Gewalt haben Fechner sehr beeinflußt. Zwar hat er sie, sich klug ins Unvermeidliche schickend, für sich selbst vermeiden können. Aber als Schauspieler und später in seiner Filmarbeit geht er immer wieder neu mit diesem Thema um.

Die Garnisons- und Festungsstadt Küstrin fand Fechner schrecklich. Schon von seiner Schul-Bildung her war er voreingenommen. Er erinnerte sich unbehaglich an das düstere Kapitel, auch eine der unvergeßlichen Gewalt-Szenen der deutschen Geschichte, wie dem jungen Friedrich dort der Freund erschossen wurde.

Auf die Kommandofrage nach dem Beruf gab er kühn ,Schauspieler' an. Er wurde sofort aufgefordert, etwas ,vorzukaspern'.

Da war ich todesmutig. Es gibt einen Monolog voller Aggression in „Weh dem, wer lügt" von Grillparzer. Und das hab ich denen im Gefühl, gegen das Militär zu protestieren, vor die Füße geschmettert. Die haben sich natürlich schief gelacht.

45

Der Siebzehnjährige, in Küstrin mitten im Zweiten Weltkrieg
nach der Wahrheit schreiend – das hat etwas von der traurigen
Komik der „Faust"-Szenen in Bautzen.

> *Dein Wort soll aber sein: Ja, ja; nein, nein.*
> *Denn was die menschliche Natur auch Böses kennt,*
> *Verkehrtes, Schlimmes, Abscheuwürdiges,*
> *Das Schlimmste ist das falsche Wort, die Lüge.*
> *Wär' nur der Mensch erst wahr, er wär' auch gut.*
> *Wie könnte Sünde irgend doch bestehn,*
> *Wenn sie nicht lügen könnte, täuschen? erstens sich,*
> *Alsdann die Welt; dann Gott, ging' es nur an.*
> *Gäb's einen Bösewicht, müßt' er sich sagen,*
> *So oft er nur allein: du bist ein Schurk!*
> *Wer hielt' sie aus, die eigene Verachtung?*
> *Allein die Lügen in verschiednem Kleid:*
> *Als Eitelkeit, als Stolz, als falsche Scham,*
> *Und wiederum als Großmut und als Stärke,*
> *Als innre Neigung und als hoher Sinn,*
> *Als guter Zweck bei etwa schlechten Mitteln,*
> *Die hüllen unsrer Schlechtheit Antlitz ein*
> *Und stellen sich geschäftig vor, wenn sich*
> *Der Mensch beschaut in des Gewissens Spiegel.*
> *Nun erst die wissentliche Lüge! Wer*
> *Hielt' sie für möglich, wär' sie wirklich nicht?*
> *Was, Mensch, zerstörst du deines Schöpfers Welt?*
> *Was sagst du, es sei nicht, wo es doch ist,*
> *Und wiederum, es sei, da es doch nie gewesen?*
> *Greifst du das Dasein an, durch das du bist?*
> *Zuletzt noch: Freundschaft, Liebe, Mitgefühl*
> *Und all die schönen Bande unsres Lebens,*
> *Woran sind sie geknüpft, als an das wahre Wort?*
> *Wahr ist die ganze kreisende Natur;*
> *Wahr ist der Wolf, der brüllt, eh er verschlingt,*
> *Wahr ist der Donner, drohend, wenn es blitzt,*

Wahr ist die Flamme, die von fern schon sengt,
Die Wasserflut, die heulend Wirbel schlägt;
Wahr sind sie, weil sie sind, weil Dasein Wahrheit.
Was bist denn du, der du dem Bruder lügst,
Den Freund betrügst, dein Nächstes hintergehst?
Du bist kein Tier, denn das ist wahr;
Kein Wolf, kein Drach', kein Stein, kein Schierlingsgift:
Ein Teufel bist du; der allein ist Lügner,
Und du ein Teufel, insofern du lügst.
Drum laßt uns wahr sein, vielgeliebte Brüder,
Und euer Wort sei: Ja und nein auf immer.

Mutter Charlotte ließ sich nicht davon abhalten, beim ‚Spieß'
vorzusprechen, mit Kaffee und ihrem berühmten Käsekuchen.
Sie gehörte zu den Leuten, denen solche Situationen nicht peinlich sein können, weil sie ein jeder Lage gewachsenes Kommuni-
kationstalent haben. Sie erreichte ihr Ziel: die schreckliche
Rekrutenzeit für den dazu physisch (und psychisch) ungeeigne-
ten Eberhard wurde etwas abgemildert. Ein besonders schwerer
Nachtmarsch zum Beispiel wurde ihm erspart. Er wurde dann
etwa mit Papieren nach Berlin entsandt.

Die Ausbildung endete mit einem Manöver, bei dem er sich
den Fuß verstauchte. Das war der Ansatz für den Versuch, den
Fronteinsatz zu verzögern, der nach einer Woche Heimaturlaub
obligatorisch war. Wieder mußte der befreundete Arzt helfen.

Da ist er drei Stunden lang mit mir durch Berlin: er auf dem
Fahrrad, ich zu Fuß nebenher. Dann hatte ich ein unförmig
geschwollenes Bein. Wir endeten bei der Wehrbezirkskom-
mandantur am Admiral-Pietzsch-Ufer. Und eine Stunde
später war ich im Reservelazarett in Tempelhof.

Wieder war die durchsetzungsfähige Charlotte Fechner beim
Chefarzt und erreichte für den Sohn, daß er unter Vorwänden
und mit Nebenbeschäftigungen sechs Wochen blieb. Als
jemand, den es offiziell nicht gab: ein ausgebildeter Soldat, der
keinem Regiment, keiner Division zugeteilt war.

47

Im Gespräch mit Offizieren bekam sie eine weitere Idee für einen Aufschub. Ein Antrag wurde gestellt auf Ausbildung in einem Lehrgang für Soldaten von Vermessungstrupps. Der wurde bewilligt. Fechner kam für ein halbes Jahr, von Juli bis November 1944, nach Amberg in Franken. Ein Liebesverhältnis mit der Telefonistin der Kaserne (ein sogenanntes „Blitzmädel") bescherte ihm zudem die täglichen Gespräche mit der Mutter. In der Hochblüte von aufgeblähtem offiziellen Heldentum, das mit Verbrechen wie ‚Wehrkraftzersetzung' und ‚Hochverrat' sich eindämmt, üben Mutter und Sohn, ohne die geringsten Skrupel, ein schweijksches Verhalten.

Ich war nun schon ein Dreivierteljahr Soldat und noch keine Sekunde an der Front gewesen, dank meiner Mutter.

Dann kam aber doch noch die Einteilung in die Artillerie-Regimenter der verschiedenen Divisionen. Die Zugfahrt an die Standorte ging über Berlin. Dort standen die Mütter, Schwestern, Frauen am Lehrter Bahnhof, auch Charlotte Fechner.

Meine Mutter war sehr gefühlsbetont. Es war also ein schmerzlicher Abschied, der sehr wehtat.

Aber während des kurzen Aufenthaltes beließ sie es keineswegs bei den Gefühlen, sondern leitete den verwegensten Plan ein. Mit der rätselhaften Äußerung, wenn er in nächster Zeit eine schlimme Nachricht über sie bekommen sollte, brauche er sich keine Sorgen machen: sie treffe nicht zu. Und tatsächlich, am Morgen des 24. Dezember wurde der Gefreite Fechner zum Standortkommandeur befohlen. Ein Telegramm von der NSDAP war da, die Mutter läge im Sterben: eine Woche Heimaturlaub. Charlotte war tollkühn genug gewesen, sich von ihrem Freund, dem Chefarzt, mit einer entsprechenden Krankheit den baldigen Tod bescheinigen zu lassen. Mit dieser Bescheinigung war sie in der Verwirrung eines bevorstehenden Fliegerangriffs zum Kreisleiter der Nazipartei gegangen und hatte sich als ihre Schwester ausgegeben. Von dem Funktionär hatte sie sich das Telegramm abstempeln lassen.

48

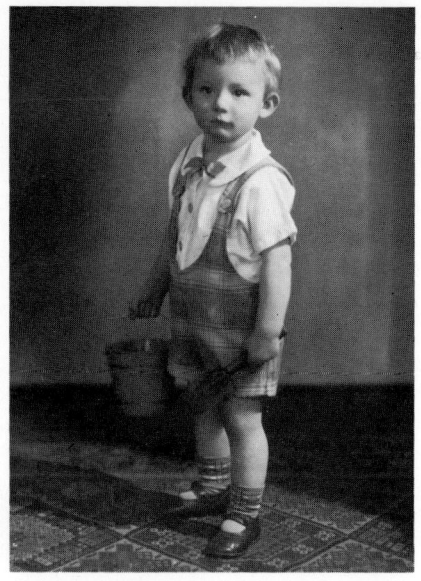

Charlotte Fechner
Liegnitz 1926

Eberhard Fechner
Liegnitz 1928/29

Eberhard Fechner, Berlin 1943

I

Berlin 1943   Berlin 1944

Auf dem Balkon der mütterlichen Wohnung, Berlin 1946

II

Mit Gänsebraten wurde der Privilegierte von der Tollküh-
nen empfangen. Und zusätzlich von einem charmanten Gast,
einem Bauernmädchen aus Neuruppin, das unglücklich war,
daß ihr Verlobter an die Front mußte. Und sich gerade deshalb
trösten ließ. Weihnachten 1944. Brief des Achtzehnjährigen an
die Freundin in Berlin:

16. Januar 1945

Liebe Evi! So, jetzt wär ich also an der Front. In Ungarn
zwar, aber auch hier ist Radau genug. Viel Flieger und
Artilleriebeschuß, aber das Leben geht trotzdem weiter.
Die Verpflegung hier ist ausgezeichnet. Hühner, Gänse,
Wein, Zigaretten gibt es in Hülle und Fülle. Und doch, wie
gern würd ich hungern, wenn ich nur zu Hause wär. (...)
Was machst Du eigentlich? Meine Mutter schrieb mir, Du
sähst sehr gut aus, und groß wärst Du auch geworden. Was
macht die Schauspielerei? Bist Du ihr untreu geworden
oder ist die Liebe noch? Es wandeln sich doch Menschen
und Gedanken. Bei mir ist es immer noch dasselbe. An der
Front ist das Lernen zwar schwer, aber es muß sein. Und so
geht es auch. Ja, das Militär hat mich ziemlich verwandelt.
Ich bin in vielen Dingen ein anderer geworden. Ob Du
mich noch erkennen würdest? Aber zweierlei ist geblieben,
die Liebe zum Schauspieler und meine Gedichte. Wenn wir
uns einmal wiedersehen, ich hoffe im nächsten Urlaub, ich
glaube, ich könnte viel erzählen. Und Du?
  Wenn ich wieder etwas Zeit habe, schreib ich noch einmal, wenn es Dir recht ist.
Herzliche Grüße! Dein Eberhard.

Zu diesem Zeitpunkt wußte Fechner bereits, daß der Krieg nur
noch kurze Zeit dauern konnte. Bestimmte Dinge nicht zu
schreiben, war selbstverständlich.
  Fechner war durch seine Ausbildung Vermessungsmann bei
der Artillerie. Kriegsanekdoten: Wie Fechner in einem Bauern-
hof seine Sachen ausgezogen hatte, um sich zu entlausen, die

Russen plötzlich im Dorf erschienen, er Hals über Kopf flüchtete ohne Koppelzeug, Karabiner, Stahlhelm. Wie er, um nicht bestraft zu werden, sich von Toten die Sachen wieder zusammensuchen mußte, dann mit verrostetem Karabinerschloß erwischt wurde und beim Appell vor der Kompanie zu drei Tagen schwerem Arrest verurteilt wurde, „abzusitzen nach dem Endsieg". Und wie ihm die ungarischen Dorfbewohner, die das beobachtet hatten, gratulierten, weil sie glaubten, er sei ausgezeichnet worden. – Oder die unglaubliche Geschichte, die Fechner über einen Hufschmied erzählt, dem der Arm amputiert werden mußte, und der direkt nach der Amputation zu einer Prostituierten ging.

Die realen Kriegserlebnisse in Ungarn waren jedoch fürchterlich. Das Chaos einer bereits geschlagenen Armee auf dem Rückzug. Als es in der Hohen Tatra keine Munition mehr gab, wurden die Geschütze in die Schlucht gestürzt. Zu essen gab es auch nichts mehr.

Dann haben wir unsere Gäule aufgefressen. Ich hatte einen fürchterlichen Ackergaul, der auf den schönen Namen „Träumerei" hörte. Eine Krücke war das. Ich esse heute noch gerne Roßwürstchen.

Dann Versetzung zur Infanterie durch einen übel gesinnten Vorgesetzten, über die Kräfte gehendes Marschieren, Übernachten hockend in Wasserlöchern. Und zum Schluß in Niederösterreich am Ostersonntag 1945 ein Kommando, das der Wahrscheinlichkeit nach das Leben von Eberhard Fechner hätte vorzeitig beenden müssen.

Wir bildeten die sogenannte Nachhut, das war ein Todeskommando, da wußte man ganz genau, daß man keine Chance hatte. Da war ein riesiges, noch unbestelltes Feld. Und in der Entfernung von 600 Metern war der Waldsaum. Wir installierten uns in einer kleinen Kiesgrube in der Mitte des Feldes mit den MGs. Meist ganz alte und ganz junge

Männer ohne richtige Ausbildung. Ich saß ein bißchen zurück auf einem Stein. Und da gab es den Einschlag einer sogenannten „Ratschbumm", einer russischen Infanteriekanone, deren Abschuß man erst nach dem Einschlag hörte. Ich fühle, ich habe mich ins Nasse gesetzt, wisch mir das vom linken Oberschenkel ab und merke, ich habe die Hand voller Blut. Und da waren die Russen auch schon vorne am Waldrand. Es begann unter den anderen zwölf Soldaten ein Gerangel, wer mich zum Verbandsplatz bringen durfte. Jeder wußte, daß wer mitgeht, die Chance hat, aus der Falle rauszukommen. Ich habe dem Unteroffizier gesagt, nehmen Sie doch den Ältesten. Und er hat das befohlen. Eigentlich Quatsch. Er hätte den Jüngsten schicken sollen.

Fechner kam mit Glück zum Verbandsplatz durch.

Auf eine merkwürdige Art geriet er in Gefangenschaft. Der Lazarettzug fuhr durch die Tschechoslowakei hin und her. Und nachdem in den Lazaretts nirgends Platz war, fuhr er schließlich während einer vereinbarten Feuerpause durch die Front hindurch auf die amerikanische Seite. Fechner fand sich also als amerikanischer Gefangener wieder in Krummau an der Moldau, einquartiert im Stammschloß derer von Schwarzenberg. Er lag dort nach seiner Erinnerung ungefähr zwei Monate in einem engen Betten-Labyrinth inmitten von Stukkaturen und Malereien im Oktagon der Bibliothek.

Fechner war endgültig in Sicherheit. Aber zu der Verwundung kamen die erlittenen körperlichen und seelischen Strapazen. Er kriegte eine Rippenfellentzündung, eine Lungenentzündung kam dazu. Doch die Amerikaner hatten das kostbare Penicillin. Und so bewirkten Pflege und Versorgung, zu der auch die, auf die Soldaten unglaublich luxuriös wirkende, tägliche Zuteilung einer Packung „Camel"-Zigaretten gehörte, eine schnelle Besserung. Überdies verliebte er sich in eine zehn Jahre ältere sudetendeutsche Frau mit Kind. Sie war verheiratet mit einem Soldaten, von dem es kein Lebenszeichen gab.

Und es gab auch Zeichen, daß die Vergangenheit nicht endgültig gebannt war.

> An einem Tag kamen, offenbar mit Genehmigung der Amerikaner, zwei gefangene deutsche Offiziere herein, stellten sich in die Mitte des Saals, hoben den Arm zum Hitlergruß und verkündeten uns das Ende Hitlers, der den Heldentod gefallen sei. Da nahmen wir spontan irgendwelche Gegenstände, die wir in den Betten erreichen konnten, schmissen sie nach denen und vertrieben sie aus dem Raum.

Fechner erinnert sich noch an eine andere symptomatische Begebenheit. Eines Tages kam eine gemischte alliierte Kommission, um unter den Verwundeten diejenigen auszusuchen, die bei der SS gewesen waren. Die waren meistens an dem Runenzeichen am Arm zu identifizieren. Obwohl ihnen die KZ-Greuel doch gut bekannt waren, bewahrten die amerikanischen Ärzte mit medizinischen Vorwänden einige SS-Leute vor der Auslieferung:

> Die haben keinen Befehl gekriegt, das waren normale Armeeärzte und Offiziere, die das von sich aus machten. In den Soldaten war schon eine ganz starke innere, nicht von oben gelenkte Konfrontation gegen die Russen.

Der Augenblick der Freiheit

Mit der Entlassung aus dem Lazarett und der Einweisung in das Zeltlager der normalen Kriegsgefangenen war im Juni 1945 die relative Idylle beendet. Die Bedingungen waren nun hart. Schließlich wurden Trupps von Gefangenen auf Lastwagen gepfercht, um nach Deutschland zurücktransportiert zu werden.

Bei einer Biegung, das war ja im Ur-Böhmerwald, bin ich von dem Lastwagen gesprungen, das muß morgens um fünf, sechs Uhr gewesen sein. Und nun folgte der schönste Tag meines Lebens. Ich bin – ein fast erwachsener Mann – zum ersten Mal in meinem Leben ein freier Mensch, durch den Böhmer Wald gelaufen, vierzig Kilometer nach Krummau an der Moldau zurück. Ungehindert, es war noch amerikanisch besetztes Gebiet. Das war ein Gefühl der Freiheit. Ich hatte den Krieg gut überlebt mit einem ‚Heimatschuß‘. Ich hatte die Krankheit überstanden. Ob meine Mutter noch lebte, und ob Berlin überhaupt noch existierte, darüber konnte ich mir keinerlei Vorstellung machen. Aber *ich lebte*. Und dieser Böhmerwald ist ja eine der schönsten Gegenden Europas gewesen. Mein ganzes Leben lag vor mir. Ich sah, ich habe alle Möglichkeiten dieser Welt. Außer, daß ich Schauspieler werden wollte, wußte ich nicht, was passiert, ich war frei, ich konnte machen, was ich wollte. Ich hatte nichts, was mich behinderte. Ich war gesund, ganz jung und ungebunden, war auf dem Weg zu einer Frau, die ich lieb hatte. Bei einzelnen Bauernhöfen unterwegs bin ich eingekehrt. Das waren auch Deutsche. Eine Bäuerin buk Buchteln. Die aß ich frisch wie sie aus dem Ofen kamen. Irgendwo kriegte ich ein Mittagessen. Die Leute waren freundlich. Es war wunderwunderschön.

Dieser Tag ist mir wirklich ins Gehirn gebrannt. Er ging nicht ganz so gut zuende. Als ich abends vor das Haus kam, die Sonne ging unter, da stand meine Freundin aus dem Lazarett, noch an der Pumpe und wusch mit kaltem Wasser die Wäsche. Und dann guckte sie irgendwann hoch und sah mich. Ich bin runter gekommen, das Haus lag in einer Senke. Und sie sagte nur, ‚Was willst du denn hier?‘ Da sagte ich, ‚ich wollte zu dir zurückkommen.‘ Und sie hat mich dann doch aufgenommen.

Eberhard Fechner hat die Situation im Böhmerwald, diesen durch die Verwundung verzögerten Augenblick der Freiheit immer als *sein Generationserlebnis* verstanden, als das unter allen anderen herausragende Erlebnis der Befreiung, das ihn mit seinen Alterskollegen verbindet. Es steht in einem polaren Gegensatz zu dem, was er weiter oben als die normale Einstellung der Menschen gerade auch in der Nazizeit charakterisiert hatte, die Geschehnisse für „unabdingbar" zu halten, und „auch das eigene Leben für ein unabwendbares Fatum". Dieses „man muß sehen, wie man zurechtkommt", das eine Fantasie für alles andere gar nicht erst aufkommen läßt, hat in dem tiefen Gefühl des Augenblicks der Freiheit einen Gegenpol bedeutet.

Das Traurige an den erleuchteten Momenten ist, daß sie nicht festzuhalten sind. Es ist Sternschnuppen-Licht. Die einzige Möglichkeit, es festzuhalten, liegt in der Arbeit, im stetigen Kampf um die eigene Position. Fechner weiß, daß er für sich alleine stehen, unabhängig handeln muß, wenn er die Umgebung mit den richtigen Augen ansehen will. Im Böhmerwald und vorher schon im Riesengebirge hat er das bisher klarste Gefühl für die eigene Person gehabt, die sich im Leben realisieren, ausdrücken will. Und das ist ein philosophisches Moment, von dem aus das Handeln bestimmt werden sollte:

Eine Generation oder mehrere Generationen, vielleicht sogar alle Generationen, die vorher waren, *in Deutschland zumindest,* die glaubten, alles ist so wie es ist, ob nun von

Gott gemacht oder wem auch immer. Und das hat man zu tragen. Jeder Stand hat seine Last: Es gibt doch all diese idiotischen Sprüche durch die Jahrhunderte hindurch. Das ist nun so; das hat sich nun so getroffen; man muß sehen, wie man zurecht kommt.

Und dann kommt nach dem Kriege eine „Neue Philosophie" auf, wie sie sich nannte, die genau diesen entscheidenden Punkt relativiert. Der Gedanke des Existentialismus ist, du bist frei in deiner Entscheidung. Dieser freie Wille, dich so oder so zu entscheiden, der macht dich aus. Du hast zwar nichts zu fressen, du frierst und du hast keine Wohnung. Aber das ist unwichtig, du kannst dich so oder so entscheiden. Du hast die Möglichkeit dazu. Das ist, muß ich sagen, für mein Leben bestimmend geworden. Ich bin ja nun ein geradezu krankhaft freiheitssüchtiger Mann, der sich beruflich nie richtig gebunden hat. Ob es mir gut oder schlecht ging, immer hab ich großen Wert darauf gelegt, vollkommen unabhängig zu sein.

Den Freiheitsgedanken zu adaptieren, ein daraus resultierendes positives Lebensgefühl entwickeln zu wollen, das gibt die Richtung an, garantiert aber längst noch nicht die Entwicklung selber. Da ist die Stärke, nicht in die Diktatur verstrickt gewesen zu sein. Da ist ein Vorsprung zu den Älteren, die korrumpiert oder die gebrochen oder vertrieben worden sind. Aber der Freiheitsgedanke will inhaltlich gefüllt sein. Die Väter, die als Vorbilder ausgefallen sind, werden zum Gegenstand der Neugier in den Bühnenrollen, vor allem aber in den Filmen über Menschen der unterschiedlichen Schichten und Generationen in diesem Jahrhundert.

Die Familie der Freundin war eine Landarbeiterfamilie, sehr arm. Der Vater und die Brüder waren Tagelöhner und noch nicht aus dem Krieg zurück. Und Eberhard Fechner wurde in den Haushalt der Frauen aufgenommen, in das winzige Landarbeiterhäuschen, das nicht viel mehr hatte als den einen großen Raum, in dem alle schliefen.

Die Ausweisung der Reichsdeutschen aus der CSSR beendete die Situation. Fechner war von September bis November 1945 mit vielen anderen Ausgewiesenen in einer ehemaligen Kaserne in Eger interniert. Dort organisierten die deutschen Gefangenen trotz der schlechten Lebensbedingungen kulturelle Veranstaltungen. Zum bunten Programm trug zum Beispiel ein Quartett bei, gebildet von versprengten Mitgliedern des ehemaligen Breslauer Radio-Symphonieorchesters. Und Eberhard Fechner las Gedichte: Goethe, Weinheber, Trakl, Kolbenheyer, Börries Freiherr von Münchhausen und eigene, wie er sich lächelnd erinnert.

Ein großes Erlebnis war es, wenn es Fechner hin und wieder gelang, im Büro des tschechischen Lagerkommandanten heimlich Radio zu hören. Deutschland war ja unerreichbar, wie untergegangen.

Ich drehe am Radio und was kriege ich rein, Berlin, den Deutschlandsender, damals unter russischer Verwaltung, höre zum erstenmal im Radio eine deutsche Stimme, die etwa sagt ‚heute Mittag um zwölf waren es dreiundzwanzig Grad im Schatten, leicht bewölkt.' Da wurde mir schlagartig klar, daß es Berlin noch irgendwie geben mußte, denn man sendet ja nicht einen Wetterbericht für etwas, das nicht mehr existiert.

Durch die nach vermißten Personen fahndenden Suchmeldungen kam ein Teil der Wirklichkeit herein. Und die Tauschmeldungen machten klar, was in Deutschland dringend gebraucht wurde, wie die Zustände zu Hause waren.

Tauschhandel herrschte auch im Lager. Ein Mädchen aus Schlesien hatte ein Grammophon mit drei Platten gerettet. Darunter war „Ich hab für dich 'nen Blumentopf, 'nen Blumentopf bestellt..." von den Comedian Harmonists. Fechner hatte als Tauschmittel etwas von den Frauen sehr Begehrtes, Fallschirmseide. Die wiederum hatte er eingetauscht gegen die im Lazarett gesparten amerikanischen „Camel"-Zigaretten.

> Ich hab ihr von der Fallschirmseide gegeben und so bin ich überhaupt zu den Comedian Harmonists gekommen.

Dies war eine der Situationen, in denen sich Musikstücke emotional in der Erinnerung verankern. Unabhängig davon, ob sich von diesem Punkt wirklich eine direkte Linie durchziehen läßt zu dem späteren Film, oder ob noch anderes wesentlich dazukommt, ein Keim war es auf jeden Fall für diesen wunderbaren Film, der poetisch ist, der unterhält, der bei den sechs Hauptpersonen alle Linien verfolgt, die für ein Menschenleben bedeutsam sind, privat, beruflich, gesellschaftlich.

Anfang Dezember 1945 beschloß Fechner über die wenig entfernte Grenze nach Bayern zu flüchten. Es gelang ihm unbemerkt durch die Kontrollen zu schlüpfen. Über Zwischenaufenthalte kam er in ein Flüchtlingslager bei Braunschweig.

Sofort schrieb er der Mutter nach Berlin. Als die Antwort eintraf und er also wußte, daß sie lebte und daß die Wohnung den Krieg überstanden hatte, versuchte er sich nach Berlin durchzuschlagen. An der Zonengrenze bei Eisleben lag ein Braunkohlebergwerk, das den Zeiten entsprechend als Grenzübergang diente.

> Da ließ man sich auf einer Lore nieder, fuhr in die Erde und auf der anderen Seite wieder raus. Und dann war man drüben.

Das konnte den neuen Grenzwächtern nicht verborgen bleiben. Mit vielen anderen wurde er von russischen Soldaten empfangen und verhaftet. Nachdem er ohne Berührungsangst sein Ziel dargestellt hatte, wurde ihm auf seine amerikanischen Entlassungspapiere noch etwas Russisches geschrieben und gestempelt. Dieses von niemandem ganz zu entziffernde Papier sollte sich in problematischen Situationen noch als sehr wirkungsvoll erweisen.

Neubeginn

Als Eberhard Fechner vor Weihnachten 1945, auf einem offenen Lastwagen, aus dem Kriege kommend in das zerstörte Berlin einfuhr, mit einem wirklichen Glücksgefühl, dachte er (außer an seine Mutter) voller Optimismus, daß er diese Stadt als Schauspieler erobern würde. Er wußte noch nicht und konnte noch nicht wissen, daß das, was seine Wunschvorstellung begründete, verloren war. Nicht weil die alte Reichshauptstadt in Trümmern lag, sondern weil Berlin seine historische Stellung als Zentrum der deutschen Kultur eingebüßt hatte: eine der Folgen des verbrecherischen Krieges. Ich stelle mir vor, daß bei einer kontinuierlichen Fortentwicklung des Berliner Theaterlebens der 20er Jahre der Junge aus der schlesischen Provinz ein etablierter Schauspieler und auch Theaterregisseur geworden wäre. Der Einschnitt 1933 hat das verhindert.

In der Stadt schockierten den Heimkehrer die schrecklichen Zerstörungen. Als er vor dem Hause ankam, war es unversehrt, wie er schon aus dem Brief wußte. Es lag jetzt im russischen Sektor. Die Straße hieß nicht mehr Kaiser-Wilhelm-, sondern Karl-Liebknecht-Straße. Vor dem Haus stand ein russischer Soldat Wache. Ein schwarzes Kabel hing über dem Platz zur Marienkirche hin und mündete im Wohnzimmerfenster. Die Mutter war nicht zu Hause. Als er sie schließlich nach längerem Suchen am neu benannten Rosa-Luxemburg-Platz fand, saß sie zu seiner Verblüffung fröhlich beim Friseur. Mutter und Sohn fielen sich um den Hals, die Dauerwelle wurde abgebrochen. Zu Hause gabs unglaublichen Luxus: frische Brötchen aus einem seltsamen Mehl und sogar Bohnenkaffee, selbstgeröstet. Dann wurde erzählt.

Während der Sohn Soldat sein mußte, war Charlotte Fechner Sachbearbeiterin am Arbeitsamt geworden. Diese Arbeit machte sie bis drei Tage vor der Eroberung der Stadt durch die Rote Armee. Sie überstand es dann relativ gefaßt, in einer Nacht von den siegreichen Soldaten mehrfach vergewaltigt und einmal – zum Scherz, wie sich herausstellte – zum Erschießen an die Wand gestellt worden zu sein. Sobald wie möglich, kümmerte sie sich um das Naheliegende. Eine Woche später hatte sie schon wieder eine Anstellung. In der schnell eingerichteten Verwaltungstelle Berlin Mitte, wo sie, weil es andere Arbeit so schnell nicht gab, als Botin zur russischen Kommandantur fungierte.

Der Clou ihrer Erzählung war, daß sie sich durch einen Zufall mit einem hohen russischen Kulturoffizier, der in seinem Zivilberuf Germanist war, angefreundet hatte. In einem der ersten Konzerte wenige Wochen nach Kriegsende im Max-Reinhardt-Theater, dem Deutschen Theater, habe sie – von Eberhard hatte sie noch kein Lebenszeichen – heftig weinen müssen. Der Offizier hatte sie spontan in seine Loge holen lassen. Der Anfang einer Freundschaft. Und eine andere, erst jetzt gefahrlos zu erzählende Geschichte war ihre Begegnung 1925/26 mit dem jüdischen Studenten Schmuler und Eberhards Herkunft.

Die Mutter stieg bald nach dem Krieg zur Leiterin der Fernschreibzentrale Berlin auf. Eine verantwortungsreiche Tätigkeit, die sie erst fallen ließ, als sie dem Sohn 1949 nach Westberlin folgte.

Vorher war auch in Ostberlin die Zeit der Kompensationsgeschäfte, die Fechner später an den Erlebnissen der Rostocker Kempowski-Familie noch einmal mit großem Vergnügen in ihrer teils verwegenen Abenteuer-Stimmung festgehalten hat. Eberhard und Charlotte Fechner waren, wie er mir erzählte, in den Nachkriegsjahren bis 1948 durchaus tüchtig auf diesem Gebiet. Ihr größtes Geschäft war es, den Bauern bis Neuruppin zum Tausch gegen Lebensmittel schöne glänzende Mäntel aus Bakelit-Kunststoff anzubieten. Die stellte ein Bekannter namens Aschinger, der ehemalige Inhaber der beliebten Berliner Billigrestaurants, in einer Ostberliner Fabrik her. Schwierigkeiten mit dieser Ware gab es lediglich im Winter. Bei Frost wurde das Material brüchig.

Die Zugfahrt bis ins nahe gelegene Neuruppin, Fontanes Geburtsort, konnte unter den damaligen Bedingungen bis zu zehn Stunden dauern. Auf der Rückfahrt der Hamsterzüge gab es Kontrollen. Fechner ist stolz darauf, immer einen Trick gefunden zu haben, mit dem Tauschgut durchzukommen. Wunder wirkte zum Beispiel das amerikanische Entlassungspapier mit den russischen Stempeln und Bemerkungen. Es verlieh Autorität.

Das langjährige freundschaftliche und partnerschaftliche Verhältnis mit der Mutter macht, daß Frauenfiguren in Fechner-Filmen davon beeinflußt sind. Fechners fasziniertes Interesse an der Figur der Margarete Kempowski aus derselben Generation, an der Arbeit mit der Schauspielerin Edda Seippel, ist nicht zuletzt auch dadurch stimuliert, daß in der Fantasie *gleichzeitig* auch Charlotte Fechner immer anwesend ist: in den Übereinstimmungen und in den entschiedenen Abweichungen als ein latent paralleler Part. Im Verlaufe der Arbeit hat sich für Fechner die Kempowski-Mutter als Figur nicht zufällig verselbständigt und eine eigene Bedeutung gewonnen. Er faßte am Ende sogar den Plan, dieser Margarete Kempowski einen eigenen Film zu widmen. Natürlich mit Edda Seippel in der Hauptrolle. Ihr ganzes Leben hätte er gerne erzählt. Die Rückblenden in die Kindheit vielleicht mit einer alten Stummfilm-Kamera. Doch Walter Kempowski war in seinem Roman „Herzlich willkommen" noch einmal der Geschichte seiner eigenen Person auf der Spur, was Fechner wenig interessierte. Aus Fechners Sicht das Ende der Zusammenarbeit.

Die erste frühe, kindliche Berufsvorstellung war Priester gewesen. Das Interesse des Kindes an den katholischen Messen in der Liegnitzer Marien-Kirche hatte vermutlich der „theatralischen Veranstaltung" mit Weihrauch und Klingeln gegolten, wie Fechner heute meint. Denn er war ja nicht religiös erzogen worden. Die besonders feierliche Zeremonie weckte Fantasien, die mit den späteren Gedanken an den Schauspielerberuf durchaus etwas zu tun hatte. (Übrigens hatte der ihm sehr angenehme Geistliche, der ihn in Berlin konfirmiert hatte, nicht versucht, ihn zu bekehren).

Schon während der Handelsschul-Zeit, als Fechner seine ersten, anfangs unglücklichen Erlebnisse mit Mädchen hatte, als er in die Kino- und Theatervorstellungen ging, dachte er regelmäßig an den künftigen Beruf und fing an, Passagen von Bühnenrollen einzuüben. Er suchte die Gelegenheit, vorzusprechen, die Voraussetzung, um eine Schauspielschule besuchen zu können.

Das erste Vorsprechen im Schillertheater, vor der Reichstheaterkammer, brachte für seine Träume das vorläufige Ende.

Ich kam rein, sagte Guten Tag, ich möchte diese und jene Rolle vorsprechen. Und da sagten sie, danke schön, sie sind entlassen.

Er hatte nicht mit „deutschem Gruß" gegrüßt.

In einer vagen Form ist der Wunsch, Schauspieler zu sein, bei Jugendlichen sehr verbreitet. Bei Mädchen deutlich mehr als bei Jungen. Ich will jetzt nicht versuchen, die Gründe aufzuzählen, warum das wohl so ist. Oder warum heute bei den Jugendlichen noch mehr die Stars der Rock-Musik dominieren. Eberhard Fechner *ist* Schauspieler. Seine Filme sind nicht richtig zu verstehen, wenn man nicht weiß, daß sein Handwerk von dieser Eigenschaft, Schauspieler zu sein, *immer mitbestimmt* ist. Von der Möglichkeit nämlich, sich in jede vorkommende Person hineinzuversetzen, sich mit spontaner Fantasie in den Verästelungen ihrer Motive zu bewegen, aus denen sie handelt.

Auf die eigene Person bezogen, hat dies sehr mit dem zitierten Freiheitsbedürfnis zu tun: sich nicht einengen, nicht festlegen zu lassen, sich – zumindest in der Fiktion – die unbegrenzte Möglichkeiten zu bewahren, sich nicht einordnen lassen, unerkannt zu bleiben, um die volle Bewegungsfreiheit zu erhalten.

Ich glaube, ich bin Schauspieler geworden, weil ich mich verstecken kann in den Figuren, in den Rollen. Und ich tu das ja in den Filmen auch. Nicht nur, daß ich nicht wie viele andere als Fragender im Bild erscheine. Nein, ich verweigere mir sogar den Kommentar, so sehr verstecke ich mich in der Sache selber.

Sein Bild vom Schauspieler findet Fechner am besten von Sir Alec Guiness formuliert, in dessen Autobiographie „Das Glück hinter der Maske". Guiness, der stolz darauf ist, auf der Straße selten erkannt zu werden, beschreibt das Glück, in den fremden Figuren scheinbar zu verschwinden, in Wirklichkeit aber auf eine nicht festlegbare Weise in einem gesteigerten Maße präsent zu sein, unaufdringlich, weil verschlüsselt. Das Unbewußte muß nicht verdrängt werden. Auch das ist ein Stück Freiheit.

Eberhard Fechners Ausbildung als Schauspieler begann mit einem großen Erfolg. Er erinnert sich daran, wie nach dem Krieg die seit 1943 geschlossene Max-Reinhardt-Schule wiedereröffnet wurde. Es gab an die dreitausend Bewerber, und nach nicht weniger als sieben Prüfungen hieß einer von dreiundzwanzig Übriggebliebenen Eberhard Fechner.

Der Unterricht in der Ostberliner Schauspielschule begann im Mai 1946. Abgeschlossen war die Ausbildung im Juli 1948. Die erste Gelegenheit für die Schauspielschüler, öffentlich in einer großen Premiere aufzutreten, war im April 1947 in „Der Schatten". Das war eine der ersten Nachkriegsinszenierungen von Gustaf Gründgens. Fechner hatte fünf winzige Rollen. Weitere, teilweise etwas bessere kleine Rollen im Deutschen Theater spielte er in „Woyzeck", „Marquis von Keith", „Hauptmann von Köpenick".

Nach der Schauspielschule beschloß er, in der Provinz anzufangen. Er beantragte und bekam einen Interzonenpaß, fuhr im Interzonenzug nach Frankfurt zu Ernst Karchow, Hilperts ehemaligem Berliner Schauspieldirektor, der die Kammerspiele in Bremen leiten würde. Der engagierte ihn tatsächlich für dieses Theater.

Als er im Juli 1948 zu seinem ersten Engagement nach Bremen fahren wollte, saß er mit seiner Freundin Margot, der späteren ersten Ehefrau, durch die russische Blockade in Berlin fest. Die beiden schafften es jedoch, zusammen über die grüne Grenze zu kommen. Es war gerade die Währungsreform gewesen. Als die beiden in Helmstedt im Bahnhof waren, war kaum jemand im Zug, weil niemand Geld hatte. In Bremen, in einem hübschen Hotel, kriegten sie das beste Zimmer für 5 DM die Nacht.

Die Bremer Kammerspiele waren ein Privattheater. Ein städtisches gab es damals dort noch nicht. Karchow konnte statt der offiziellen Gage von 300 DM im Monat nur 200 DM auszahlen. Aber trotzdem war es ein vielversprechender Start in das Berufsleben. Mit so schönen Rollen wie dem Beckmann in „Draußen vor der Tür", gespielt zum ersten Todestag von Borchert. Das war nach Hans Quest in Hamburg und Paul Edwin Roth in Berlin die dritte Darstellung der Rolle, wie er sich erinnert. Doch nach diesem so guten Jahr kam die schlimme Nachricht, daß die Kammerspiele finanziell nicht zu halten waren. Da die Stadt nicht bereit war, das künstlerisch erfolgreiche Unternehmen zu subventionieren, mußte es Ende der Spielzeit 1948/49 schließen.

Der Umweg nach Innen

Eberhard Fechner hat bis weit in die 50er Jahre hinein Gedichte geschrieben, mit der ihm eigenen Intensität und Beharrlichkeit. Obwohl er nie die Absicht hatte, sie zu publizieren, darf sie ein Porträt, meine ich, nicht einfach weglassen. Dieser schwierige, scheinbar so individuelle Umweg nach innen hat doch zu viel Zeittypisches, als daß er als privat vernachlässigt werden könnte.

> Wenn das Bett, in dem ich liege
> Eine stille Grube wär,
> Wenn sich über mir die Erde
> Feucht und schwer geschlossen hätte,
>
> Wär ich Nahrung der Verwesten.
> Aufgelöst in Lehm und Schlamm,
> Knochenkammer, Blumenwurzel,
> Wär ich Frucht und Weltenstaub.
>
> Jetzt bin ich hinausgestoßen
> Aus dem magischen Quadrat,
> Muß das Salz der Erde suchen
> Auf dem öden kalten Feld.
>
> Muß mich frierend nachts verstecken
> Unterm Laube, mir zur Qual,
> Durch das Tor verlass'ner Städte
> Meinen eignen Namen schrein.
>
> Geht der Wind durch meine Fenster,
> Weht mein Herz durchs leere Haus,
> Seit ich meinen Schlaf verloren,
> Träum ich mich ins Grab.

Das Bemühen um die Zeit der Gedichte war in meinem Gespräch mit Eberhard Fechner eine von den wenigen Stellen,

Eberhard Fechner als Beckmann in „Draußen vor der Tür" von Wolfgang Borchert.
Bremer Kammerspiele 1948

III

... in „Bäume sterben aufrecht" von
Alejandro Casona. Theater am
Kurfürstendamm 1951

... in „Die Defraudanten" von Alfred
Polgar. Hebbeltheater Berlin 1953

... in „Jan, der Wunderbare" von
Friedrich Kayssler. Freilichtbühne
Berlin 1953

... in „Einen Jux will er sich machen"
von Johann Nestroy. Hebbeltheater
Berlin 1954

IV

an denen ich immer wieder einmal nachfragen mußte. Eberhard
Fechner, in seinem Bedürfnis nach klarer (brillanter, lakoni-
scher, provozierender, sarkastischer, humoriger, wirksamer)
Selbstdarstellung hatte plötzlich Schwierigkeiten auszudrük-
ken, was denn eigentlich so wichtig war an diesem Gedichteschreiben über Jahre hinweg. Es steckt zu viel Persönliches
darin, das er nicht gerne benennen mag, und vor allem nicht vor-
eilig. Sich vagen Spekulationen zu überlassen, würde seinem
Bedürfnis nach Wahrheit widersprechen. Er wehrt meine insi-
stierenden Fragen nicht ab, obwohl er sich von den Gedichten
distanziert und sie mit der ihm an Punkten eigenen Drastik „eine
ungeheure Scheiße" nennt.

> Es gibt kein Mittelmaß bei Gedichten. Das kannst du bei
> Benn nachlesen. So ganz nette Gedichte gibt's eigentlich
> nicht. Entweder sind sie gelungen oder mißlungen.

Er hat über Nacht noch einmal nachgelesen und nachgegrübelt,
und müht sich am nächsten Morgen das, was ihn bis heute verstört, treffend zu benennen:

> Ich habe diese Gedichte mit einer Art Widerwillen wieder
> gelesen, weil das für mich eine abgelebte Zeit ist. Es stiegen
> die Erinnerungen an Gefühle und an Situationen wieder
> auf. Es war eine schlimme Zeit für mich von 1946/47 an bis
> etwa 1954. Das Schreckliche ist, wenn ich diese Gedichte
> und Verszeilen lese, weiß ich bei einigen noch die Situatio-
> nen, in denen ich war, als ich sie schrieb. Und ich kriege die
> gleichen Empfindungen. Im Grunde ist es immer die
> gleiche Situation, die gleiche Befindlichkeit und das gleiche
> Gefühl, was ich auf die verschiedenste Weise beschreibe. Es
> handelt sich wohl darum, daß ich mit der Realität über-
> haupt nicht fertig geworden bin und die Gedichte als eine
> Flucht benutzt habe damals. Anstatt mich der Realität zu
> stellen. Und das eben hat sich an einem bestimmten Punkt
> meines Lebens nicht nur verändert, sondern ist genau ins
> Gegenteil umgeschlagen.

65

Mit dreizehn hatte er angefangen zu reimen. Der Lehrer Hasenauer ermutigte ihn mit seinem typischen herzlichen Interesse
und seinem Gespür für den Schüler als ernstzunehmender
Person. Der Direktor von Siemens-Halske, bei dem er sich mit
Vierzehn um eine Stelle bewarb, bezeugte Respekt.

Als er im Schaufenster eines Buchantiquariats auf dem
Prenzlauer Berg eine Erstausgabe von Schillers Werken entdeckte, verkaufte er sein Spielzeug, um sie bezahlen zu können.

> Ich ging durch die Stadt, las die Gedichte und dachte groß-
> kotzig, wie Halbwüchsige so sind, das kann ich doch mit
> dem kleinen Finger.

Während der Bombenangriffe in der Luftschutzkeller-Lange-
weile interessierte sich dann ein gebildeter älterer Mann für den
schreibenden Jungen. Der verschaffte ihm mit detaillierten
Kenntnissen antiker Versformen wie Hexameter, Alexandriner,
Sonett, aber zugleich mit einem Unverständnis für die Inhalte,
ein falsches Verhältnis zur Dichtkunst. War die pedantische
Unterwerfung unter die vorgeschriebenen Formen eine Ent-
sprechung zu den herrschenden politischen Zwängen?

Es gab auch ein anderes, entgegengesetztes Beispiel. Wäh-
rend der Ausbildung zum Vermessungssoldaten lernte er einen
Kollegen kennen, der im zivilen Beruf katholischer Pfarrer war.
Der hatte ein Verständnis von Literatur und Poesie, das sich eher
am Unscheinbaren, Alltäglichen orientierte. Selbst an banalen
Schlagertexten, die eine bestimmte Stimmung erzeugten, fand er
Reize: „Die kleine Stadt will schlafen geh'n, die Lichter löschen
aus. Am Himmel ist kein Stern zu sehn, Nacht wird's in jedem
Haus . . .". Fechner war beeindruckt.

> Das war das erste Mal, wo ich nicht ans Große, Hehre,
> Bedeutende dachte, sondern begriff, daß in der Trivialität,
> in der normalen Realität, in allem Poesie steckt, die man –
> sentimental oder unsentimental – herausholen kann. Daß
> also Wirklichkeit und Poesie keine Gegensätze sind. Das
> war also der erste Anstoß in die spätere Richtung.

Wichtige Anstöße brauchen ihre Zeit. Auf das Gedichteschreiben sollte sich dieses eigenständige Kulturverständnis nicht mehr auswirken. So konnten die nach dem Krieg neuentdeckten alten Vorbilder wie Gottfried Benn und August Stramm nicht weiterhelfen. Sie konnten nur, so empfindet es Fechner, als „eine neue Vergewaltigung" wirken.

> Die Form ist eigentlich immer nur entliehen. Ich habe nie zu einer eigenen Form gefunden. Ich glaubte dann, daß ich nie ein richtig gutes Gedicht zustande gebracht hatte. Und da habe ich gesagt, nun ist Schluß. Und von heute auf morgen, so wie Raucher mit dem Rauchen aufhören (das habe ich auch später), so habe ich aufgehört, Gedichte zu schreiben.

Das war 1957, bei dem Wechsel nach Hannover.

Das Gedichteschreiben war nach dem Krieg ein gemeinsames Interesse unter Kollegen gewesen. Einer, Armin Juhre (heute Feuilleton-Chef des „Deutschen Allgemeinen Sonntagsblatts"), wollte auch Schauspieler werden und suchte in Gedichten zeitgemäß zweifelnd nach Gott. Der zweite, Sobisiak (Künstlername: Kaisibos), versuchte der Theoretiker der Gruppe zu sein. Fechner besitzt von ihm noch ein handgeschriebenes, in Kleinschreibung produziertes 16-Seiten-Werk mit einem Motto nach Stefan George „Strengstes Maß ist höchste Freiheit". Datiert „Berlin-Steglitz, Dezember 1947. Für meine Freunde in Hoffnung auf gemeinsame Arbeit". Mit diesen beiden habe er, sagt Fechner selbstironisch, der Dichtung „gepflogen".

> Der Hauptgrund, warum ich sie niemandem zeige und warum ich sie in die letzte Ecke verbannt habe, so daß ich selbst nicht mal mehr weiß, wo sie alle sind, liegt darin, daß ich Angst habe vor diesem Lebensgefühl, das ich damals hatte.

Es ist auffällig, wie viele der Gedichte in irgendeiner Weise Tod,

Untergang, Einsamkeit, Kälte, Vergeblichkeit, Hoffnungslosigkeit, Suizidgedanken spiegeln. Die Düsternis der Metaphern ist extrem. Aus den wenigen Gedichten, die Fechner mir zögernd vorgelesen hat, ergeben sich folgende Zuordnungen:

ARM: wartet. ÄSTE: verdorrt. AUGEN: blind, starren tot, fallen zu, glühen. ASPHALT: in der Nacht geboren. BAUM, BÄUME: erfroren, kahl, stumm, welk, zerreißt mein Kleid. BERGE: kleben geduckt, versinken, zittern. BLÄTTER: fallen, klirren. BODEN: unsicher. BRUST: Schreie reißen. ERDE: erloschen, feucht, frierend, heiß, kalt, rund, schwer. DUFT: widerlich süß. FELD: öde, kalt. FENSTER: Frost klirrt, hinter F.n Wolken. FRAU: fremd, sterbend, ihm zugeweht. FREUNDE: verloren. FÜSSE: suchen nach Wärme, treten totes Laub. GAS: fiebert, sirrt. GESICHT: blind. DEIN GESTIRN: verdunkelt. GLÜCK: begraben. GOLD: das letzte. GRAB: träumen. GRUBE: stille. HÄNDE: eisige, rufen, verbergen das Gesicht, vom Blute kalt. HAUS, HÄUSER: leer, Wolken hängen in die H., blendet zurück in die Nacht. HECKEN: im Schnee. HUNDE: haben ihre Nase schon auf deiner Spur. HUREN: grinsen. ICH: kann mich selbst beschenken mit Einsamkeit. KÜSTEN: verlorene. LACHEN: heult. LAUB: tot. LEBEN: reich an Toten. LEIBER: blühen schwarz, Gerippe, uralte. LICHT: grau, tödlich. MANN, MÄNNER: ein M., der keinen Schatten hat, weinend. MASKE: blind. MAUERN: kühlen Stirnen, starren. MOND: frierend, versinkt. NACHT: blutend, frierend, vertraut, tropft, Hunde der N. fallen an. NACHTWIND: schreit. NARR: gräbt mit Nägeln in den Stein, sitzt in der Ecke. NATUR: sterbend. QUAL. RINNSTEIN: weinend. ROST: lockt, pfeift. SAAL: Feuer. SAMT: grau. SCHLAF: verloren. SONNE: zersprungen. STADT: leer, verlassen. STAUB: flirrt. STEINE: lächeln stumm. STERBEN: schwer. STERN:

trüber S., auf dem der Regen wohnt. STILLE: wächst aus der Dunkelheit. STRASSEN: erfroren, fremd, da oben (unerreichbar). STRASSENECKEN: Huren. STRASSENSCHLANGEN: abgehäutet von Licht und Menschen. STRÄUCHER: hart. STURM: packt mich am Genick. TAG: im Meer ertrunken, von den Bäumen gefallen. TEICH: verschlammt. TOTE: zerfetzt. VÖGEL: kreisen. WALD, WÄLDER: herbstlich, niederer W. schleicht träge auf mich zu. WÄNDE: fließen durch das Licht, scheiden Mensch von Mensch. WASSER: erstarrt, mit Eishügeln besternt, verfaulen den Kiel. WEINEN: fällt, fließt, rollt. WELT: dunkel, ungeschützt, sie gingen aus der W.. WIESEN: abgemäht. WIND: irrt. WIR: Flüchtlinge ohne Ziel, haben uns verloren, schreiend, Strandgut. WOLKEN: fliehen. ZIMMER: betrunkene, tanzende.

In den mit unglaublicher Konsequenz verneinenden Bildern zeigt sich – in negativer Spannung – Fechners Emotionspotential, die glühenden Kohlen sozusagen für die poetische Maschinerie. Sichtbar wird, was sonst abstrakt bleibt, die erstaunliche Fechnersche Arbeitsenergie, die keine Schonung kennt, die das jeweilige Projekt bis zur Erschöpfung, bis zur Gefährdung der Gesundheit vorantreibt. Ich denke, daß auch bei vielen Generationskollegen, nach außen zumeist abgeschirmt, sich ein solches Angstpotential auffinden ließe. Das, was Eberhard Fechner als sein eigentliches Generationserlebnis beschreibt, das Gefühl des Freiseins bei Kriegsende, ist ja auch das Glücksgefühl des noch einmal Davongekommenseins, das sich unlöslich auf das vorhergehende Unglückliche bezieht: die Vergangenheit einer neurotischen Gesellschaft, der aus ihr entstehende Schrecken eines Krieges mit 60 Millionen Toten. Es gibt keine Stunde Null. Die Erfahrungen sitzen zu tief. (Siehe z. B. das HJ-Lager-Erlebnis von 1935; die Bomben; der Krieg).

Die Vögel

Ich hab den Hauch der Winde kommen hören,
Die auf die Länder fielen in der Nacht,
Kometen zogen über unsere Städte,
Und Mensch und Tier, die wurden umgebracht.

Durch die silbernen Wolkenmeere
Flogen von Himmelskerzen zu Tode erhellt,
Die singenden viermotorigen Vögel
Über die dunkle ungeschützte Welt.

Wir gruben uns flach in den Bauch der Erde,
Die Vögel wandten ihr blindes Gesicht
Und lösten die Früchte an ihren Flügeln,
Im Feld zersprang das tödliche Licht.

Die Bäume standen stumm und ungebrochen.
Bei den Menschen schrie eine sterbende Frau.
Asche wehte über weinende Männer.
Auf die zerfetzten Toten fiel der Tau.

Die Gefühle werden in den Gedichten nur gestaut, nicht abgebaut. Eine Sisyphus-Situation – bei größter Arbeitsanstrengung kein Fortschreiten – war entstanden, weil das Angstpotential aus der Vergangenheit falsch auf Gegenwart und Zukunft projiziert wurde. Unter besseren Umständen ist diese Art zu reagieren vielleicht nur für die Pubertät typisch. In dieser Epoche aber blieb sie nur denjenigen erspart, die unempfindlich genug waren, hinter den neuen wirtschaftlichen Erfolgen das Vergangene verdrängen zu können. Nicht wegdrängen zu können, das gibt Eberhard Fechner die – jugendliche – Intensität, mit der er bis heute mit seinen Arbeiten Aufklärung sucht. Und der Fakten-Film der Fechnerschen Spielart, das Aussagen-Mosaik, ist das aus diesem Bedürfnis entstehende Genre.

Der Verlassene

Einen Schritt vor meinem Haus
Und das Licht lag auf den Straßen,
Ein Blick ging durchs Fenster raus,
Wo Wolken auf Dächern saßen.

Der Fluß sprühte Metall
An die stummen Fensterfronten,
Wo sich Katzen überall
Auf den warmen Steinen sonnten.

Die Liebenden waren zu zweit
Im gedämpften Raunen der Stadt.
In dem Zimmer stand allein
Ein Mann, der keinen Schatten hat.

Dieselbe Grundstimmung der Verlassenheit und Ausweglosigkeit hat auch eine Kurzgeschichte, die Fechner geschrieben hat: „Der seltsame Heilige". Der Inhalt: Einem 1897 geborenen Mann von schlimmer Häßlichkeit gibt der Beruf nichts, gibt die Liebe nichts. Am Ende verliert er sogar die Erinnerung an die einzige Geliebte, die er gehabt hat. Und ausgerechnet dadurch, daß er sie in einem gemalten Akt-Porträt festhalten läßt.

Warum versucht ein junger Mann, der Schauspieler ist und der nebenbei schreibt, es nicht einmal mit einem Theaterstück? Das ging, sagt Fechner, „vollkommen schief". Das lag wohl nicht nur daran, daß er als junger Deutscher, mit Schiller unter dem Arm aus dem Kriege kommend, keinen Anschluß an die zeitgenössische dramatische Literatur hatte. Hinzukommt, wie er meint, daß ihm das Dramatische nicht liege. Unwillkürlich ziele er immer auf epische Formen.

Ich glaube, wenn ich statt Lyrik angefangen hätte, Prosa zu schreiben, wäre das für mich viel vernünftiger gewesen. Warum das nicht geschehen ist, ist mir heute nicht erklärlich.

Der Kampf mit dem Theater

Nach der Schließung des Theaters in Bremen und nach einigen fruchtlosen Bewerbungen wurde Fechner 1949 an die Freie Volksbühne engagiert, die gerade am Kurfürstendamm in Berlin eröffnete. Aber das Engagement war enttäuschend. Der gute Start seiner Karriere setzte sich nicht entsprechend fort. Fechner bekam nur „Wurzen" zu spielen. Eine erste größere Rolle, der Arnold in „Michael Kramer", Regie Karchow, entging ihm durch eine Intrige. Wichtig war allein die Begegnung im Juni 1951 mit dem 29jährigen Giorgio Strehler, in dessen „Don Juan" (Molière) er eine kleine Rolle spielte.

1949 heiratete Fechner zum erstenmal. Die Ehe mit Margot Krell erwies sich als die wohl zu eilige Legalisierung eines angenehmen Verhältnisses. Sie scheiterte daran, daß er andere Beziehungen nebenbei hatte. Mit Frauen aufgewachsen, hatte er das Bedürfnis und die Fähigkeit, wirklich auf sie einzugehen. Von ihm fühlten sie sich besser verstanden als von den meisten, was das Geschlechterverhältnis angeht, bewußt oder unbewußt überheblichen Männern. Und wenn er auf ein Gegeninteresse traf, mochte er nicht widerstehen. Schließlich kam es einvernehmlich zur Scheidung.

Schwierigkeiten auch beruflich. Oskar Fritz Schuh kam 1951 an die Freie Volksbühne.

Für Schuh war ich überhaupt niemand, ein Schauspieler, der ihn nicht interessierte.

Fechner wurde ohne Rücksprache gekündigt.

In der beruflichen Flaute blieb er jedoch nicht untätig. Rolf Ullrich, ein Kollege aus der Schauspielschule, gründete das Kabarett „Die Stachelschweine". Fechner spielte, ohne daß ihn diese Ausdrucksform sonderlich interessierte, in einigen Programmen mit. In der „Badewanne" in der Nürnberger Straße, dann im Keller des ausgebauten Marmorhauses am Kurfürstendamm und in der „Ewigen Lampe" in der Meinecke-Straße. Es folgte eine schwierige Zeit mit Funk beim RIAS und beim SFB, mit einigen Rollen an winzigen Theatern.

Mit Wolfgang Spier und Ottokar Runze gründete er 1951 den „Theaterclub im British Center" am Lehniner Platz. Dort spielte er komische Rollen in Shakespeare-Stücken (Regie: zumeist Spier) oder auch ernste Rollen, wie z. B. in den „Räubern" (Regie: Kurt Meisel). Die Arbeit war jetzt interessant, aber die Gagen waren niedrig. Unabhängig von der Größe der Rolle gab es fünf bis zehn Mark pro Vorstellung. Nebenbei, das war typisch für die Situation, war er auch Kassenwart.

Der Theaterclub war so erfolgreich beim Publikum und bei der Kritik, daß ihm Kultursenator Tiburtius das Angebot machte, unter der Leitung von Kurt Meisel das Hebbeltheater zu übernehmen. Als Runze und Spier die Mehrheit der Schauspieler dazu brachten, dagegen zu stimmen, beschloß Fechner, der sich für diese Lösung eingesetzt hatte, aus Berlin wegzugehen.

Die groteskeste Erfahrung im Funk hat Eberhard Fechner am 17. Juni 1953 machen müssen. Damals spielte er im Hebbeltheater in dem Stück „Die Defraudanten" von Alfred Polgar. Während der Nachmittagsvorstellung hörten die Schauspieler von der anderen Seite der Stadt – der Potsdamer Platz ist nicht weit entfernt – erheblichen Lärm. Was das zu bedeuten hatte, ahnten sie allerdings nicht.

Als ich nach den beiden Theatervorstellungen nach Haus kam, bekam ich einen Anruf vom RIAS Berlin. Ich wurde gefragt, ob ich in der Nacht Zeit hätte, für eine Funkaufnahme. Ich wurde im Dienstwagen abgeholt, denn damals hatte man ja noch keine eigenen Autos. Wir waren fünf, sechs Leute in dem Auto. Und als wir ankamen, waren da fünfzig oder mehr Berliner Schauspieler. Und dann haben wir in dieser Nacht Aufnahmen gemacht und haben den

Aufstand in Ostberlin simuliert. Da wurde ein „Türke" gebaut, wie man so schön sagt. Wir haben den Ton getürkt. Das haben die dann den stummen Filmaufnahmen, die es gibt, teilweise unterlegt. Das heißt, das, was dann über den Sender ging und seitdem als authentisches Filmmaterial Verwendung findet, ist teilweise ein Schwindel gewesen. Aber das in Ostberlin war nun kein Schwindel.

In dasselbe Jahr 1953, eine Zeit, in der die Todesmetaphern dichter waren denn je, fiel eine Enttäuschung, die er, weil es ihm schlecht ging, als peinigende Niederlage erlebte. Durch Vermittlung Hardy Krügers sollte er eine Rolle in Alfred Weidenmanns Spielfilm „Ich und du" bekommen. Die Steward-Uniform war schon geschneidert. Aber ohne daß jemand es für nötig gehalten hätte, ihm das überhaupt mitzuteilen, spielte stattdessen Claus Biederstaedt die Rolle. Der Produzent hatte den Kollegen unter Vertrag und hatte ihn beim Regisseur durchgesetzt.

1953 lernte Fechner seine spätere zweite Frau Ingrid kennen. Sie wollte auch Schauspielerin werden und war begabt für diesen Beruf. Sie besuchte in Berlin die Schauspielschule und hatte bei Marliese Ludwig Unterricht. Mit ihr fuhr er dann zu deren Verwandten nach Köln. Dort verdiente er beim damaligen Nordwestdeutschen Rundfunk zu seiner Überraschung binnen sechs Wochen für seine Verhältnisse eine Menge Geld als Sprecher in Hörspielen und Hörfunk-Features.

Danach versuchte er sein Glück in Hamburg. Im „Theater im Zimmer" spielte er dort in der Deutschen Erstaufführung eines französischen Stücks, „Notre Peau" (Unsere Haut). Sein schon berühmter Kollege Klaus Kammer, der die Rolle eigentlich hätte spielen sollen, gratulierte ihm. Er meinte jedoch, bei aller Begabung fehle es Fechner noch an Spielpraxis und an Lebenserfahrung. Kammer riet, zunächst in die Provinz zu gehen, um sich dort ungestört auszuprobieren.

Der Schauspieler Fechner war seinem inhaltlichen Interesse gefolgt und hatte für „Notre Peau" ein finanziell lukrativeres

74

Angebot ausgeschlagen, den Buffo in „Wie einst im Mai" von Willi Kollo. Er spielte dann doch, und mit Spaß, in einer Operette, in „Glückliche Reise" von Künecke. Außerdem in den Jahren 1955 und 1956 einige Rollen bei Ida Ehre an den Hamburger Kammerspielen. Die wichtigste war der Rodolfo in Arthur Millers „Blick von der Brücke".

Von Hamburg wechselte er nach Hannover, wo er ab 1957 drei Jahre fest engagiert war. Wichtige Rollen dort: der Eugene in „Schau heimwärts Engel", Hauptrollen in der Uraufführung des frühen O'Neill-Stückes „Dynamo" und in „Korczak und die Kinder" u. a. Sehr gerne spielte er damals komische Rollen, z. B. mehrere Shakespeare-Clowns.

Daß er in Hannover Erfolg hatte, wurde ihm, außer durch den Beifall des Publikums, am intensivsten vermittelt durch die Anerkennung Henning Rischbieters. Dieser um zwei Jahre jüngere Handwerkersohn, damals Geschäftsführer der Volksbühne Hannover, war leidenschaftlich an dem unmittelbaren Ausdrucksmittel Theater interessiert. Es entwickelte sich eine Freundschaft, die auf bestimmten Gemeinsamkeiten beruhte. Auf dem entschiedenen Bedürfnis nach persönlicher Unabhängigkeit etwa, auf einer Offenheit gegenüber Menschen, einer skeptischen Neugier gegenüber den kulturellen und den politischen Vorgängen, und nicht zuletzt auf einer sich in gastlichen Situationen ausdrückenden Lebenslust. In ihrer Arbeit haben Fechner und Rischbieter das Bedürfnis, etwas zu bewirken, auf Wahrheiten zu dringen und im Sinne der erarbeiteten Einsichten tätig einzugreifen. Außerhalb der Arbeit und der geselligen Zufälligkeiten, Annehmlichkeiten, improvisierten sie in wechselnder Gesellschaft von Theaterleuten, Schriftstellern, Künstlern endlose Gespräche, die ihre Spannung zusätzlich von den beteiligten Frauen erhielten. Es herrschte eine Art Aufbruchsstimmung, die sich dann nicht zufällig in weitergehenden Projekten konkretisierte.

Durch die Gespräche mit diesem Theoretiker, mit Henning Rischbieter, bin ich mir über vieles klar geworden. Und vielleicht wäre ich, als ich ein, zwei Jahr später in Celle saß, ohne ihn gar nicht auf den Gedanken gekommen, zu Giorgio Strehler ans Piccolo-Theater nach Mailand zu gehen. Ich erinnere mich noch genau, wie wir draußen in seinem Schrebergarten in den Liegestühlen saßen. Sein Bruder und er bauten einen offenen Kamin. Und er sagte, ‚Du, ich hab da einen Mann kennengelernt, der macht Anzeigen und er heißt Friedrich. Mit dem hab ich gesprochen. Meinst Du, daß es Sinn hätte, mit so einem Mann eine Theaterzeitschrift zu machen?‘ (Die Theaterzeitschrift gibt es übrigens heute noch, fast 30 Jahre danach, ‚Theater heute‘.) Und als ich ihm sagte, ich hab die Nase pleng, ich fahr jetzt nach Italien und gehe zu Strehler, da war er sehr überrascht, das weiß ich noch genau, und er fand das sehr gut. Es korrespondierte wohl auch stark mit seinem Wunsch und Gedanken, sich vollkommen zu verändern.

Fechners Frau Ingrid war häufig in diesem von den Männern bestimmten Kreis. Auch sie war in Hannover ein Engagement eingegangen, um mit ihrem Mann weiter zusammen zu sein. Leider hatte sie das Pech, daß der dortige Intendant Ehrhard wenig mit ihren Möglichkeiten anzufangen wußte. Als Kurt Hübner sie dann ans Stadttheater Ulm engagierte, bedeutete das wieder eine Trennung. Dort hatte sie spontan Erfolg, weil sie auf den jungen Regisseur Peter Zadek traf. Dessen Theater erregte damals, mit Vorstellungen wie der berühmten „Geisel" (Brendan Behan), Aufsehen, indem er mit seinen Schauspielern in einer unnachahmlichen Gleichzeitigkeit von inhaltlicher Ernsthaftigkeit und formal bis ans Willkürliche gehenden Kühnheit radikal mit falschen Traditionen brach.

Eberhard Fechner, noch mehr Schauspieler als Regisseur, begeisterte sich nicht zufällig für ein ganz anderes Vorbild. In Hannover gastierte das Piccolo Teatro mit dem „Il Servitore di due Padroni" („Diener zweier Herren", Goldoni).

Das haben wir Schauspieler uns alle angesehen. Und wir waren auch alle der Meinung, das sei so unglaublich gut, daß wir mit unserer alltäglichen Arbeit diesen Beruf eigentlich überflüssigerweise ausübten, und man nur solche Aufführungen zeigen sollte.

Die Begeisterung Fechners für die Arbeit von Strehler entsprach schon einem doppelten Interesse. Einmal an den *schauspielerischen* Darbietungen, an der zugleich formal artistischen wie inhaltlich treffenden und in den Mitteln reichen Art, wie dort Rollen interpretiert wurden. Und zum anderen an der *regielichen* Kunst, das möglich zu machen und zugleich alle theatralischen Mittel spielen zu lassen, ohne daß dies im mindesten selbstzweckhaft wirkt, sondern im Gegenteil alles allem zu dienen scheint. Fechners Streben ging *zusätzlich* danach, selber Regie zu führen.

Schauspieler zu sein war beglückend, aber es gelang ihm nicht, eine Art von Zufriedenheit zu erreichen, die anders als punktuell war. Das Gefühl, einen Erfolg gehabt zu haben, für eine bestimmte Figur wirklich das handwerklich Beste getan zu haben, erhielt sich kaum über die betreffende Arbeit hinaus. Es summierte sich nicht. Er blieb ein Suchender mit dem einstweilen unerfüllten und leider auch nicht klar zu formulierenden Bedürfnis, zu einer Arbeit zu kommen, die nicht mehr durch all die Zufälle, von denen ein Schauspieler mehr als irgendein anderer Künstler abhängt, bestimmt ist. Die es vielmehr erlaubt, die persönlichen Erfahrungen und die augenblicklichen Einsichten sinnvoll zusammenzubringen. Das schauspielerische Handwerk allein konnte ihn nicht vor den Depressionen bewahren, die ihn immer wieder befielen.

Daß dies so war, drückte sich vielleicht am stärksten in seiner Abneigung, ja seinem Haß gegen das Synchronisieren aus, eine für viele Kollegen einträgliche und abwechslungsreiche Tätigkeit, die aber eine bestimmte Virtuosität der Anpassung an den spielenden ausländischen Kollegen und das Vergnügen daran verlangt. Fechner aber als ein Suchender, dessen Qualität auch in der Aneignung einer Bühnenfigur darin besteht, ständig auszuprobieren und sich auszuprobieren – was Zeit kostet –, war zu einem gewandten Sich-Anpassen und reflexhaften Reagieren gänzlich ungeeignet.

Das Bedürfnis, ständig zu überprüfen, sich genauer zu vergewissern, als es die anderen tun, der allgemeinen Situation wie seiner selbst, spiegelt Ängste. Es liegt nahe zu vermuten, daß bestimmte Situationen der bewegten Kindheit doch so gefährdend waren, daß der Schirm der Mutter, den er immer als so sicher empfunden hat, empfindliche Lücken aufwies.

Da der hannoversche Intendant Fechners Wunsch nach der Theater-Regie nicht erfüllen mochte, kündigte er und wechselte 1960 nach Celle, um dort gleichzeitig zu inszenieren und zu spielen. Vorher hatte er neben einem Versuch in Berlin drei Stücke in Bremen inszeniert, darunter „Die Fliegen" von Sartre. In Celle folgte nun von Giraudoux „Der Trojanische Krieg findet nicht statt", von Georg Kaiser „Kolportage" (seine erste wirklich gute Inszenierung, wie er meint) sowie „Lady und Schneider" von Nestroy. Diese Inszenierung wirkte provozierend auf das Provinzpublikum. Die Figur des größenwahnsinnigen Schneiders hatte er in Gedanken an Nazi-Figuren mit brechtischen Mitteln zu interpretieren versucht, unter anderem mit selbstverfaßten Songs. Nach eigener Einschätzung ist ihm dieser Versuch, das Thema Nazizeit indirekt anzugehen, nach zwei plausiblen Akten am Ende mißlungen.

Als Schauspieler in Celle spielte er u. a. in „Der Goldtopf" (Plautus) und den Sganarell in „Don Juan oder Die Liebe zur Geometrie" von Max Frisch. Der Intendant in Celle war ein freundlicher Mann, der Fechner als Regisseur freie Hand ließ. Als er tatsächlich einmal ernsthaft dazwischenredete, packte Fechner, wie es ihm passieren kann, der Jähzorn. Und der Intendant ließ sich tatsächlich, gegen das übliche hierarchische Muster, aus dem Zuschauerraum verweisen.

Während Eberhard in Celle sein Glück versuchte, war Ingrid Fechner in Ulm vor allem mit Katharina Tüschen und deren Partner Peter Palitzsch zusammen. Nachdem sich beim Wechsel des Ensembles nach Bremen die vielversprechende Zusammenarbeit mit Zadek zunächst fortsetzte, fing – so erinnert sich Fechner – ihre Krankheit an: Erscheinungen von Schizophrenie. Ausgelöst worden sein mag die Krise unter anderem auch von den typischen Schwierigkeiten eines zwangsweise getrennt lebenden Schauspieler-Paares. Ihren ersten schweren Schub bekam sie zu einer Zeit, als Eberhard noch in Celle tätig war, Sylvester 1960/61. Von nun an wurden in Abständen immer wieder Klinik-Aufenthalte nötig.

Das Vorbild Strehler

Mehr noch als für die Ergebnisse, für abgeschlossene Inszenierungen, hat sich Eberhard Fechner immer für die Prozesse interessiert, die zu diesen Ergebnissen führen. Es ist das Interesse des Handwerkers, der nicht genau und nicht vielfältig genug erfahren kann, was für ihn selber und für seine eigene Arbeit wichtig und richtig sein könnte. Es war wohl die Zeit in Hannover, die Diskussionen dort unter anderem auch über Theater, die durch die teils ernüchternden Erfahrungen als Regisseur in Celle hindurchwirkten und den mutigen Schritt vorwärts bewirkten. Und Giorgio Strehler war ein mit Inszenierungen verbundener Name, für deren Kraft (von Kortner abgesehen, der damals noch unterschätzt wurde), für deren moderne Klassizität es im deutschsprachigen Theater nach Brecht keine Parallele gab. Und was von jüngeren Regisseuren wie dem von seinen England-Erfahrungen und vom englischen Theater geprägten Peter Zadek und dem unbekannten Peter Stein und ihren Schauspielern an ästhetischer und inhaltlicher Erneuerung ausgehen würde, war noch nicht zu sehen. Fechner riet zunächst einem jungen Kollegen, zu Strehler zu gehen. Der zögerte (tat es dann sehr viel später), und plötzlich faßte Fechner für sich selber den Entschluß, löste seinen Vertrag in Celle und fuhr im Herbst 1961 zum Piccolo-Theater nach Mailand.

Ingrid Fechner ging mit nach Italien, obwohl sie für ihren Beruf keine vergleichbaren Hoffnungen damit verband. Zusammen lernten sie per Linguaphon-Schnellkurs ein bißchen Italienisch und kauften ein gebrauchtes Auto, sein erstes, im Alter von 34 Jahren. In Mailand wurden sie von Paolo Grassi mit aller Herzlichkeit empfangen. Der Mitbegründer, Direktor und Dramaturg erzählte begeisternd aus der Geschichte des Piccolo Teatro, porträtierte den großen Künstler Strehler und jonglierte auf eine ebenso intelligente wie unterhaltsame Weise mit seinen Anschauungen.

Eberhard Fechner in „Paolo Paoli" von Arthur Adamov. Landestheater Hannover 1959

... in „Die Gerechten" von Albert
Camus. Regie: Peter Zadek. Landestheater Hannover 1958

... in „Schau heimwärts Engel" von
Thomas Wolfe. Regie: Kurt Erhard.
Landestheater Hannover 1958

„Kolportage" von Georg Kaiser. Bühnenbild und Inszenierung: Eberhard Fechner.
Schloßtheater Celle 1960

Die ersten Monate bei den Proben waren die wichtigsten. Fechner saß als Hospitant unten im Zuschauerraum und machte Tag für Tag seine Notizen bei den Proben. Was immer an dem Geschehen auf der Bühne ihm aufregend und wichtig erschien, hielt er fest. Henning Rischbieter gab dann später die Anregung, aus den Notizen ein Buch zu machen. Die darauf folgende Zeit als Regieassistent bei Strehler trat hinter diesen intensiven Anfang zurück, weil die Intensität der Arbeit weder distanzierendes Nachdenken noch das regelmäßige Notieren all der Eindrücke und Beobachtungen mehr erlaubte.

In Strehlers Berliner „Don Juan" 1951 hatte Fechner, wie schon erwähnt, eine kleine, aber interessante Rolle gespielt, den Bauernjungen. Die Inszenierung fiel durch. Aber was Strehler in nur zehn Probentagen auf einer Bühne, die so eine Art Elisabethanischen Theater mit Rundbögen auf drei Ebenen darstellte, an Bewegungen eingefallen war, findet Fechner genial.

Das Tollste für einen jungen Regisseur fand ich, wie er das schwierige Problem mit dem Steinernen Gast gelöst hatte. Er hatte einen Tänzer in eine wirklich schwere eiserne Rüstung gesteckt. Der ging natürlich ganz langsam. Und bei jedem Schritt wurde ein Blech bewegt, das erzeugte einen starken metallischen Ton. Dieses Blech sah man aber. Es hatte für mich eine große Bedeutung, daß Strehler die sogenannten Theatertricks immer so machte, daß man zugleich erkennen konnte, wie sie entstanden. Die Imagination, die er erzeugte, war so stark, daß man gerade, weil man es sah, ihrem Zauber verfiel. Er sprach aber schlecht deutsch damals und hatte immer einen Übersetzer dabei, einen alten österreichischen Grafen und Schriftsteller.

Bei Strehlers Prinzip der offenen Proben war es überhaupt kein Problem für Fechner, im Piccolo Teatro zu hospitieren.

In Deutschland wird Regie als eine Geheimwissenschaft ausgeübt. Keiner läßt sich in seine Karten schauen. Als ob

irgend etwas Besonderes dabei geschähe. Unter den deutschen Theaterverhältnissen gab es immer eine Reihe von
Diktatoren, Schmalspur-Fehlings, die sich herrschermäßig
anstellten, die Schauspieler schlecht behandelten, sie demo-
ralisierten. Es gab Redensarten wie: man müsse einen
Schauspieler erst zerbrechen, um ihn dann in eine neue
Form zu bringen.

Bei Strehler erlebte er das Gegenteil, offene Proben, das emp-
findlichste Verständnis für die Schauspieler. Theaterleute und
Theaterinteressierte reisten an aus den osteuropäischen Staaten,
Israel, Frankreich. Roger Planchons ganze Truppe aus Villeur-
banne war da. Alle guckten zu, lernten, fuhren wieder ab.

Auch die Stuttgarter Schauspielschule war da. Unter ihnen
der später berühmte Klaus Michael Grüber, der von Fechner
Strehler vorgestellt wurde, und der nach Abschluß seiner Ausbildung Fechner als Regieassistent bei Strehler nachfolgte.

Strehler nahm die Proben zu „Schweyk im zweiten Weltkrieg" (Brecht) wieder auf, eine Inszenierung, die bis zum Ende
der letzten Saison gelaufen war. Das war kein bloßes Rekapitu-
lieren, sondern sechs Wochen wurde zugleich wiederholt *und*
erneuert, so daß in Teilen eine ganz neue Inszenierung entstand.

Dann kam „El nost Milan", wahrscheinlich die größte Aufführung, die Strehler in seinem Leben gemacht hat. Ich
hatte so etwas noch nicht erlebt. Es ist die einzige Aufführung, wo ich lange heulen mußte, weil es so schön war. Es
ist ein fast naturalistisches Stück des an Hauptmann erin-
nernden italienischen Autors Bertolazzi. Der Originaltitel
des im Milaneser Dialekt geschriebenen Stückes ist „Le
povre gent" (Die armen Leute), und es spielt im Subproleta-
riat. Das erste Bild ist ein armseliger Jahrmarkt um die Jahrhundertwende, das zweite eine Armenküche, das dritte ein
Schlafsaal für Obdachlose. Und es geht um Liebe, um
Mord und Totschlag. Ich habe so etwas nie mehr gesehen.

82

Die Bühne geht auf, und es steht ein wirklicher Jahrmarkt
da. Die Milaneser Nebel steigen auf, die sehr schlimm sein
können, und es ist alles wirklich und poetisch zugleich. Es
sind ein paar Buden aufgebaut mit Bodenakrobaten, Zau-
berern und allem, und da sind vierzig Spieler, von denen
jeder in dieser Umgebung ein eigenständiger Mensch ist,
und nicht nur Teil einer Konzeption. Ich bin jeden Abend
hingegangen und habe mir das angesehen, vielleicht fünfzig
Aufführungen.

Was Fechner so faszinierte an dieser Inszenierung, warum keine
Wiederholung ihm zuviel war, ist ein grundsätzlich anderes, als
übliches Verhältnis von Realität und Kunst. Es ist nicht mehr
das dialektisch aufeinander bezogene Gegensatzpaar, sondern
Poesie ist in der Realität vorhanden. Sie wird daher nicht in
irgendeiner Vorstellung von Wirklichkeit gesucht, sondern in
der Wirklichkeit selber. Sie wird nicht *gefunden,* sondern *auf-
gefunden.* Die Erfindung dient einzig allein dazu, der immer
leicht übersehen, durch Kontexte oft mehr verschleierten als
erläuterten Einzelheit zu ihrem Recht zu verhelfen. So daß, wie
Brecht es auf seine Weise versuchte, auch die Mechanik sichtbar
wird, von der die Dinge und die Menschen bewegt werden.
Indem die erkennbare Wirklichkeit durch die mit ihr zu verbin-
denden Erfahrungen, Einzelheit für Einzelheit von Beliebigkeit
befreit, festgelegt und allmählich in den ihnen entsprechenden
Beziehungen zu einem Mosaik arrangiert wird, entfernt sich die
entstehende Konstruktion nicht von der Realität weg in eine
autonome Kunstsphäre, für die nur noch die ästhetischen
Gesetze gelten, sondern sie nähert sich ihr im Verlaufe des
Arbeitsprozesses an.
Diese bei der intensiven Aneignung des Vorbildes Strehler
erworbene Erkenntnis bestimmt Fechners Arbeit, daß nämlich
Kunst für ihn nicht mehr anders denkbar ist als sublim und
präzise auf Reales bezogen. Daß die berühmte Distanz des
Kunstwerks nichts wert ist, wenn sie nicht aus dem Umgang mit

den oft unpassenden realen Einzelheiten in einem langen Arbeitsprozeß mühsam erkämpft wird. Einmal mehrere Jahre lang bei Strehler erlebt zu haben, was auf diese Weise erreicht werden kann, das war prägend.

> Bei uns wird doch die Kunst immer auf ein Postament gestellt. Und das ‚hier' ist die Wirklichkeit. Das ist Unsinn. Bei Strehler war das Reale die Kunst, die Ästhetik nicht etwas, das philosophisch erklärt werden muß, sondern unmittelbare politische Aussage. Das Tolle ist: du siehst etwas, und es ist ganz realistisch. Und zugleich ist da eine Poesie, die dich so verzaubert, daß du nicht herauskannst, obwohl du noch immer die Freiheit hast, die Ursachen dafür zu sehen, daß es so ist. Die Leute oben auf der Bühne in ihren einzelnen Rollen begreifen das nicht, aber ich unten begreife das und der Mann neben mir und die Frau neben mir.

Strehler, so erschien es damals zu Beginn der 60er Jahre, war die Synthese zwischen den beiden wichtigsten Richtungen des modernen Theaters, zwischen dem noch die feinste psychologische Komponente erfassenden Schauspieler-Theater Stanislawskis und dem auf die präzise Analyse gesellschaftlicher Ursachen dringenden Theater Brechts. Schon in den ersten Leseproben der Strehlerschen Inszenierung wurde die politisch-historische Situation jeder Figur systematisch dargelegt als eine allgemeine Basis, auf der dann von allen Beteiligten gemeinsam die Details gefunden werden können, analytisch-politisch wie psychologisch-individuell. In langen Stellproben wurde ermittelt, wie jemand steht, sich bewegt, wie die Beziehungen der Figuren untereinander sind. Dann erst kommt der Text und mit ihm der Zeitpunkt, von dem ab es wichtig ist, daß jeder seine Spielweise findet. Das heißt, seine handwerklichen Möglichkeiten voll ausschöpft, um das, was in der langen Arbeit vorher gefunden worden ist, sich auf die ihm gemäße Art anzueignen und es neu zu erfinden. Und dem gleichen langen Entwicklungsprozeß von Anfang an sind Bühnenbild, Kostüme, Requisiten sowie die bei Strehler besonders wichtige Beleuchtung unterworfen.

Dabei ist die Atmosphäre bedeutsam, in der miteinander umgegangen wird. Zum Beispiel erinnert sich Fechner, daß in der Szene, in der der Kuli in „Die Ausnahme und die Regel" in der Begleitung des Kaufmanns eine schwere Last auf dem langen Marsch durch die Wüste Gobi zu schleppen hatte, der Schauspieler den Requisiteur anschrie, daß der Packen, den er den ganzen Abend auf der Schulter zu tragen hatte, zu schwer sei. Strehler schlichtete den Streit auf seine typische Weise, indem er zunächst einmal den angegriffenen Mitarbeiter schützte. Er legte klar, daß dem Tragballen nicht mit Absicht ein falsches Gewicht gegeben worden sei. Und wenn er wirklich zu schwer sei, werde ein Weg gefunden werden, das zu ändern. Aber gemeinsam. Es seien Proben genug vorhanden, um dieses entscheidend wichtige Requisit des Stückes behutsam so zu verändern, daß die Tatsache, hier hat ein Mensch für einen anderen eine ungeheure Last über eine lange Strecke zu schleppen, nicht zu einer bloßen Pantomime verharmlost werde, daß aber andererseits der Darsteller in der Lage sei, es den ganzen Abend durchzuhalten.

Das sind ganz typische Verhaltensweisen und Überlegungen von Strehler. Von der kleinsten Einzelheit bis zur fertigen Konzeption des Stückes fragte er sich vor allem anderen immer, wie wird es auf den Zuschauer wirken, was kann es bei ihm auslösen.

Um zum Beispiel die Nazi-Herrscher in den „Walhall"-Zwischenspielen vom „Schweyk im zweiten Weltkrieg" so „überlebensgroß" und „überlebensklein" erscheinen zu lassen, wie die Sache und Brecht es verlangen, stellte Strehler sie schließlich auf Stelzen und gab ihnen per Mikrophon Stimmen, die auf eine verblüffende Weise die historischen gequetschten Lautsprechertöne ohne Tiefen zitierten. Mit einer Wirkung, die Figuren wie

Hitler, Himmler, Göring, dem kleinen Goebbels die angemessene Hohlheit zuteilte, die ihnen aber zugleich ihre Gefährlichkeit erschreckend beließ.

Der Schnee vor Stalingrad. Lange wurde probiert, was es sein muß, das – für die Zuschauer sichtbar – geschüttet wird, damit es mit einer bestimmten Langsamkeit fällt.

Und dann hob sich dieser Vorhang, das heißt, er wurde hochgeschoben durch einen Panzer. Der war eigentlich flach. Aber vom Zuschauerraum, egal, wo du links, rechts oder in der Mitte saßt, wirkte er wie ein richtiger ‚Tiger‘-Panzer. Und da saßen die ‚toten‘ Soldaten und sangen das ‚Deutsche Miserere‘.

Wenn sich Schweyk, vor Stalingrad im Schnee eingeschlafen, in den „Kelch", in seine Heimat zurückträumt, wird diese Szene an der Seite hineingefahren. Und das Lied „Am Grunde der Moldau wandern die Steine" wird gesungen. Um dieser Musik die gewollte Wirkung zu geben, wurde extra eine große Jahrmarktsorgel aus dem 19. Jahrhundert besorgt mit einem besonders anrührenden Klang.

Das Konzept der Inszenierung berücksichtigt schließlich noch, ergänzt Fechner, die augenblickliche historische Stimmung. Nach 1968 waren Strehlers Inszenierungen anders, weil auch das Publikum, das er ansprach, sich verändert hatte.

Beim „Leben des Galilei" von Bert Brecht, 1962/63, war Fechner dann Assistent bei Strehler. Er arbeitete schon an der Übersetzung mit. Die dauerte zwei Monate. Wort für Wort wurde durchgegangen, und er mußte jede Nuance nennen, die im Deutschen, auch in Nebenbedeutungen, mitschwingt. Was es heißt, einen Text zu erarbeiten, bekam er hier detailliert mit.

Wie die Ernsthaftigkeit der Arbeit von Strehler und Grassi sich auch im persönlichen Risiko ausdrückte, das beeindruckte Fechner nachhaltig. Die Proben, berichtet er, werden den Schauspielern voll bezahlt. Das ist ganz anders als an deutschen Privattheatern. Aber nur so sei ein Arbeitsweise, die in der

Intensität zwischen Probe und Vorstellung nicht unterscheidet, überhaupt zu realisieren. Es wurde ja weitere fünf Monate lang von Mittags um zwölf bis in die Nacht hinein probiert, gelegentlich bis drei, vier Uhr morgens. Das bedeutete, bis zum Tag der Premiere waren die Theaterleiter mit drei Millionen Mark verschuldet. Ein Flop des „Galilei" hätte in diesem Theater, das unzureichend subventioniert wird, ihren Ruin bedeutet.

Im zweiten Jahr bei Strehler war also alles darauf konzentriert, das „Leben des Galilei" herauszubringen. Eine Einzelheit provozierte schon lange vor der Premiere Proteste der Kirche. Für die Ankleidungsszene des Papstes hatte Regieassistent Eberhard Fechner in Rom zu ermitteln, was genau ein Papst unter seinen Kleidern trägt.

> Strehler wollte in dieser katholischen italienischen Gesellschaft ganz deutlich sagen, und das hat auch jeder begriffen, der Papst ist ein Mensch und nicht irgendein überirdisches Wesen. Der läßt sich messen, ausrechnen. Der ist in die Welt gestellt wie jeder andere auch. Dagegen hat es monatelang schwerste Pressionen der Kirche gegeben.

Nach der spät in der Spielzeit gelegenen Premiere folgte nur noch ein Monat „Stallwache", in der Fechner die Aufgabe hatte, jeden Vorfall schriftlich festzuhalten und darauf zu achten, daß die Inszenierung ihre präzisen Konturen behielt.

Fechner hätte bei Strehler bleiben und auch selbständig am Piccolo Teatro inszenieren können. Aber er sah ein unüberwindliches Hindernis: in den subtileren Erfahrungen auf den Bereich der eigenen Sprache eingegrenzt zu sein.

> Es ist mir sehr schnell gelungen, die italienische Sprache zu lernen. Aber in den zwei Jahren habe ich entdeckt – und das gilt für jeden –, daß man in einer fremden Sprache nicht wirklich inszenieren kann. Man kann fremdsprachige Stücke inszenieren, dann inszeniert man ja die deutsche Übersetzung, die ein eigenes Stück ist. Selbst Strehler

mußte sich immer wieder von mir sagen lassen, was hinter einer Formulierung im „Galilei" steht, was da eigentlich mitschwingt. Strehlers deutschsprachige Inszenierungen in Hamburg, in Düsseldorf, in Österreich waren für hiesige Verhältnisse außerordentlich gut. Von seinem Standard aus gesehen, waren es seine schwächsten. Er kann nicht kontrollieren, ob ein deutscher Schauspieler anfängt zu tönen oder ob es hundertprozentig realistisch ist. Es ist ausgezeichnet, was er macht, aber gemessen an dem, was ihm in italienischer Sprache gelingt, frage ich mich, warum hat er überhaupt in Deutschland inszeniert. Die Zeit seines Lebens, die er dafür verwendet hat, hätte er lieber für eine Inszenierung in Italien verwenden sollen. Selber in italienischer Sprache zu inszenieren, das konnte ich mir nicht vorstellen. Es gibt ein jüdisches Sprichwort, das sagt: „Aus einem Land kann man auswandern, aus einer Sprache nicht."

Als Fechner 1963 wegging, war Strehler tief enttäuscht:

Daß jemand ihn freiwillig verläßt, den er nicht wegschickt, konnte er nicht begreifen. Er nahm mich als jemand, der zu diesem Theater gehört und der auch weiter dazugehören wird.

Als Strehler im Deutschen Schauspielhaus in Hamburg 1977 den „Guten Menschen von Sezuan" inszenierte, saß Fechner ganz selbstverständlich als Zuschauer bei den Proben. Noch ganz im Banne der italienischen Erlebnisse war er fassungslos vor Empörung über die widerspenstige Haltung der festangestellten deutschen Schauspieler gegenüber den Strehlerschen Leseproben. Und es verweigerte sich die Technik, routiniert oder böswillig, vereinbarten Anforderungen. Die Produktionsverhältnisse erlaubten kein Arbeiten auf dem gewohnten Niveau. Das, was die vielen an einem Theater beschäftigten Menschen materiell und ideell beizusteuern in der Lage sind, konnte sich in keiner Weise mit Mailand messen.

In der Westdeutschen Theaterprovinz

Eberhard Fechner war begierig, das, was er in Mailand erfahren, handwerklich gelernt, inhaltlich sich angeeignet, an neuen Fragestellungen aufgenommen hatte, unspektakulär auszuprobieren. Was aber folgte, war eine Kette von unguten Erfahrungen. Er war sich nun seines Handwerks sicher als Schauspieler *und* als Regisseur. Aber nirgends sollte er die Gelegenheit bekommen, es unter Beweis zu stellen, nirgends traf er auf die hinreichende Aufmerksamkeit für die oben skizzierten Prinzipien, niemand hörte wirklich zu. Überall galt der Theateralltag, so wie er gerade war, als so selbstverständlich, daß für einen Neuerer namens Eberhard Fechner kein Bedarf war.

Noch in Mailand machte der damalige Bonner Intendant Pempelfort den Vorschlag, „Herrenhaus" von Thomas Wolfe zu inszenieren. Jedoch sollte das Vorspiel weggelassen werden. Das aber zeigt, wie die Südstaatenfamilie, um deren Niedergang es geht, durch Ausbeutung der Sklaven an ihren Reichtum gekommen ist. Fechner, ganz im Banne der Mailänder Erfahrungen, hielt das für indiskutabel, den Streitpunkt für symptomatisch.

Den ersten Versuch startete er dann 1963 in Konstanz und erlebte, was er als eine unglaubliche Provinzposse begreift. Der freundliche Konstanzer Intendant Stachels gab ihm einen Vertrag als Spielleiter und Stellvertreter. Fechner inszenierte das brasilianische Volksstück „Ein Testament des Hundes". Darin, daß der Italiener Damiani das Bühnenbild machte, drückte sich die fortdauernde Beziehung zum Piccolo Teatro aus. Die Ermordung des amerikanischen Präsidenten John F. Kennedy (22. 11. 1963) war groteskerweise das entscheidende Ereignis, das indirekt Fechners Weggang bewirkte. Zunächst wurde der Intendant durch den Konstanzer Stadtrat beurlaubt, weil er sich – auch auf Anraten Fechners – geweigert hatte, am Abend des

89

Mordes die Vorstellung ausfallen zu lassen. Oberspielleiter Krafft Alexander Prinz zu Hohenlohe-Oeringen, der das gefordert hatte, wurde als kommissarischer Leiter eingesetzt.

Dann der zweite Akt der Posse: Der Prinz gab ein Gutachten in Auftrag bei Jesuitenpater Rahner, ob das brasilianische Stück nicht den christlichen Glauben verächtlich mache. Obwohl Rahner sich für das Stück mit dem schwarzen Christus und der revolutionären Stimmung der Unterdrückten aussprach, wurde die Aufführung noch vor der Premiere verboten. Fechners Tätigkeit war nach drei Monaten ohne Resultat beendet. Natürlich kündigte er sofort seinen Vertrag.

> Was ich nicht bedacht hatte, daß Konstanz ein reaktionäres Nest schlimmster Sorte ist. Da ist auch noch die Kirche sehr dominierend.

Es ergab sich dann die Möglichkeit, einen Vertrag bei Kurt Hübner in Bremen abzuschließen. Weil diesmal die Hoffnung, an der richtigen Stelle zu sein, größer war, fiel die Enttäuschung gründlicher aus. Gleich bei der ersten Inszenierung von „Romeo und Julia" gab es so heftige Auseinandersetzungen mit Hübner, daß Fechner wenige Tage vor der Premiere die Regie niederlegte. Das, was er in Italien über das Theatermachen gelernt hatte und was für ihn selbstverständlich geworden war, traf auf Unverständnis.

Fechner versuchte es ein weiteres Mal. Zusammen mit Peter Palitzsch und mit Damiani als Bühnenbildner inszenierte er den „Arturio Ui" (Brecht). Aber wiederum war mit den Kostümen, den Dekorationen und den Schauspielern nicht das zu realisieren, was an konzeptionellen Gedanken da war. Ein Streit entzündete sich an der Beleuchtung, die das Strehlersche taghelle harte Weiß haben sollte, das alle Konturen wirklicher, greifbarer macht. Das war nur durch ganz bestimmte Projektoren zu erzielen, die Damiani eigens von Mailand nach Bremen geschafft hatte. Die Beleuchter aber verdarben es mit ihrem konventionell gelben Bühnenkunstlicht. Und Palitzsch, erinnert sich Fechner, war gegenüber Hübners branchenbekannten Wutanfällen zu Kompromissen bereit. Fechner aber wußte, ohne jedoch an diesem westdeutschen Stadttheater jemanden davon überzeugen zu können, daß es notwendig war, radikal das durchzusetzen, was er methodisch gelernt hatte.

Als Fechner schon als Filmregisseur arbeitete, hätte es beinahe doch noch eine Karriere als Bühnenregisseur gegeben. Sie scheiterte, bevor sie anfing, mit dem schnellen Ende der Intendanz von Egon Monk am Hamburger Deutschen Schauspielhaus. Als er mit Monk dorthin ging, hatte er, genau wie der Intendant selber, einen Dreijahresvertrag unterzeichnet. Und als Monk ging, löste er seinen Vertrag zur gleichen Zeit. Der Gedanke, vielleicht doch noch einmal am Theater das realisieren zu können, was unausgeführt geblieben war, wurde durch die Entwicklung abgeschnitten.

Denn keine von Monks einzelnen Pannen konnte damals die tiefgründige Empörungswelle, so wie er sie im Schauspielhaus erlebt hat, hinreichend begründen. Nicht Monks Ungeschicklichkeit, die Eröffnungspremiere gleichzeitig im Fernsehen stattfinden zu lassen und dem konservativen Hamburger Theaterpublikum seine Exklusivität zu nehmen; nicht der durch unterschiedlich motivierte Absagen begründete plötzliche Mangel an vorzuzeigenden Inszenierungen; nicht die überwiegend negativ aufgenommene Revue „Über den Gehorsam". Zu sehr entsprach die Verweigerungshaltung einiger wichtiger konservativer Schauspieler im Hause, die auch Fechner als Regisseur erlebt hat, der negativen öffentlichen Stimmung draußen. Es war eine Verhinderung an einer neuralgischen Stelle. Jemand, der vom Fernsehen kam und schon deshalb auf kulturelle Geringschätzung rechnen konnte, sollte innerhalb des in Formen mehr als in Inhalten entwickelten Theaters der BRD eine andere, ästhetisch unzulängliche Richtung steuern?

Mit dieser Episode war Fechner die Lust am Theatermachen vergangen. Die Erfahrungen beim Filmemachen waren ungleich besser.

Vom Theater habe ich mich gelöst. Ich gehe nur noch hin, um es zu betrachten. Seit Mitte der 70er Jahre hat es eine ganze Reihe von Angeboten gegeben, fürs Theater zu inszenieren, Theater zu übernehmen, Stücke fürs Theater zu schreiben. Immer wieder hat es Anfragen gegeben. Ich antwortete, es interessiert mich nicht, es ist für mich verlorene Zeit. Selbst wenn ich es mir noch vorstellen könnte ein Stück zu schreiben, von dem ich meine, es ist wichtig, dann weiß ich nicht, warum ich es auf dem Theater inszenieren soll. Beim Film habe ich von der ersten Idee über die Vorbereitungen, das Schreiben, die Produktion, den Drehprozeß, die Montage alles ganz alleine zu verantworten. Es ist meins. Am Theater bin ich ein Regisseur unter mehreren. Und selbst als Intendant bin ich den Pressionen einer Stadtverwaltung ausgesetzt. Und ich habe letztlich nur einen geringen Einfluß auf die Schauspieler. Ich kann es mir nicht vorstellen.

Als Eberhard Fechner noch eine Regiekarriere auf dem Theater anstrebte, hatte das Scheitern eine tiefe Enttäuschung verursacht und Haßgefühle auf das westdeutsche Theatersystem geweckt. Stärkster Ausdruck seiner Verletztheit ist eine flammende Rede gegen „eine routinierte Theater-Produktions-Maschinerie", die er 1978 vor den schockierten Vertretern des Volksbühnenverbandes hielt („Theaterarbeit im Zeitalter des Fernsehens").

In Bremen war privat eine Wende eingetreten. Er und seine Ehefrau Ingrid litten darunter, daß ihre Beziehung sich unter den Umständen – seinem intensiven beruflichen Engagement, ihrer Krankheit mit den sich häufenden Klinik-Aufenthalten – mehr und mehr gelockert hatte. Während seiner Bremer Arbeit lernte Eberhard Fechner 1964 seine spätere dritte Frau kennen, die 21jährige Jannet Gefken. Zwischen ihr und ihrem damals fast doppelt so alten Mann entwickelte sich eine stetig zunehmende Leidenschaft.

Die Anfänge als Filmemacher

Schon seit der Frühzeit des Fernsehens spielte Eberhard Fechner gelegentlich Fernseh-Rollen. Die erste 1955 in „Straßenknotenpunkt" von Paolo Levi (Regie: Hanns Farenburg). Im ersten Hamburger Fernsehstudio am Heiligen Geistfeld wurde, wie damals noch üblich, live gespielt und die von elektronischen Kameras aufgenommene Vorstellung direkt zu dem noch kleinen Fernsehpublikum übertragen. Es folgten ein paar andere Fernseh-Rollen. Dazu kamen kleinere Spielfilm-Rollen u. a. in „Felix Krull" (Käutner) und „Mädchen in Flandern" (Hoffmann).

Zwei Monate nach dem Ende des Engagements in Bremen suchte Egon Monk die Besetzung für seinen Film „Ein Tag", den Film über einen Tagesablauf in einem deutschen Konzentrationslager, nach einem Buch von Gunther R. Lys. Für eine größere Rolle engagierte er Eberhard Fechner, den er vorher nicht kannte, der ihm vom Besetzungsbüro (Leitung: Herr Schaper) vorgeschlagen worden war. Und innerhalb nur eines halben Jahres spielte Fechner dann drei Rollen in Filmen von Monk.

Als Schauspieler mit gewohnter Aufmerksamkeit auch für die Regie hatte er gesehen, wie hart jemand unter den Produktionsbedingungen des Fernsehens sein muß, wenn er das, was er für richtig hält, auch tatsächlich durchsetzen will; daß von vornherein verloren ist, wer dazu neigt, sich auf Kompromisse einzulassen. Das ist so, weil etablierte Mitarbeiter des Fernsehens noch weit hartnäckiger an einmal eingefahrenen Konventionen festzuhalten gewohnt sind als in jedem anderen Medium, in dem schöpferisch gearbeitet wird.

Ein Beispiel hat Fechner sehr beeindruckt. Der mehrteilige Film „Bauern, Bonzen, Bomben" nach Fallada wurde von Egon Monk 1972 zum größten Teil mit der Filmkamera, zu einem anderen Teil aber auch elektronisch aufgenommen. Der erste

93

Drehtag mit elektronischen Kameras ging mit einer Auseinandersetzung verloren. Das Büro des Bürgermeisters Gareis (Siegfried Wischnewski) war im Studio aufgebaut. Der Streitpunkt war, daß Egon Monk eine Beleuchtung mit Licht und Schatten verlangte wie in den mit der Filmkamera gedrehten Aufnahmen auch. Der Kameramann des NDR aber weigerte sich. Mit der Begründung, das ginge mit den elektronischen Kameras nicht, brach er schließlich ab, und die Schauspieler mußten unverrichteter Dinge nach Hause gehen. Am nächsten Tag kam der Filmkameramann Wolfgang Zeh, probierte es aus, und es ging hervorragend. Filmteile und elektronische Teile sind nicht zu unterscheiden.

> Aber die Konvention ist anders: Sie machen zahllose Scheinwerfer an, also sehr viel Licht. Und ein Großteil der Arbeit im Studio geht damit verloren, daß sie mit vielen Scheinwerfern versuchen, so eine Allgemeinhelligkeit zu erzielen, und dann weitere Stunden damit verbringen, um irgendwelche drei- oder fünffache Schatten wegzuleuchten. Mit dem Ergebnis, daß eine vom Technischen her in Ordnung seiende, aber völlig ausdruckslose Helligkeit erzielt wird.

Bei der dritten Zusammenarbeit, dem Film „Preis der Freiheit" (Buch: Dieter Meichsner), kamen Monk und Fechner so intensiv miteinander ins Gespräch, daß Monk fragte, ob Fechner nicht in die Fernsehspiel-Abteilung kommen wolle. Zunächst als Redaktions-Assistent, um wie andere angehende Filmregisseure das Regiehandwerk zu lernen. Nach Beratung mit seiner späteren Frau Jannet, das Angebot war abzuwägen gegen die finanziell einträglichere Möglichkeit, weiterhin Fernseh-Rollen zu spielen, sagte er zu und fing am 1. Dezember 1965 die neue Arbeit an. In der ersten Redaktionskonferenz begründete Monk die Notwendigkeit von Fernsehspielen, die „hier und heute" spielen. Und schon wenige Tage danach ging Fechner mit einem ersten Projekt zu Monk.

Er war sich darüber im klaren, daß er, um schnell zu einer Film-Regie zu kommen, ein eigenes Drehbuch schreiben mußte. In dem Bewußtsein, als 39jähriger nicht mehr ganz jung zu sein, ergriff er entschlossen die Chance. Den Stoff für seinen ersten Spielfilm („Selbstbedienung") hatte er einem Zeitungsartikel entnommen. Berichtet wurde dort über einen ungewöhnlichen Coup junger Einbrecher in Berlin. Die hatten im Kaufhaus Hertie die Kasse ausgeraubt, und es sich eine Nacht lang im Konsum-Paradies so richtig gemütlich gemacht, bevor sie mit ihrer Beute verschwanden. Ihr Übermut hatte dazu beigetragen, daß sie gefaßt wurden. Die frivole Verwegenheit dieser Diebe erweckte Fechners Neugier. Er sah sofort die schönen dramaturgischen Möglichkeiten, die dieser Kriminalfall bot.

Nachdem Monk dem Projekt zugestimmt hatte, fuhr Eberhard mit Jannet, die ihn dann bei allen seinen weiteren Projekten begleitet hat, nach Berlin. Von vornherein war klar, daß er ganz anders arbeiten und zu anderen Resultaten kommen würde als in diesem Genre im Fernsehen üblich. Anstatt sich am Schreibtisch etwas auszudenken, hatte er sich die Genehmigung für Tonband-Interviews mit den einsitzenden Gesetzesbrechern besorgt. Mit dem Ziel, gleich in seiner ersten Arbeit nicht nur eine spannende Geschichte zu erzählen, sondern die auch so wirklichkeitsnah wie nur möglich.

Als er die Kaufhausdiebe befragte und ihre vertraut berlinische Art zu reden hörte, war er wieder der Schauspieler, der sich in ihre Lage versetzen konnte. Ihr Werdegang, den sie ihm bereitwillig erzählten, ihre Mentalität erinnerte ihn lebhaft an seine drei Mitschüler, die angehende Kriminelle waren. So hatte er die Vorgänge bald Situation für Situation und die Personen bis in kleine Gesten hinein deutlich vor Augen.

Dennoch hatte er beim Schreiben des Drehbuchs auf der Basis der Interview-Abschriften zunächst Beklemmungen zu überwinden. Obwohl er doch, angefangen mit den Gedichten, sich immer auch schreibend ausgedrückt hatte, fühlte er die Ängste eines Anfängers. Aber die Lust zu beschreiben, wovon

95

er fasziniert war, siegte über die Hemmungen. Als er Monk das fertige Drehbuch gab, war es auf Anhieb gelungen, nur der vielen Details wegen zu lang.

> Als das Drehbuch fertig war, gab ich es Monk. Er analysierte es und gab mir den Rat, es zu kürzen. Es trage nur neunzig Minuten. Ich habe gekürzt. Er hat es wieder gelesen und hat gesagt, dann fangen wir mal an, es zu produzieren. Und hat einen Produktionsleiter bestimmt. Und dann habe ich den Film gedreht.

Fechner, obwohl als Filmregisseur Anfänger, drehte ohne kleinliche Kontrolle einen Film. Das entsprach dem damaligen Geist der Abteilung: in Monks Prinzipien war ein Echo von Brechts Berliner Ensemble. Daß sich das, was Fechner vor Augen hatte, auch tatsächlich realisierte, dazu trug der Kameramann Rudi Körösi wesentlich bei. Gedreht wurde – ganz und gar unüblich für einen Spielfilm – mit einer 16mm-Kamera. Die außerdem nicht etwa, wie beim Spielfilm selbstverständlich, auf einem Stativ montiert war, sondern die der Kameramann auf der Schulter trug, um den Vorgängen so direkt und spontan wie nur möglich folgen zu können. Dem der realen Geschichte dicht folgenden Drehbuch sollte die Aufnahme-Technik entsprechen. Körösi hatte seine Technik vor allem in der Zusammenarbeit mit dem Dokumentarfilm-Regisseur Klaus Wildenhahn zur Perfektion entwickelt. Die vom *Cinéma Vérité* oder auch *Cinéma direct* kommende Beweglichkeit würde selbstzweckhaft wirken, wenn nicht der Kameramann, wie Körösi es tut, an den Vorgängen mit einer inhaltlichen Position Anteil nimmt.

Die an 35mm-Material gewöhnten Filmcutterinnen des NDR weigerten sich, den „Schmalfilm" zu schneiden. Die ebenso handwerklich erfahrene wie unkonventionelle Cutterin Brigitte Kirsche, noch ziemlich neu beim NDR, war dazu bereit und fand die Aufgabe interessant. Es war der Anfang einer langen Zusammenarbeit.

Eberhard Fechner in: „Ein Tag".
Buch und Regie Egon Monk. 1965

VII

Eberhard Fechner und Max von der Grün, 1971.
Standphoto aus „2 Briefe an Pospichiel". Regie: Roland Gall

Eberhard Fechner, zusammen mit Egon Monk bei den Proben zu: „Bauern, Bonzen und Bomben". Buch und Regie Egon Monk. 1973

VIII

Mit den wichtigsten Mitarbeitern habe ich in meinem Berufsleben großes Glück gehabt. Sie haben mit dazu beigetragen, daß die Filme so geworden sind, wie wir sie jetzt kennen.

Als Fechner den fertigen Film vorführte, beeindruckte ihn Monks detaillierte dramaturgische Analyse. Die wenigen Schnitte, die Monk empfahl, erwiesen sich als hilfreich. Allerdings tat es Fechner ein wenig leid, daß der Schluß als zu zynisch wirkend verändert wurde. In der ersten Fassung hatten die Gangster sich ungeniert auf das künftige Leben nach der Gefängniszeit mit dem unentdeckt gebliebenen gestohlenem Geld gefreut.

Der Start einer späten Karriere war gelungen. Eberhard Fechner war nun in der Lage, *seine* Sicht der Welt in Filmen mitzuteilen. Mit einer Folgerichtigkeit, die niemand für möglich gehalten hätte, schloß sich nun ein Projekt an das andere an, darunter vier Kriminalstücke, zumeist Komödien, die ähnlich wie „Selbstbedienung" nach genau recherchierten authentischen Fällen entstanden: „Damenquartett" (1968), „Frankfurter Gold" (1970), „Geheimagenten" (1971), „Aus nichtigem Anlaß" (1973).

Kurz nach dem beruflichen Neubeginn in der Fernsehspiel-Abteilung kam die Nachricht vom Tode seiner nervenkranken Frau Ingrid. Die letzten sechs Jahre war sie überwiegend in Kliniken gewesen. Die Grausamkeit des Ereignisses änderte nichts daran, daß Fechner es eher als erleichternd empfand. Das Ende einer ständigen hilflosen Sorge, einer nicht mehr lösbaren Problematik.

97

Die Entdeckung des Genres

Ich weiß nicht, wie lange ich leben werde, aber ich habe in den letzten zwanzig Jahren etwas getan, woraus ich für mich selber mein Leben rechtfertige. In den letzten sechzehn Jahren, von 1973 an, hab ich keinen Film mehr gemacht, der nicht in irgendeiner Beziehung zu allen anderen steht. Das heißt, ich habe mich für ein Thema, für ein Projekt erst dann entschieden, wenn ich mir klar darüber wurde, daß es als Ergänzung, als Pendant, als Gegensatz, als Widerspruch zu dem bisher Gemachten taugt. Ich entscheide mich für einen Stoff immer unter Berücksichtigung dessen, was ich bisher gemacht habe. Wie immer es auch andere sehen mögen, für mich bringt es eine kontinuierliche Bereicherung, Erweiterung und Vertiefung. Das berühmteste Beispiel eines Autors, der eine Reihe von Büchern geschrieben hat, die alle miteinander zusammenhängen, ist Balzac mit seiner „Menschlichen Komödie". Damit vergleiche ich mich nicht. Vergleichbar ist nur die Absicht. Die Filme sind jeder einzeln für sich zu betrachten und zu bewerten, sie sind aber auch in einem größeren Zusammenhang von mir gedacht.

Nach dem Schauspielhaus-Intermezzo mit Egon Monk und einem kühlen Empfang als Autor bei Monks Nachfolger Dieter Meichsner kam eine unerwartete Chance durch einen Redakteur der Abteilung, Hans Brecht. Der hatte den Plan, Selbstmord in Deutschland einmal gründlicher untersuchen und dokumentieren zu lassen. Er hatte bereits Erika Runge (damals bekannt durch ihren Film „Warum ist Frau B. so glücklich?") und Klaus Wildenhahn gefragt. Beide aber hatten nach längerer Überlegung abgesagt. Fechner mochte und konnte nicht absagen.

Ich hatte keine Wahl, ich hatte nichts anderes und sagte ‚ja'.

Die Form, die Fechner für die Dokumentation finden würde, war nicht irgendwelchen Zufällen überlassen, sondern sie wurde bestimmt von einem zielgerichteten Interesse, und zufällig war nur, *welche* Gelegenheiten sich gerade boten, es zu realisieren.

Ich habe mich dann erst einmal erkundigt. Dabei war klar, daß ich mit den dokumentarischen Zahlen und der sogenannten objektiven Betrachtungsweise nicht viel anfangen konnte. Auch nicht mit einer Art von Meinungsjournalismus, der immer versucht, so etwas wie allgemeingültige Werte über alles hinwegzustreuen. Es kam mir in den Sinn zu versuchen, was sich nachher als logisch und zwangsläufig herausstellte, etwas über *einen* Selbstmord herauszufinden. Ich habe gar nicht an eine andere Möglichkeit, diesen Film zu machen, gedacht, sondern war sofort und direkt auf *einen* Menschen aus. Und das habe ich ja im Prinzip beibehalten, weil es mir die einzig sinnvolle Art zu sein scheint, mich an ein Thema zu wagen, daß ich mich für die Menschen *selbst* interessiere, etwas hochtrabend gesagt. Es gab zwei Möglichkeiten: einen Film zu machen über einen Versuch, der gescheitert ist, oder aber über jemanden, der nicht mehr am Leben ist. Und sofort habe ich mir Berlin ausgesucht, weil ich eben Berliner bin. Und weil ich weiß, daß die Berliner meistens mitteilungsfreudig sind. Die haben nicht so eine Kontaktscheu wie hier die Norddeutschen.

Eberhard und Jannet Fechner fuhren zum Berliner Polizeipräsidenten. Von ihm wurden sie weitergereicht zu einer Dienststelle der Kriminalpolizei in der Keithstraße. Weil Suizid nicht mehr strafbar ist, wurden die Todesfälle nicht mehr gemeldet. Aber der Beamte war so freundlich, alle Westberliner Polizeistellen zu bitten, an einem vorbestimmten Tag, dem 10. März 1969, per Fernschreiber die Fälle anzugeben, bei denen Verdacht auf Suizid bestünde. Und am Morgen des nächsten Tages war er mit Jannet, Rudi Körösi, dem Kameramann, und Dieter Schulz, dem Ton-Mann, in der Polizeidienststelle. Schulz erwies sich als ein für Eberhard Fechner sehr wichtiger Mitarbeiter.

Dieter Schulz war eigentlich Fahrer. Er hat die Kamera-Leute und die Ton-Leute gefahren. Dann hat er mal das Mikrophon gehalten als sogenannter Mikro-Halter. Bald fing er an ein bißchen zu assistieren. In dem Moment ist er mir zugeteilt worden, 1969, bei „Klara Heydebreck". So ein Filmchen im Winter in Berlin um Selbstmörder, zehn Tage, da wollte keiner der etablierten Tonmeister mit. Er ist ein Kreuzberger, Berliner, richtiger Arbeiterjunge, der immer heiter ist, der unkompliziert die Leute begrüßt, der sich mit ihnen auch privat unterhält. Wir haben ja alle 11 Minuten einen Kassettenwechsel und alle 22 Minuten einen Tonbandwechsel. Da kann man ja nicht nur warten, bis das wieder eingelegt ist. Nur bei Leuten, die in ihren Formalien gefangen bleiben, bei denen ich mir sage, daß ich ja doch nichts rauskriege, bei Rechtsanwälten zum Beispiel, da mache ich dann auch schon mal eine Pause und rede gar nicht. Aber der Dieter lockert selbst das noch auf, erzählt mal einen Witz oder ganz alltägliche Geschichten, die gar nicht dumm sind. Bei den vielen Reisen, bei der Arbeit gibt es immer wieder einmal kritische Punkte. Wie zum Beispiel mit einem Kameramann, der ein schwerer Alkoholiker war. Wie Dieter Schulz dann solch eine Situation auffängt, das ist sehr angenehm.

Fechner wählte aus den gemeldeten Fällen Klara Heydebreck aus.

Bei den anderen, die ich hätte nehmen können, ging schon aus den Fernschreiben hervor, was der wahrscheinliche Grund ihres Selbstmordes war. Da war eine Frau, deren Mann und Sohn innerhalb von vier Wochen tödlich verunglückt waren. Und die das nicht verkraftete. Dann war ein junger Mann von vierunddreißig, der wegen eines

Betruges am Tage vorher zu drei oder vier Jahren Gefängnis verurteilt worden war und dessen Verlobte ihn deshalb verließ. Und nur in einem Falle stand ‚Fräulein Klara Heydebreck' – also unverehelicht – ‚72 Jahre alt. Motiv: unbekannt'. Und da erwachte meine Neugier: Warum bringt ein Mensch, der sowieso alleinstehend ist, also nicht durch das Alter einsam geworden ist, sich vor seinem relativ baldigen Ende um?

Die Dreharbeiten waren bestimmt von einer produktiven Atmosphäre aus spontaner Improvisation und inhaltlich bestimmter Neugier.

Dann haben wir gedreht, wie eben Rudi Körösi eine Dokumentation dreht, spontan und alles aus der Hand. Und ich habe die Leute aufgespürt. Das fing mit der Polizei an, ging über die Feuerwehr, die Hausbewohner, die Nachbarn. Dann der Kaufmann an der Ecke, die Kaufleute. Durch die erreichte ich einen Berliner Verwandten, den Neffen mit seiner Frau. Der wiederum ließ mich in ihre Wohnung. Obwohl die Möbel gar nicht so häßlich waren, hatte er gar kein Interesse daran. Das war für ihn alles Sperrmüll. So traf ich mit ihm ein Abkommen. Die Kosten für die Abfuhr der Möbel übernahm der NDR, und ich durfte mir für die Arbeit das heraussuchen, was mir sinnvoll erschien. Obwohl er sicher vorher mit seiner Frau durchgegangen ist und vielleicht das eine oder andere mitgenommen hat, habe ich alles, was für mich wichtig war, gefunden: Das Mietbuch vom Jahre 1913 bis zu ihrem Tode – sie hat ja immer in derselben Wohnung gewohnt –; ihre Arbeitspapiere, so daß ich feststellen konnte, wo sie gearbeitet und mit wem sie es zu tun gehabt hatte. Dadurch kriegte ich noch ein paar ihrer ehemaligen Arbeitgeber beziehungsweise Arbeitskollegen. Und ich erfuhr von der in Sprötze in der Heide wohnenden Schwester und deren Sohn.

101

Insgesamt führte Fechner 37 Einzelinterviews: Bei „Klara Heydebreck" schrieb er den Text noch selber ab und hatte so eine genaue Übersicht über das Gesagte. Wieder arbeitete er mit Brigitte Kirsche, die schon die ersten Spielfilme geschnitten hatte. Die gemeinsame Erfahrung schien jedoch zunächst wenig zu helfen. Die Frage, wie das – diesmal keiner geplanten Dramaturgie folgende – Material zu organisieren sei, war völlig offen. Nur soviel stand inhaltlich fest: die zu beantwortende Kernfrage war natürlich die nach der Ursache dieses freiwilligen Todes.

Der Film hat dann ja sehr unterschiedliche Vermutungen ausgelöst über den Grund. Meine Interpretation ist genau die gegenteilige von einigen Leuten, die sagen ‚Ja, weil sie so alleine war'. Ich sehe es anders. Sie war ja ihr ganzes Leben lang alleine. Und hat immer frei entschieden. Es lag immer in ihrer Entscheidungsgewalt, dieses oder jenes zu machen. Und nach dem Besuch bei diesem Arzt, der ja auf den ausdrücklichen Wunsch ihres Neffen geschehen war, wurde ihr klar, daß sie nun nicht mehr alleine leben konnte, daß sie von diesem Moment an abhängig war von anderen, daß sie in ein Altersheim gemußt hätte. Aus gesundheitlichen Gründen, sowohl was den Körper als auch den Geist betraf. Und ich meine, daß sie, soweit ihr Verstand überhaupt noch klar war, darum die Entscheidung getroffen hat zu sagen ‚ich habe mir mein Leben selbst bestimmt, also will ich mir auch meinen Tod selbst bestimmen'. Ich finde das einen würdigen Tod, den sie hatte.

Inhaltlich klar und ursächlich für die Form war, daß die erarbeiteten Antworten auf die Frage nach den Ursachen nicht abstrakt in einem Kommentar formuliert werden würden.

Es ist typisch für mich, daß ich nicht hergegangen bin und diese meine Meinung in dem Film wiedergegeben habe, sondern ganz bewußt lasse ich den Zuschauer selber seinen Schluß daraus ziehen. Und jeder zieht seinen eigenen. Und

> das ist in allen späteren Filmen genauso. Ich stelle die Dinge
> dar. Aber ich liefere nicht die Gebrauchsanweisung noch
> mit dazu. Auf gar keinen Fall.

Ein Kristallisationspunkt für die Montage war, daß der
Abschiedsbrief der Heydebreck vor der Kamera zweimal ver-
lesen worden war. Zunächst von dem Polizeibeamten und dann
von dem Neffen. Beim Ausprobieren verschiedener Möglichkeiten kam es zu folgender Montage: der Kriminalbeamte
beginnt mit dem Vorlesen, der Neffe setzt, mit einer Überschneidung, fort und, mit einer weiteren Überschneidung,
endet der Kriminalbeamte.

> Und das haben wir probiert, und das war fantastisch. Ich
> war in einer Euphorie. Ich hatte so etwas noch nicht gese-
> hen: Der eine war in seiner Dienststelle und der andere in
> seiner Wohnung, und beides war an verschiedenen Tagen
> gedreht worden, und ergänzte das andere zum Dialog.

Mit dieser Wechselrede zum Thema über Zeit und Raum hinweg
war für die Interview-Filme ein zentrales Montageprinzip
gefunden: Eine Aussage gewinnt an Kraft und Glaubwürdig-
keit, indem sie durch eine andere fortgesetzt, ergänzt, bestätigt,
erläutert wird.

Die andere Möglichkeit eines Dialogs, die Auseinandersetzung verschiedener Positionen, also der zweite Keimpunkt für
die Entdeckung der Fechnerschen Schnittmethode, ließ sich
dann an einem weiteren inhaltlich zentralen Punkt des Falles
Heydebreck entwickeln: die ungute Rolle, die in einer problematischen Situation der Arzt gespielt hat. Der seine Patientin
nicht nur nicht verstanden, sondern sie sogar posthum noch –
sexistisch läßt sich heute sagen – diffamiert hatte („Diese unverheirateten Frauen, die den Ton des Mannes nicht kennen...“).
Der eine dürftige Ausrede für seinen mangelnden Beistand
gebraucht, indem er erzählt, wie er dann zu ihr gewollt und
angeblich den Eingang nicht gefunden habe. Gegen diese frag-

würdige Aussage den Bericht des Neffen zu setzen („Das ist ein
ganz schrecklicher Kerl gewesen..."), das war fast selbstverständlich:

> Und dann setzte ich das gegeneinander, und ich hatte
> Spruch und Widerspruch, Rede und Gegenrede. Und
> damit war das Prinzip geboren.

Erstmals entwickelte Fechner die Fantasie, die er später als
Grundvorstellung für seine dokumentarischen Filme häufig
wiederholt hat, es säßen die Personen des Films an einem imagi-
nären Tisch, miteinander in einem künstlich hergestellten
Dialog befindlich. Dieser Dialog geht dann in „Klassenphoto"
und vor allem in „Comedian Harmonists" um die ganze Erde:
Der eine redet in Los Angeles, der zweite in New York, der
dritte in Berlin, der vierte in Sofia.

Daß Eberhard Fechner in seinen Interview-Filmen künstlich Dialoge montiert, und wie er das tut, hat zweifellos mit seiner intensiven beruflichen Beziehung zum Theater zu tun.
Indem er, der Schauspieler, in der Fantasie die verschiedenen
Positionen einnimmt, die ihm begegnen, entwickelt er bereits
das Gefühl und das Bewußtsein der Vielstimmigkeit, die er später in der noch ausführlicher zu beschreibenden Montage-
Arbeit zusammen mit der Schnittmeisterin Brigitte Kirsche herstellt, als eine durchkomponierte Abfolge von zitierten Erzählungen. Und nur ein Theatermann konnte überhaupt auf die
Idee kommen, gegen die cineastische Regel statt vom Bild vom
Wort aus zu gehen und künstliche Dialoge zu montieren.

Chronik des 20. Jahrhunderts

Fechner zitiert gern einen Satz von Emile Zola: „Der erste beste, der vorübergeht, reicht zum Helden aus." Mit der „Nachrede auf Klara Heydebeck" hatte er ihn auf seine Weise zum ersten Mal bewiesen. Der Film über die Selbstmörderin hatte den Namen Eberhard Fechner mit einem Schlag bekannt gemacht. Daß ein durchschnittlicher Mensch, den im Leben niemand so recht beachtet hatte, nach seinem Tode in einer Stunde Film so wichtig werden konnte, erstaunte. Die Resonanz in der Presse war außergewöhnlich. Die vielen Kritiken spiegelten, daß die Zuschauer sich in die fremde Lebensgeschichte hineinversetzen konnten und sich bewegen ließen. Und kein Melodram hatte das bewirkt, sondern eine unsentimentale Nacherzählung neuer Art.

Der Suizid war der – vorgegebene – Anlaß gewesen, aber am Ende nicht das eigentliche Thema. Der Film hatte umfassender mit dieser Frau zugleich eine bestimmte Gesellschaftsschicht, die proletarische, und eine bestimmte Generation porträtiert. Er hatte sichtbar gemacht, wie die vielen kleinen Schritte, die einen Menschen in die Isolierung führen, zusammenhängen mit Allgemeinem, zum Beispiel mit brüchigen bürgerlichen Familienstrukturen, kühlen Großstadt-Nachbarschaften, ausbeutenden Arbeitsverhältnissen. Und nicht zuletzt mit den großen Zeitkonflikten.

Nach „Klara Heydebreck" war es für Fechner klar, daß er in dieser Richtung weiter arbeiten würde. So kam es zu „Klassenphoto".

Ich wußte, ich will eine Schulklasse. Ich wußte noch nicht genau, welcher Jahrgang es sein würde, aber ich wünschte mir, daß sie um das Jahr 1970 Mitte Fünfzig bis um die Sechzig waren, daß sie also dieser sogenannten ‚Schweigenden Generation' angehörten. Das war mir wichtig.

Der Untertitel des neuen Films, „Erinnerungen deutscher Bürger" benennt, daß gleichzeitig das Porträt einer *Gesellschaftsklasse* gemeint ist. Der Einfall, das Foto einer Schulklasse zu nehmen, lag nicht so entfernt von dem vorigen Film, wie es vielleicht scheint. Er drückt vielmehr die Erkenntnis aus, die für Fechner die Voraussetzung seiner Filme ist, daß nämlich Menschen, die einer Schicht und einem Lebensalter angehören, ein bestimmtes erforschungs- und beschreibungswürdiges Spektrum gemeinsamer Grunderfahrungen haben, das sie bestimmt, aus dem sie handeln und das gesellschaftliche Klima mitbestimmen.

Wieder geht es also darum zu untersuchen und darzustellen, wie persönliche Lebensgeschichte und allgemeine Geschichte zusammenhängen. Diesmal allerdings mit Menschen einer *anderen* Gesellschaftsklasse und einer *anderen* Generation. Damit zeigt sich zum erstenmal Fechners Absicht, systematisch die Geschichte dieses Jahrhunderts zu erzählen. Diesmal aus dem Blickwinkel der Schicht von Aufsteigern, die schon in den 30er Jahren ihre Kinder zum Gymnasium schickt. Und das konnte in diesem Fall nicht an der Geschichte eines einzelnen Menschen gezeigt werden, sondern es mußte eine Gruppe sein. Mit der sich zudem – das war der andere wichtige Gedanke – die gefundene Dialog-Form noch besser realisieren lassen würde. Die spezielle Idee zu diesen allgemeinen Vorstellungen kam dann sehr schnell.

Bei dem zweiten Film dieser Art stand natürlich nicht von vornherein fest, welche Form er haben würde. Zwar war Fechner klar, daß er nicht eine Art „Feuerzangenbowle auf dokumentarisch" (Fechner) herstellen, sondern auf irgendeine Weise versuchen würde, einen Jahrgang mit seinen Taten und Einstellungen zu porträtieren. Sicher, ob es gelingen würde und auf welche Weise, war er sich noch nicht. Als er mit seinem Plan zu Dieter Meichsner ging, formulierte er daher vorsichtshalber nicht vorab, was inhaltlich hätte streitig sein und das Projekt gefährden können. Der Leiter der Fernsehspiele des NDR akzeptierte das Thema sofort. Er konnte sogar mit einem Kontakt zum Direktor des Lessing-Gymnasiums in Berlin-Wedding dienen. Eine Schule im heimatlichen Berlin, das war verlockend. Später stellte sich heraus, daß auch Egon Monk diese Schule besucht hatte und der für die Geschichte des Fernsehspiels gleichfalls bedeutsame NDR-Dramaturg und -Autor Claus Hubalek.

Die Fotobände des Gymnasiums waren über den Krieg gerettet worden. Sie enthalten die Fotos der Schulklassen seit dem Gründungsjahr (1882). Zu einem Klassenfoto aus dem Jahre 1933, das dem Jahrgang nach infrage kam, erzählte der Direktor, daß gerade vier der „Herren" ihre alte Schule inspiziert hatten. Fechner kannte nun die ersten aktuellen Adressen und machte sich sofort an die Arbeit, die weiteren Anschriften der überlebenden Schüler der ehemaligen Klasse 7b des Lessing-Gymnasiums zu ermitteln. Das Foto einer anderen Klasse hatte er in Reserve. Daß es dann nicht gebraucht wurde, sieht Fechner als keineswegs zufällig an. Heute hat er längst die Sicherheit, daß er nach solch einer spontan getroffenen Wahl des Themas auf jeden Fall einen Film der üblichen Qualität herstellen wird.

Von den anderen Personen wußte er nur die Namen und die Anschriften im Jahre 1933. In hartnäckiger detektivischer Kleinarbeit gelang es ihm, den Verbleib aller auf dem Foto abgebildeten ehemaligen Schüler zu ermitteln („Das war wie in einem Kriminalfilm"). Und dazu die noch lebenden Lehrer ausfindig zu machen. Ein Schüler war nicht auf dem Foto: Kurz bevor es aufgenommen wurde, hatte er als Jude die Schule verlassen müssen. Erst *während* der Dreharbeiten fand Fechner heraus, daß es ihn gab, daß er lebte, in die USA emigriert war und wo er wohnte. Ein für den Film scheinbar unentbehrliches Element kam also erst im allerletzten Augenblick hinzu. Aber unterstellt, es hätte dieses wichtige Interview mit dem Emigranten nicht mehr gegeben, bin ich sicher, daß es im Verlaufe der Montage durch andere Zuspitzungen so substituiert worden wäre, daß nichts Wesentliches fehlen würde. Fechner nutzt die Zufälle, ist aber nicht abhängig von ihnen.

Es ist notwendig, an einer Stelle auf die Produktionsbedingungen hinzuweisen. Bei „Klara Heydebreck" war die Drehzeit noch extrem kurz gewesen. Etwa zehn Drehtage in Berlin, dazu zwei in Sprötze. Und die Kosten extrem niedrig, nur etwa 36 000 Mark an „direkten Kosten" (Bei diesem Posten zählen nicht die festangestellten Mitarbeiter.) Das ist kaum ein Zehntel dessen, was solch ein Film heute kosten würde.

> Die Honorare sind enorm gestiegen. Dazu kommt, daß ich nie wieder so wenig Material verbraucht habe wie bei „Klara Heydebreck". Es waren etwa 5000 Meter für einen Film, der immerhin eine Stunde dauert. Bei „Damenstift" zum Beispiel, ein in der Struktur ähnlich einfacher Film, brauchte ich auf 60 Minuten umgerechnet, 22 000 Meter, also das Viereinhalbfache.

Von größter Wichtigkeit war es, für den zweiten Film in der Art von „Klara Heydebreck" die angemessenen Produktionsbedingungen zu erreichen. Fechner traf in einem längeren Gespräch mit dem damaligen Leiter der Produktions-Abteilung auf Verständnis. Der Film mußte zu einem Zeitpunkt kalkuliert werden, als noch unklar war, wieviel Schüler und Lehrer für die Interviews überhaupt aufzutreiben sein würden. Vereinbart wurde eine sogenannte „offene Kalkulation", die innerhalb eines Rahmens, der nicht überschritten werden durfte, weitgehende Freiheit gestattete.

Diese Abweichung von der üblichen starren Mechanik der Filmproduktion im Fernsehen ist für das „dokumentarische" Filmen unerläßlich. Es kann nicht in Drehbüchern vorhergeplant werden und ist von nicht vorhersehbaren Augenblicken und von der Kunst des spontanen Improvisierens abhängig. Abnehmende Flexibilität und zunehmende Normierung in der TV-Produktion gefährden das Genre.

> Und dann habe ich angefangen zu drehen und hatte den Ehrgeiz, von jedem Einzelnen soviel wie möglich zu

bekommen. Das heißt, daß mir jeder von ihnen in aller Ausführlichkeit – soweit es ihm gegeben war und soweit er dazu bereit war, und das waren alle – zunächst einmal von seinem Leben erzählte. Erst die äußeren Ereignisse, dann die inneren.

Mit der „Schweigenden Generation" von Mittelschichtlern hatte Fechner einen Tiefpunkt deutscher Sozialgeschichte ausgewählt. Als Halbwüchsige sind sie mehr oder weniger blind in die Hitler-Diktatur hineingekommen und mitgelaufen. So sehr sind sie selber in irgendeiner Weise in die Ereignisse verstrickt, daß sie nach dem Krieg nicht in der Lage und nicht Willens waren, die Vergangenheit und ihre persönliche Rolle darin zu sehen und, etwa ihren Kindern, mitzuteilen. Sie verdrängten, verfälschten und verschwiegen. Fechners Montage macht ihre Geschichte als Gruppe deutlich.

Es ist nachzuempfinden, wie auf dem Gymnasium die letzten Jahre vor dem Abitur (1937) von der Diktatur bestimmt waren. Von der Weimarer Demokratie wissen sie nur das Negative zu benennen, die wirtschaftliche und politische Krise mit Armut, Inflation, Arbeitslosigkeit, Straßenkämpfen. Vor diesem so empfundenen Hintergrund hatte manch einem gefallen, daß die Nazis mit ihrer Schlägertruppe im Unterschied zu linken Demonstranten „militärisch adrett" auftraten. Das Ende der Weltwirtschaftskrise, der gewaltsame Anschluß Österreichs und der deutschsprachigen Sudeten schienen ihnen den vom Regime beschworenen glanzvollen Aufstieg Deutschlands zu beweisen. Das Negative, die Beseitigung der demokratischen Freiheiten, die Kriegsgefahr, sahen sie nicht oder wollten sie nicht sehen.

Zusammen mit der Cutterin Brigitte Kirsche hatte Fechner großes Vergnügen daran, wie sich durch den Schnitt die Aussagen der ehemaligen Klassenkameraden, einander ablösend, ergänzend, widersprechend, kommentierend, gegenseitig zu einem ebenso verständlichen, folgerichtigen wie auch vielseitigen Bild zusammenfügten. Nicht nur ohne jeden Kommentar kamen sie jetzt aus, sondern auch fast ohne jede zusätzliche Information. Wie in einem guten Bühnenstück formuliert der synthetische Dialog auch alle äußeren Umstände der Handlung mit und die Lebensumstände der sprechenden Personen. Alles konnte aus den Aussagen herauspräpariert werden.

Bewußt setzte Fechner bei dieser Arbeit auch Fotos und Dokumente ein, um das Erzählte zu illustrieren, zu ergänzen und zu untermauern. Er hatte entdeckt, wie bestimmte, besonders intensive Schilderungen durch einen zusätzlichen sinnlichen Eindruck noch verstärkt werden können. So war zum Beispiel von dem Foto eine starke Wirkung ausgegangen, das Klara Heydebreck 1923 auf einem Spreekahn sitzend zeigt. Diese Wirkung entstand im Zusammenhang mit der bewegenden Darstellung ihrer Situation als junge Frau. Bei der Arbeit an „Klassenphoto" suchte Fechner noch bewußter solche Ergänzungen und Kontraste zu den Aussagen durch Fotos und Dokumente.

Der Film zeigt, wie die Unfähigkeit dieser labilen Bürgersöhne ohne moralischen und ideologischen Fond, sich zu orientieren, von bestimmten Lehrern verstärkt wurde. Noch heute hält einer von ihnen die Fähigkeit, eine Schulklasse „durch einen einzigen Blick regieren" zu können, selbstzufrieden für pädagogische Begabung. Das beweist den Druck, unter dem sie gestanden haben. Daß politische Propaganda („Klamauk in der Aula") den Schulalltag mitbestimmte, empfanden sie schon als normal. Und wer aufsteigen wollte, wußte, welches Verhalten nützlich war.

Fechner macht beispielhaft deutlich, wie nur einer von ihnen einen klaren Überblick haben konnte, das Opfer dieser Zustände, der jüdische Mitschüler Bernhard Kaiser. „Mein Weg war gerade", kann er sagen und zur Begründung präzise das für seine Generation bestimmende Ereignis nennen, die Ernennung Hitlers zum Reichskanzler: „Am 30. 1. 33 wußte ich, ich bin nicht Teil dieser Sache." Obwohl seine Eltern in Auschwitz ermordet wurden, ist er ohne Haß und formuliert mit einem absurden Satz ein Stückchen der schwer zu vermittelnden Wahrheit: „Vom menschlichen Standpunkt ist es menschlich, ein Mörder zu werden."

Während der mit Glück lebend aus Deutschland entkommende jüdische Deutsche auf dem Schiff der im spanischen Bürgerkrieg geschlagenen „Lincoln-Brigade" begegnete, war der Flieger und „Held" der Klasse, Werner Willi Garn, selber mit der „Legion Condor" in Spanien und erinnert sich an eine Verwunderung: Sie hatten wie mittelalterliche Landsknechte gewütet und waren dann in Berlin geehrt und bejubelt worden.

Einer von ihnen vertritt noch 1970 ungeniert und unbelehrt die alte Ideologie, Eberhard Wirbitzky, schon großmäulig ein „Vorkämpfer" der Nazi-Bewegung als er – etwas älter als die anderen – in die Klasse gekommen war. Er gehört zu der Minderheit der Überzeugten, die meisten waren opportunistisch, fühlt sich stolz als „rassereiner" Deutscher und verurteilt das Werk der Schriftsteller Kurt Tucholsky und Bertolt Brecht als „absolute Dekadenz". Natürlich, ohne sie gelesen zu haben: das ewige Ressentiment. Sein materiell erfolgreicher Weg nach dem Kriege zeigt, daß er es nicht nötig hatte, etwas aus der Geschichte zu lernen.

Sanft widerstrebt hat nur einer, seiner religiösen Bindungen wegen. Die anderen bemühten sich immer nur, „das Beste aus den Situationen" zu machen. Der Krieg war für sie „völlig vertan", die Jahre zwischen 20 und 27 „futsch". Wobei sie die für sie auch schönen Erfahrungen als Besetzer in Polen, Norwegen, Rußland, Frankreich, auf dem Balkan nicht benennen. Zur Selbstkritik neigt niemand. Drei sind im Krieg gefallen. Das einzige – kränkliche – Mädchen ist 1947 an Hunger gestorben. Die anderen sind nach dem Kriege damit beschäftigt, die verzögerten Karrieren nachzuholen, mit unterschiedlichem Erfolg: Sechs sind kleine oder mittlere Angestellte. Zu Wohlstand aber haben es immerhin fünf gebracht, ein Topmanager, ein Unternehmer, ein Wirtschaftsberater, zwei Fachärzte.

111

Die offene Kalkulation als Prinzip konnte Fechner auch bei anderen Sendern für seine Filme dieser Art durchsetzen. So beim Hessischen Rundfunk für den auf „Klassenphoto" folgenden Film „Unter Denkmalschutz". Nachdem Fechner in den beiden vorhergehenden Filmen sich mit der proletarischen und der kleinbürgerlichen bis bürgerlichen Schicht beschäftigt hatte, lag es nahe, mit dem dritten Film dieser Art der großbürgerlichen Schicht noch einmal ein Denkmal zu setzen. Die Stadt Frankfurt am Main (Sitz auch des Auftraggebers HR) verdankt den wohlhabenden alten Bürgerfamilien glanzvolle Kulturbauten wie zum Beispiel die Oper und eben auch die schönen privaten Häuser, in denen sie gewohnt haben.

Und wieder einmal gelang es Fechner zu zeigen, wie dem scheinbar Zufälligen und Beliebigen ein Stück Geschichte abzugewinnen ist: bei einem abendlichen Spaziergang durch das – durch die Bodenspekulation bereits zum großen Teil zerstörte – berühmte Westend sah er in der Arndtstraße 51 ein gut gegliedertes Doppelhaus mit Säulen-Balkonen, dessen rechte Seite erleuchtet war und einladend offenstand. Fechner trat ein, traf im Erdgeschoß eine 78jährige Dame an, die Eigentümerin, und stieß mit ihr auf die Geschichte einer großbürgerlichen deutsch-jüdischen Familie. Er ermittelte, daß dieses inzwischen „unter Denkmalschutz" stehende Haus 1882 erbaut und 1907 von dem Frankfurter Ferdinand Blum für 83 000 Goldmark erworben und mit seiner Familie und dem Dienstpersonal bezogen worden war: seiner katholischen Frau, den beiden 1894 und 1896 geborenen Töchtern, zwei Hausmädchen und einem Kindermädchen. Blum war, so stellte sich heraus, ein beliebter und gesuchter Arzt und der Begründer (1911) des nach ihm benannten „Instituts für experimentelle Biologie" gewesen und hatte sich um die Erforschung der Schilddrüse verdient gemacht.

Und wieder trieb Fechner alle Personen auf, die Auskunft geben konnten, nicht nur die überlebenden Familienangehörigen, sondern selbst im Odenwald das alte Dienstmädchen, ohne deren nüchternen Sätze etwas fehlen würde. Der großbürger-

112

Eberhard Fechner bei den Drehaufnahmen zu „Damenquartett", 1968.

Eberhard Fechner zusammen mit Brigitte Kirsche und Assistentin bei dem Schnitt des Films „Klassenphoto". 1970

... bei den Drehaufnahmen zu „Klassenphoto" in New York, 1970
v. l. n. r.: Eberhard Fechner, Kameramann Rudi Körösi und Tonmann Dieter Schulz

v. l. n. r.: Dieter Schulz, Eberhard Fechner, Bernd Kayser und Rudi Körösi

X

liche Haushalt der 8 Öfen und 8 Betten nimmt sich aus ihrer Sicht sympathisch aus. Gefunden wurde auch der alte Chauffeur, ein ehemaliger SS-Mann, der aber aus Anhänglichkeit eine Art Loyalität zu seinem damaligen jüdischen Dienstherrn zumindest versucht hatte (eine der vielen wichtigen Kleinigkeiten, an denen die Fechnerschen Chroniken so reich sind). Kann es nur das Glück des Tüchtigen sein, wenn die heutigen Hausbewohner so dramatische Lebensgeschichten zu erzählen haben: eine pensionierte Sekretärin der „Frankfurter Zeitung" (heute „Frankfurter Allgemeine Zeitung"), ein Makler, dessen jüdische Familie im KZ umgekommen, der selber in Irrfahrten wie aus einem Abenteuerroman gerade noch davongekommen ist, eine Pflanzersfrau aus Indonesien, die das Thema „Großbürgertum" mit einer weiteren abenteuerlichen Geschichte variiert.

In den „Lebensbeschreibungen aus einem Frankfurter Bürgerhaus" wird eine Form von Liberalität, die zerstört worden ist, noch einmal lebendig. Vor allem in der Art wie die alte Dame Gertrud Ehrhardt-Rösner, geborene Blum, in ihren Erzählungen mit der deutschen Sprache umgeht, mit bewußt gewählten Worten, aber gänzlich uneitel, wird noch einmal anschaulich, wie in dieser Familie offenbar über alle Gegenstände verantwortliche und freimütige Gespräche geführt worden sind. In den Berichten aller ist wieder gegenwärtig, wie unter dem freundlichen Regiment eines liebevoll fürsorglichen Patriarchen, der seine Töchter „in Freiheit dressierte", das Haus mit seiner „gewissen Großzügigkeit" einen angemessenen Rahmen gebildet hatte für eine Kultur in einem soliden und aufgeklärten Sinne, die nicht einfach mit Schlagworten wie „konservativ" abzutun ist.

Vom Ersten Weltkrieg war in der Arndtstraße – im krassen Gegensatz zum Zweiten – wenig zu spüren gewesen trotz des „Kanonengepumpers" am Schluß und der „zwei Bomben" auf Frankfurt. Die deutsche Niederlage brachte der eigentlich kaisertreu gesinnten Familie wie allen anderen Deutschen das

113

Ende der Monarchie. Die hierarchisch gegliederte Gesellschaft, die sie mit ihrer ehrenwert elitären Haltung hatten mitprägen können, existierte nicht mehr. Vor allem mit eigenen Problemen beschäftigt (immer das Hauptmotiv der von Fechner neubeschriebenen Normalität in allen seinen Filmen!), standen sie der jungen Demokratie und der sozialdemokratischen Regierung Ebert fremd gegenüber. Aber in ihrer liberalen Großzügigkeit konnten sie der „sozialistischen Ölung" durchaus auch Positives abgewinnen. Daß in der Gesellschaft Kräfte freigesetzt wurden, die vorher unterdrückt gewesen waren, erkannten sie an.

Die Inflation brachte auch die wohlhabenden Familien in Schwierigkeiten. Ganz anders als die jüngere Generation und die traditionslose Kleinbürgerschicht von „Klassenphoto" waren die Blums auch in der Krise keinen Augenblick in der Gefahr, sich an die Nationalsozialisten zu verlieren. Sie sahen: „Verstand hatten die keinen". Sie gehörten zwangsläufig zu den Opfern. Das Ansinnen an die katholische Mutter, sich von ihrem jüdischen Mann scheiden zu lassen, wurde mit Würde zurückgewiesen. Aber zunehmender Druck und das Berufsverbot zwangen den bald 75jährigen Blum mit einer Tochter und Enkeln ins Schweizer Exil nach Basel, wo er es noch einmal schaffte, eine neue Existenz aufzubauen.

Im Kriege beschädigt, wurde das Haus gerettet und sah mit neuen Mitbewohnern eine neue friedliche, bescheidene Zeit. Auch Ferdinand Blum kehrte noch einmal kurz nach Frankfurt zurück. Die große Tradition war jedoch dahin. Mama Gertruds Tochter ist emigriert, weil sie es nicht verkraftet hatte, daß sie in der Nazizeit von der Mutter ins Ausland geschickt worden war. Der 1920 geborene Sohn hatte es nicht bewältigen können, den Vater – einen stolzen Offizier – an den Krieg und den Großvater ans Exil zu verlieren und als rassisch „nicht ganz passend" diskriminiert und schließlich verfolgt zu werden. Um zu überleben neigte er zu „Dummheiten". Die letzte Hoffnung auf ein Wiederaufleben der Tradition in einem Neuanfang ist der im Hause lebende Enkel, ein Bewunderer seiner Großmutter.

Der Film „Unter Denkmalschutz" brachte Fechner in der Entwicklung der Form einen Schritt weiter. Dazu trägt bei, daß die eindrucksvollste Person der Erzählung, Mama Gertrud, hatte Schriftstellerin werden wollen. Ihr Leben war jedoch so verlaufen, daß sie nur zu wenigen Versuchen gekommen war. Einer von Fechners Gedanken bei der Montage des Films war es, diesen Wunsch auf seine Weise in Erfüllung gehen zu lassen. Er versuchte, ihre mündliche Erzählungen so als Hauptstimme über den Erzählungen der Schwester, des Sohnes, der anderen Hausbewohner zu organisieren, daß der Eindruck von gesprochener Literatur entsteht. Und deshalb endet dieser Film mit Recht mit dem Dank der alten Dame an den Filmemacher. Diese Arbeit an fremden Sätzen, die vielleicht vergleichbar ist mit dem Versuch eines Bildhauers, die im Stein verborgene Form sichtbar zu machen, führte Fechner auch dazu, allerdings eher nebenbei, die eigene Arbeit neu einzuordnen und zu bewerten.

Es kam mir zum erstenmal, wenn auch noch nicht bewußt, der Gedanke, eine Art erzählenden Filmes herzustellen. Dieser Wunsch zu erzählen führte bei „Unter Denkmal-schutz. Erinnerungen aus einem Frankfurter Bürgerhaus" noch viel mehr zu einer Art Annäherung an die Literatur, nur nicht mit der Schreibmaschine geschrieben, sondern mit Filmkamera und Tonbandgerät aufgenommen und am Schneidetisch organisiert.

Das Bewußtsein einer neuen Form stellt sich auch bei dem, der sie gefunden hat, erst allmählich her, und zwar durch weitere Experimente. Der nachfolgende Film „Lebensdaten" ist eher ein Seitenstück, weil er aus der seit Klara Heydebreck aufsteigenden Linie der erzählenden Filme etwas zurückfällt. Fechner ließ diesmal vier Episoden für sich stehen, ohne sie, wie in den vorangehenden Filmen, miteinander zu verschränken. Zwar hatten die vier Teile inhaltlich einen gemeinsamen Bezug – Geburt, Hochzeit, Pensionierung und Tod als die wichtigsten „Lebensdaten" – aber dennoch hatte der Film, wie Fechner heute meint, die Tendenz, in Einzelepisoden auseinanderzufallen.

Diese Verschränkung einer Reihe von Schicksalen zu einem gemeinsamen Generationserlebnis, die hat es da natürlich nicht gegeben. Ich wußte nun, daß es besser ist, eine größere Gruppe zu nehmen.

Der Gedanke, selber der eigentliche Erzähler zu sein, hat sich nach Fechners Erinnerung intensiv noch nicht bei „Unter Denkmalschutz" aufgedrängt, sondern erst bei der Arbeit an den „Comedian Harmonists". Jetzt konnte sich Fechner endgültig nicht mehr als derjenige fühlen, der sich lediglich bemüht, getreulich mit fremden Stimmen zu dokumentieren, sondern er mußte sich als Autor sehen, der nach seinem Gefühl, nach seiner Überzeugung die Richtung der Filmerzählung bestimmt. Aber selbst da wäre er noch nicht in der Lage gewesen, dies öffentlich zu formulieren. Er dachte lediglich für sich darüber nach. Unter anderem, weil die eigentliche Arbeit am Film ja vorging und alle Kräfte in Anspruch nahm.

Daß die Interviews, die Fechner aufgenommen hatte, länger ausgefallen waren als je zuvor, darin drückte sich die bisherige Erfahrung aus.

Ich habe gemerkt, je mehr Material ich habe, desto mehr Möglichkeiten gibt es und desto besser funktioniert es, so daß ich dann völlig auf irgendeinen Kommentar verzichten konnte. Ich konnte alles, was zu sagen ist, die Leute selber sagen lassen. Ich brauchte weder meine eigenen Stimme noch die irgendeines Sprechers draufzupappen.

Mehr noch als bisher mußte Fechner sich vor und während der Montage sein eigenes Gefühl, sein eigenes Urteil darüber bilden, wie die geschilderten Situationen abgelaufen sein mochten. Das lag nicht nur an der Quantität der Aussagen, sondern auch an ihrem Inhalt. Deutlicher und intensiver noch als bei „Klassenphoto" und „Unter Denkmalschutz" waren es gemeinsame

Erlebnisse, von denen die Musiker und ihre Partnerinnen aus ihrer jeweiligen Sicht berichtet hatten. Da die Erinnerungen daran bei den einzelnen oft sehr weit auseinandergingen (weil sie sich unterschiedlich verhalten hatten), genügte es nicht mehr, die Aussagen einfach nebeneinander oder gegeneinander zu stellen. Aus den Interviewteilen eine exemplarische gemeinsame Erzählung der „sechs Lebensläufe" (Untertitel) zu montieren, das erforderte vielmehr klare Entscheidungen für die Perspektive, aus der die Einzelteile zusammengefügt werden sollten. Die Autoren-Rolle wurde überdeutlich. Hinzu kam die Aufgabe, die alten Lieder einzubauen.

> Jetzt gab es schon so gut wie überhaupt keinen Text mehr von mir. Ich verschwand vollkommen – im Bild bin ich ja sowieso nie zu sehen gewesen – und nur diese Leute selber berichten. Und es war hier ja ein besonderer Reiz: da es Musiker waren, Sänger, konnte ich Passagen einbauen, die es so in den anderen Filmen nicht gegeben hat, weder vorher noch danach, wo ich die Lieder, die sie damals gesungen hatten, auch als authentisches dokumentarisches Mittel verwendete, so wie ich in anderen Fällen Fotos oder Dokumente benutzte. Das war eine besonders schöne Arbeit.

Jedoch keineswegs eine leichtere. Die Qualität der Fechnerschen Montage läßt sich an der Verwendung der Musik in diesem Film besonders gut zeigen. Obwohl in den Zitaten intensiv vorhanden, lenkt der Gesang den Chronisten keineswegs ab von dem Ziel, die Lebensläufe zu schildern und Geschichte darzustellen. Im Gegenteil. Die Lieder sind so ausgewählt und so an ganz bestimmten Stellen eingesetzt, daß sie der Erzählung dienen, indem sie Gesagtes vertiefen. Der begeisterte Kritiker Manfred Sack sieht in dem Film ein Zusammentreffen von „zweierlei Wunderbarem..."

> Das eine sind die Comedian Harmonists selber... Das andere Wunderbare ist die Art und Weise, auf die der Film

117

über das Sextett zusammengefügt ist. Er erinnert an ein in tausend Stücke zerflattertes... Bild, in dem die Rätsel, die die Lücken aufgeben, zu einer neuen Farbe werden.

Der Anstoß, die vergessene Gesangsgruppe zum Gegenstand des Films zu machen, war die berichtete Erinnerung Fechners an das Lied vom „Blumentopf" im tschechischen Internierungslager, an „ein Stückchen unbekannter, weil unterdrückter deutscher Kultur, das überraschend auftauchte", auch an das Mädchen mit dem Grammophon. Die Geschichte der Gruppe läßt sich nachlesen, weil Fechner mit demselben Titel im Quadriga-Verlag eine unabhängige Buchfassung veöffentlicht hat, die noch weit ausführlicher ist als die Filmfassung.

Am 29. Dezember 1927 hatte ein 21jähriger per Inserat seltene Stimmen, nicht über 25, gesucht. Seine Idee war es, ein deutsches Gegenstück zu den berühmten amerikanischen „Revellers" zu gründen. Die sechs Personen, die sich schließlich zusammenfanden, sind Ari Leschnikoff (geb. 1897 bei Sofia, Bulgarien), Sohn eines Postbeamten, der erste Tenor; Erich Collin (geb. 1899 in Berlin), Sohn eines Kinderarztes, der zweite Tenor; Roman Cycowski (geb. 1901 in Lodz, Polen), Sohn eines Fabrikanten, der Bariton; Robert Biberti (geb. 1902 in Berlin), Sohn eines Wagner-Sängers, der Baß; Harry Frommermann (dann Frohmann, geb. 1906 in Berlin), Sohn eines jüdischen Kantors, Gründer der Comedian Harmonists, Arrangeur des Ensembles, der dritte Tenor; Erwin Bootz (geb. 1907 in Stettin), Sohn eines Musikalienhändlers, der Pianist.

Fechner macht nachvollziehbar, wie die jungen Berliner Musiker aus mehreren Ländern sich als Gruppe in eine unglaubliche Begeisterung versetzten. Aus dem gemeinsamen Interesse, musikalisch zu unterhalten mit „einer Präzision, die heute nicht einmal angestrebt wird". Es mußte „alles stimmen". Erstaunlich ist, wie intensiv der Film noch einmal den Triumph reproduziert, als nach härtester Arbeit und überwundenen Hindernissen der geplante Erfolg eintrat und die interne Euphorie sich tatsächlich auf das Publikum übertrug, sie bald in ganz Europa und auch in Amerika gefeiert wurden, die Annehmlichkeiten eines nie für möglich gehaltenen Wohlstands genossen und nicht zuletzt ihr Glück bei den Frauen.

Und dann, ebenso nachvollziehbar, der Schock. Die alles Nationale feierten, setzten den erfolgreichsten deutschen Populärmusikern dumm und brutal die Grenze. Nach den Nürnberger Rassegesetzen erhielten auch die drei jüdischen Mitglieder der Comedian Harmonists 1935 striktes Berufsverbot. Wie am Ende des Ersten Teils die Kamera Wort für Wort und Zeile für Zeile das Schreiben der Reichskulturkammer abschwenkt zu dem traurigen „Morgen muß ich fort von hier...", das ist ein Beispiel für die bei Strehler gelernte realistische Poesie: durch Verlangsamung und Präzision wird dem schäbigen Dokument die emotionale Bedeutung zurückgegeben, die es in der Wirklichkeit einmal hatte. Die Rührung wird jedoch nicht auf der Leinwand produziert, etwa mit Tränen, sondern ein eigentlich sprödes Kunstmittel erzeugt sie im Zuschauer.

Ein wichtiges Beispiel zur deutschen Alltagsgeschichte ist das triumphale Abschiedskonzert in München. Fechner zeigt, wie wenig noch im dritten Jahr der Hitler-Diktatur der aggressive Antisemitismus eine Politik im Sinne aller Deutschen war. Ein Funktionär war zu Beginn aufgetreten, hatte versucht, im Sinne der Nationalsozialisten das Publikum gegen die nicht nazigemäße Musik und gegen die „nichtarischen" Musiker einzunehmen. Die gebührende Antwort, eine in der gleichgeschalteten Presse natürlich nirgends nachzulesende Demonstration, waren endlose Ovationen für die Gruppe.

Die einzig mögliche Entscheidung (im nachhinein läßt es sich leicht sagen) für die Comedian Harmonists, zusammenzubleiben, wäre gewesen, gemeinsam zu emigrieren. Daß die drei nichtjüdischen Mitglieder sich dazu – aus ökonomischen Erwägungen – nicht entschließen konnten, daß sie anstatt solidarisch zu sein, die fortgejagten Kollegen ersetzen zu können glaubten, bedeutete das Ende der Gruppe. Fechner führt die Folgen der Fehlentscheidung mit der Zwangsläufigkeit eines Bühnen-

dramas vor. Gerade denen wurde übel mitgespielt, die profitie-
ren wollten. Die vorsichtige Anpassung unter Bibertis Führung
an das Regime brachte den drei in Deutschland Zurückgebliebe-
nen Schritt für Schritt den Niedergang, künstlerisch wie
menschlich. Sich farblos „Meister-Sextett" nennen zu müssen,
weil der alte Name nicht mehr deutsch genug klingt, war nur
eine erste Demütigung. Kompositionen, die gefielen, erwiesen
sich (sie an die Kollegen erinnernd) als von jüdischen Textern
oder Komponisten stammend. Die eilends engagierten neuen
Mitglieder hatten sie, ihr kollegiales Prinzip „gleiches Recht und
gleiche Einnahmen für alle" verlassend, nur angestellt. Mißstim-
mungen waren die Folge, die bis zur gegenseitigen Beschuldi-
gung vor der Geheimen Staatspolizei führten. Ihr Gesang wurde
schwach, ihm fehlte die alte Begeisterung. Und alle Kompromisse ersparen ihnen 1941 nicht die letzte Demütigung, daß ihre
Musik, als der Wehrkraft des deutschen Volkes nicht förderlich,
doch noch verboten wurde.

Auch die Emigranten vervollständigen sich wieder als
Gruppe, mit gleichen Rechten für alle. Und sie entwickeln, wie
Fechner demonstriert, auch musikalisch Neues und feierten in
Australien Triumphe.

> In einem menschlich-moralischen Sinne haben die sich
> immer höchst anständig benommen. Keiner hat den ande-
> ren betrogen. Keiner hat dem anderen was Schlechtes zuge-
> fügt. Sie haben sich auch persönlich weiterentwickelt.

Die fern von Deutschland in der Welt Herumreisenden hatten
ein interessantes, auf jeden Fall ehrenhaftes Leben. Allein der
Gedanke in die USA zu gehen, und dort die Karriere zu krönen,
erwies sich als grundfalsch:

> Es interessierte die Amerikaner nicht, daß das Flüchtlinge
> und Emigranten waren: die hatten einen deutschen Akzent,
> der war unbeliebt, und damit war die Gruppe gestorben.

Wie Fechner die sechs Lebensläufe zu Ende erzählt, das ergibt noch einmal eine besondere Bewegung, weil alle tief berührt und geprägt sind von der großen Zeit, die sie zusammen gehabt haben. Und über den komplizierten Einzelheiten läßt die Komposition diesen allgemeinen Zusammenhang nicht mehr außer acht. Allein Roman Cycowski erreicht beruflich als Dirigent und angesehener jüdischer Kantor in Los Angeles und San Francisco und privat ein wirklich erfülltes Leben. Für alle anderen ist es ein Abstieg. Erich Collin wurde Kunststoff-Techniker. Harry Frommermann, der Gründer, endete – zu seinem Glück mit einer großzügigen und treuen Gefährtin – in der Isolierung. Erwin Bootz schlug sich durch und erreichte neben Fehlschlägen als Pianist auch beglückende Momente, so in Peter Zadeks Bochumer Revue „Kleiner Mann, was nun". Robert Biberti, die ganze Filmerzählung hindurch wie ein Gegenspieler des großherzig humanen Cycowski, ist allein und hat nur das festhalten können, um das es ihm zuerst ging, den materiellen Erfolg. Ari Leschnikoff dagegen, dem wunderbaren Tenor, sind nur die Erinnerungen geblieben und bittere Armut.

„Comedian Harmonists" ist ein Lehrstück für jeden, der sich dafür interessiert, wie Menschen sich verhalten. In den Konflikten zwischen den (bewußten und unbewußten) persönlichen Zielen und den allgemeinen Umständen werden Zwangsläufigkeiten sichtbar und zugleich ihre individuellen Ursachen wie ich es so intensiv und bewegend nur in bestimmten Romanen erlebt habe, wie etwa bei der Lektüre des „Fremden" von Camus. Fechner hat bewiesen, daß im technischen Zeitalter dies auch mit realen Personen möglich ist. Noch einmal Fechner hierzu selbst.

Es waren sechs Leute, drei Juden, drei Nichtjuden. Die drei Nichtjuden hatten die Chance, mit den drei jüdischen Mitgliedern ins Ausland zu gehen, zu emigrieren und dort die Gruppe weiterzuführen, denn sie war wunderbar. In ihren künstlerischen Mitteln waren sie Spitze und sind eigentlich unerreicht bis heute. Und das habe ich gezeigt, und jeder konnte seinen Schluß daraus ziehen: Als die sich 1935 trennten, weil die nichtjüdischen Mitglieder des Verdienstes wegen in Deutschland bleiben wollten, hatten die sich korrumpiert. Damit begann – und das wird ganz klar in dem Film – deutlich der moralische, der sittliche Niedergang dieser drei Mitglieder. Die endeten bei gegenseitigen Beschuldigungen, um den anderen zu schädigen, vor der Gestapo. Typischerweise haben sie sich auf die mieseste Art im Nazireich verhalten. Während die Emigranten zusammenblieben, die Gruppe wieder vervollständigten, die neuen Mitglieder – auch dies im Gegensatz zu der nichtjüdischen Gruppe in Deutschland – voll am Gewinn beteiligten, wurden in Deutschland die neuen Mitglieder des „Meister-Sextetts", wie sie sich nannten, nur Angestellte und kriegten ein kleines oder mittleres Monatsgehalt. Die Emigranten-Gruppe gab Konzerte in allen Erdteilen, bis sie dann in Amerika 1941 – das Jahr, in dem die USA in den Krieg eintraten – daran scheiterten, daß sie Deutsche waren. Es interessierte die Amerikaner einen Dreck, daß es Flüchtlinge und Emigranten waren: Die hatten einen deutschen Akzent, der war unbeliebt, und damit war die Gruppe gestorben. Aber in einem menschlich-moralischen Sinne haben sie sich immer höchst anständig benommen. Keiner hat den anderen betrogen. Keiner hat dem anderen was Schlechtes zugefügt. Sie haben sich auch persönlich weiterentwickelt. Und die anderen sind korrumpiert worden durch ihren Entschluß, sich anzupassen. Das habe ich dargestellt, aber nicht gesagt. Wer es sehen wollte und konnte, der hat es getan.

Eine wichtige Ursache für Fechners Erfolge ist, wie sorgfältig er den Ansatz für das jeweilige Thema überlegt. Es ist ein mutiger Einfall, in einer Chronik des 20. Jahrhunderts auch den deutschen Adel nicht auszulassen. Und kühn und konsequent ist auch die Entscheidung, diese Gesellschaftsklasse im Altersheim aufzusuchen.

„Im Damenstift" zeigt mit lebendigen heutigen Menschen eine gestrige Welt. Bei den Aufnahmen im Sommer 1983 sind sie zwischen 76 und 88 Jahre alt: die Frauen von Randow und von Zastrow, die Freifrauen von Korb-Weidenheim, von Korff, de Pont, die Gräfinnen Deym, Eltz, Hardenberg, Magnis, Oppersdorff, Strachwitz, Cäcilia und Hugoline Westphalen sowie als Leiterin die Äbtissin von Papen. Die schönen Titel sind rechtlich nichts als ein Bestandteil des Namens, denn als Stand ist der Adel mit der Monarchie ja 1918 abgeschafft worden.

Die Damen wohnen zusammen unweit von Köln in dem Wasserschloß Ehreshoven, inmitten eines Parks und der zum Schloß gehörigen Ländereien. Eine 1920 eingerichtete Stiftung ermöglicht es „unbemittelten, unverheirateten adeligen Damen katholischen Glaubens" hier einen „ruhigen und standesgemäßen Lebensabend" zu verbringen. Abseits gelegen hat die altehrwürdige Umgebung etwas von einem komfortablen Gefängnis. Daß die Damen in der Bundesrepublik leben, läßt sich nur ahnen. Aus den unterschiedlichsten Gegenden des ehemaligen Reiches kommend haben sie, obwohl in derselben Lage befindlich, doch eher distanzierte Beziehungen untereinander. Noch bei den gemeinsamen Mahlzeiten sind sie Solitäre, die sich nicht nur von anderen Ständen, sondern auch wechselseitig abgrenzen. Die anrührendsten Passagen des Films sind es daher, wenn einmal die Einsamkeit mit einer spontanen Äußerung die Contenance durchdringt.

Fechner demonstriert mit „Im Damenstift" noch einmal, wie er mit seiner Methode etwas leisten kann, was eigentlich nicht mehr zu leisten ist, nämlich längst Vergangenes auf eine ganz persönliche Weise noch einmal heraufzuholen. Der Zuschauer kann aus den Erinnerungen der Damen (ohne daß ihnen selber das bewußt wäre!) nachvollziehen, wie ‚adelig sein' für sie alle das Privileg war, zu Beginn des Jahrhunderts unter Umständen aufzuwachsen, die individuelle Orientierung ersparten. Die Eltern ließen sich durch Kindermädchen, Gouvernanten, Sprachlehrerinnen vertreten und vermittelten selber

123

offenbar wenig mehr als das Gefühl, in eine begnadete, mächtige, wohlhabende Kaste hineingeboren zu sein, die in Schlössern und Gutshäusern residiert, auf Ländereien, die ihnen gehören samt allem, was kreucht und fleucht. Beneiden mag man sie trotzdem nicht. So hatten sie als Kinder durch die Distanz der standesbewußten Eltern an mangelnder Zärtlichkeit zu leiden. Zudem trübte das Bewußtsein der privilegierten Geburt anscheinend den Blick auf die Gesellschaft, minderte das Interesse an Vorgängen außerhalb ihrer privaten Welt.

Im Prinzip wie in „Klassenphoto", wenn auch auf ganz andere Weise, zeigt sich hier ein krasser Unterschied zwischen dem subjektiven Geschichtsbild der Erzählenden und dem, was tatsächlich stattgefunden hat. Als Zeuginnen der deutschen Geschichte sind die Damen mit den uralten Namen wenig tauglich. Die Dürftigkeit ihrer Einsichten kontrastiert mit dem ungebrochen elitären Selbstverständnis. Fechner sieht das deutlich:

> Die Adeligen bilden sich ein, Glied einer so langen Kette zu sein, daß sie es gar nicht für nötig halten, etwas aus sich zu machen. Bei den Stiftsdamen kommt noch dazu, daß sie, als sie jung waren, noch nicht einmal für Fortsetzung gesorgt haben. Es sind wirklich Drohnen. Das, was man ihnen immer vorgeworfen hat, sind sie tatsächlich. Von sich selber sagen sie, sie seien Ausnahme-Erscheinungen. Ich finde, daß sie es, eben im negativen Sinne, tatsächlich sind. Welcher, auch alte Mensch heute würde so inhaltlos reden, so bedeutungslos leben wollen.

Das Negative ist allerdings balanciert durch das Verständnis der Ursachen. Die – machtlosen – Adeligen sind liebenswerter als die Kleinbürger, weil sie sich nicht bewußt verstecken, sich tarnen müssen. Einige Figuren wirken sogar sympathisch wie die Gräfin Oppersdorff. Die Weise, wie sie trocken und manchmal gar nicht fein von den „Damen" redet, zeigt eine Stärke der anerzogenen Distanz. Sie formuliert am ehrlichsten den Alltag von

124

Schloß Ehreshoven. Ähnlich stark auf andere Weise die Hinfälligste von allen, die – von ihrem Tode nicht mehr weit entfernt – naiv ihren verpaßten Liebeschancen hinterhertrauert. Der Film hat die Stimmung einer freundlichen Satire. Seine Leichtigkeit, ja Heiterkeit verdankt er gewiß auch dem Kontrast zu dem Film „Der Prozeß", der fast gleichzeitig fertig wurde.

Eine Besonderheit ist, daß die interviewten Personen diesmal zusammen an einem Ort leben. Also haben auch gemeinsame Szenen beim Essen, Kartenspielen, Reden, Beten eine besondere illustrierende Funktion, die die Wirkung noch einmal steigert.

Ich wollte diese unglaubliche Stupidität eines Tageslaufes demonstrieren, wie er seit Jahrzehnten bei diesen Leuten stattfindet.

Im übrigen ist die Methode unverändert beibehalten, die einzelnen Interviews zu zerlegen und in einer Montage nach inhaltlichen Gesichtspunkten anders zusammenzusetzen. Der Film „Im Damenstift" ist der erste Film, den Fechner auch selber produziert hat.

„Im Damenstift" war ursprünglich als ein origineller Abschluß der Reihe gedacht. Fechner bereitete danach einen großen mehrteiligen Spielfilm vor, „Die Bertinis" nach dem Roman von Ralph Giordano. In der bei den Filmen nach Kempowski-Romanen beschriebenen Weise hatte er die Drehbücher erarbeitet. Die waren vom ZDF akzeptiert, die wichtigsten Rollen bereits besetzt worden, da brach im Spätsommer 1986 Fechners Herzkrankheit lebensbedrohlich aus. Auch wenn er die Krise allmählich überwand, war klar, daß er bei schwankender Gesundheit eine so extreme Belastung wie eine Spielfilm-Regie dieses Umfangs in absehbarer Zeit nicht auf sich nehmen konnte. Der von den Büchern begeisterte Produzent Gyula Trebitsch suchte Fechner auf – „der schwerste Gang meines Lebens" –, um ihm mitzuteilen, daß ein anderer Regisseur den

Film übernehmen müsse. Fechner schlug seinen Freund Egon Monk vor, in der Erwartung, daß Monk, mit den üblichen Änderungen, die vorliegenden Drehbücher verfilmen würde. Monk jedoch, der sich alle Freiheiten vorbehielt, schrieb am Ende eigene. Fechner, über die Maßen enttäuscht und deprimiert, sah über zwei Jahre intensiver Arbeit weggeworfen. Das Ende einer Freundschaft.

Ohne Arbeit kann Eberhard Fechner nicht leben. Daher akzeptierte er, als nach dem großen Erfolg von „Im Damenstift" der Westdeutsche Rundfunk vorschlug, noch einen Film dieser Art zu machen. Er nahm sich vor, diesmal über das engere Deutschland hinauszukommen, um zusätzlich einen Blick von außen zu gewinnen. Die Geschichte einer deutschen Bauernfamilie kam in Frage, die nach Texas/USA ausgewandert ist, und deren jüngere Mitglieder nur noch englisch sprechen. Und von einer anderen mit einem Zweig im Schwäbischen und einem im Staate New York wußte er, Verwandten des Regisseurs Marcel Ophüls.

Er entschied sich aber dann doch sehr schnell für einen Film über Seeleute, den er damals ohne große Reisen in Hamburg, Bremen und Umgebung drehen konnte. Es folgte also der wahrscheinlich letzte Film dieser Chronik des 20. Jahrhunderts, „La Paloma". Noch einmal setzte er aus privaten Erzählungen von elf Menschen, die das ganze Jahrhundert gesehen haben, ein weiteres Panorama der neueren deutschen Geschichte zusammen.

Gedreht wurde vom 16. September bis 31. Oktober 1987 47 000 Meter Material, über 70 Stunden Film. Die Arbeit des Kameramanns Carsten Müller hatte ihn schon bei „Im Damenstift" dazu gebracht, noch intensiver als in den vorhergehenden Filmen auf die Bilder zu achten.

Das ist ein ganz ruhiger, ausgeglichener Mann, der eine Fähigkeit besitzt, sehr schöne Bilder zu machen, ohne daß das Bild sich in den Vordergrund drängt. Seine Kameraführung kommt meiner heutigen Art doch sehr nahe. Das hat sich mit der Zeit entwickelt: der Film läßt sich wesentlich leichter während der Montage bearbeiten, wenn man so absolut ruhige ausgeglichene Bilder hat wie die von Carsten Müller. Dazu kommt sein Farbgefühl. Ich finde, für Dokumentationen sind es unglaublich ästhetische Farbkompositionen. Er muß ja – wie alle anderen, mit denen ich Dokumentationen gemacht habe – von dem ausgehen, was er am Drehort vorfindet. Und trotzdem hat er eine Art auszuleuchten, daß es, für mich jedenfalls, ein ästhetisches Vergnügen ist.

Und mit Carsten Müller zusammen, sie sind ein Team, ist Henner Reichel. Er arbeitet nicht nur als Tontechniker, was er sehr gut macht, sondern hilft mit beim Einleuchten und Organisieren des Drehorts. Ich bin sicher, er wird eines Tages selber inszenieren, weil er ein sehr interessierter Mann ist, der sich ungeheuer engagieren kann. Er ist immer vergnügt und heitert, ähnlich wie Dieter Schulz, wenn auch auf eine intellektuellere Weise, die Leute auf.

Schnittzeit war, von November 1987 bis Juli 1988, noch einmal mit Brigitte Kirsche, die also alle diese Filme geschnitten hat.

Die zu Beginn des Jahrhunderts, also noch im Kaiserreich geborenen und inzwischen längst pensionierten Schiffsleute erzählen von dem Beruf des Seemanns, wie sie ihn kennengelernt haben: die Kapitäne Leonhard Daubenmerkel, Otto von Essen und Herbert Stephan, der Hafenkapitän Emil Memmen, der Schiffsingenieur Hans Bick, der Zweite Schiffsingenieur Erich Goering, der Schiffkoch Paul Rauch, der Obersteward Arnold Fürst, der Schiffszimmermann Walter Wolff, der Segelmacher Paul Frackowiak und der Heizer und Geograph Dr. Karl Helbig. Sie kamen aus den Städten Bremen, Hamburg, Hildesheim oder vom Lande aus Franken, Oberschlesien, Pommern.

Stärker als in den anderen Filmen der Reihe ist an ihren Lebensgeschichten die technologische Veränderung unserer Welt abzulesen. Ihre Nachfolger in den kleinen Mannschaften moderner Containerschiffe mit kurzen Liegezeiten sind wirklich andere Menschen. Einem untergehenden Berufsstand noch einmal ein Denkmal zu setzen, ist daher eine der Absichten Fechners. Die elf waren noch Seeleute im alten Sinne, die vom Segelschiff bis zum modernen Dampfer alles kennengelernt haben, was die sogenannte christliche Seefahrt einmal ausgemacht hat. Sie haben ihren Beruf als etwas Besonderes geliebt und gehaßt. Jede große Reise war eine Expedition, die diesen Männern das Gefühl gab, zusammenzugehören. Sie waren Teil einer Besatzung, die immer wieder in schwierigen Situationen große Leistungen vollbringen mußte. Seemann zu sein, das war wirklich ein Beruf für Abenteurer, so wenig Romantik damit auch verbunden war. Ihre Lebensbedingungen, die Härte der Arbeit, die Hierarchie an Bord, die Entbehrungen, der Schmutz, die Eintönigkeit, waren nichts für Schwärmer.

Die Arbeit war schwer, das Essen schlecht und oft fehlte sogar das Wasser. Bis zu zwei Jahren dauerte manche Reise. Bei Sturm hieß es in über 60 Meter Höhe die obersten Segel zu raffen, und auf den Dampfern verfeuerten die Heizer am Tag fünfzig Tonnen, also eintausend Zentner Kohle, bei Durchschnittstemperaturen von 45 Grad. Aber sie sind heute noch stolz darauf, daß sie sich „durchgebissen" haben, daß sie nicht aufgaben. Dafür bekamen sie eine erbärmliche Entlohnung.

Einerseits also die fürchterliche Schufterei, auf der anderen Seite die Faszination über die Weite der sich mit jedem Licht verändernden Wasserwüste, den nächtlichen Sternenhimmel, die gemeinsamen Shanties.

Und die Enge an Bord, so klingt es aus den Erzählungen, war wirklich anders als die provinzielle Enge daheim. Ohne Verbindung mit Stadt und Land über die Weltmeere zu fahren,

Eberhard Fechner bei den Dreharbeiten zu „Die Comedian Harmonists –
Sechs Lebensläufe". 1975

Jannet Gefken-Fechner bei den Dreharbeiten zu „Frankfurter Gold"
Buch und Regie: Eberhard Fechner, 1971

XII

monatelang unterwegs zu sein, immer wieder einmal von Stürmen geschüttelt, von Eisschollen bedroht. In den Häfen selbstverständlich mit den Mädchen zusammen zu sein, über die Stränge zu schlagen, sich mit der örtlichen Polizei auseinanderzusetzen.

Nachvollziehbar wird, wie der Aufstieg für sie eine extreme Faszination hatte. Ein von heimischen Zusammenhängen abgeschnittener „Moses" ist hilfloser als je ein Lehrling in der Stahlindustrie. Der Kapitän eines Schiffes dagegen, der ja auch einmal tief unten anfangen mußte, ist der kleine König eines eigenen Reiches, das für die Dauer der großen Fahrt um die Welt von niemand anderem kontrolliert wird. Daher sparten viele von ihnen den geringen Lohn für die Plackerei, nautische Schulen besuchen zu können. Und sie brachten es fertig zu heiraten, Familien zu haben.

Indem sie ihr persönliches Leben erzählen, werden – in Fechners Montage – auch die allgemeinen politischen Entwicklungen ihrer Zeit noch einmal neu beleuchtet. Das Kaiserreich mit seinen Sedan-Feiern und Kaiser-Besuchen, bei denen sie als Schüler in patriotische Stimmung gebracht wurden. Der erste Weltkrieg, der jedem von ihnen einschneidende Erfahrungen brachte. Einer von ihnen wurde noch Soldat, ein anderer war am Kapp-Putsch beteiligt. Aber sie haben die Entwicklung doch mit sehr viel mehr Distanz betrachtet als die etwa anderthalb Jahrzehnte jüngeren Personen von „Klassenphoto". Und auch ihr Leben wurde durch die Wirtschaftskrise mit Inflation und Arbeitslosigkeit nachhaltig gestört.

Keiner von ihnen war ein richtiger Nazi. In dieser Zeit in der Welt unterwegs zu sein hatte den Vorteil, nicht so unter Druck zu geraten wie die Landsleute daheim. Zellen oder Ortsgruppen der Nazi-Partei an Bord waren doch eher eine Kuriosität. Hans Bick, der Schiffsingenieur, drückt das so aus:

„Das Hakenkreuz paßte nicht zur Seefahrt. Das war eine Parteiflagge aber keine Seefahrtsfahne."

Und wenn es auch für die Kapitäne nützlich war, in die NSDAP einzutreten, sahen sie keinen Sinn darin, die Mannschaften zu indoktrinieren. Die einschneidende Veränderung kam für sie erst mit dem Krieg.

Die der Internierung entgingen, taten Kriegsdienst auf Hilfskreuzern, Lazarettschiffen, Versorgungsdampfern und auf U-Booten. Einem gelang es, auf seinem Schiff die Blockade der Engländer zu durchbrechen. In den Bombennächten wurden ihre Wohnungen zerstört. Ihre Frauen und Kinder überlebten zum Glück. Einen traf das Kriegsende besonders schwer, er war auf der „Wilhelm Gustloff", die am 30. Januar 1945 mit sechstausend Menschen unterging. Nur wenige Hundert konnten gerettet werden. Er war darunter.

„La Paloma" erzählt, wie die Schiffahrt erst nach der Währungsreform allmählich wieder in Gang kam, sich unumkehrbar industrialisierte, und verfolgt zugleich die Wege der einzelnen Seeleute. Der originellste ist der promovierte Heizer Karl Helbig, der auf eigene Fahrt ging und als Geograph insbesondere Mittelamerika vermaß und in zahlreichen Publikationen beschrieb. Dieser Sonderling ist auch politisch der gründlichste Kopf, einer von denen, mit deren Sätzen Eberhard Fechner Geschichte oft besser erhellt als schulmäßige Beschreibung dies kann.

Und ich weiß noch genau, wie mein Professor mich fragte, und Sie, Sie haben 'ne wunderbare Dissertation geschrieben, ich würde Sie gerne als Assistent einstellen, ich brauche 'nen Assistenten, sind Sie in der Partei? – Nein, Herr Professor, habe ich gesagt. – Sie sind nicht in der Partei? – Nein, Herr Professor. – Ja, sind Sie in gar keiner Organisation? Sie müssen mindestens im NS-Dozentenbund sein, wenn ich Sie einstellen darf. – Ich sag, tut mir leid, bin ich auch nicht. Deshalb kann ich Ihnen nicht helfen.

Seitdem bin ich freiberuflich geblieben ...

130

Die Kritiken sind positiv. Manfred Delling zum Beispiel, der im „Deutschen Allgemeinen Sonntagsblatt" ausführlich darlegt, wie in „La Paloma" das Zeitalter auf neue Weise „besichtigt" wird, kritisiert zuvor das Medium, in dem der Film eine Ausnahme ist:

> Zugegeben, man muß sich einleben in diesen Film. Zu entwöhnt sind wir vom Fernsehen, geduldig Bilder zu betrachten und Worten zuzuhören und zwischen den Bildern zu sehen und zwischen den Worten zu hören; auf Entdeckung zu gehen . . .".

Ähnlich schreibt auch Ute Bleich in der „Zeit":

> *Fechners vornehmstes Arbeitsprinzip ist es, leidenschaftsloser Zeuge zu sein. Eine Maxime, die er von Tschechow übernommen hat. Mitten im Medienmüll der Shows und der Schnulzen, des schäbigen oder fidelen Trödels, der hastig abgedrehten Fließbandstreifen tauchen plötzlich seine ruhigen Bilder auf, die vom Zuschauer verlangen, daß er sieht, daß er hört, dechiffriert, vergleicht, sich selber ein Urteil bildet, nicht wiederkäut.*

Und die Besprechung in der „Neue(n) Zürcher Zeitung" schließt mit dem Satz:

> *Gerade weil kein Hans Albers von der weißen Taube singt, deren Auftauchen über dem Meer den Seeleuten das nahe Land verrät, durfte der Titel dieses Liedes auch Titel dieses Filmes werden; was er an Auskunft gibt, entlarvt alle romantische Verklärung.*

Zuletzt, im Mai 1989 hat Eberhard Fechner ein Spielfilmdrehbuch abgeschlossen, „Die Geschichte einer Grunewaldvilla", erstmals nicht nach einer Vorlage. Der Film spielt zwischen 1888 und 1988 und erzählt in acht knappen Episoden von dem Erbauer Eduard Weismann, seiner jüdischen Familie und von dem Dienstmädchen Rike.

Und schließlich hat er noch ein weiteres Projekt, das er in etwa zwei Jahren realisiert haben möchte – einen Spielfilm nach der Ballade „Kinderkreuzzug 1939" von Bertolt Brecht. Es wäre der erste Versuch, Lyrik in das Medium Film zu übersetzen.

Von der Realität zum Realismus

Nach dem Krieg wurde sichtbar, daß viele Menschen in Fechners Alter von den Ideologie-Exzessen der voraufgegangenen Periode derart genug hatten, daß sie enttäuscht und verletzt *jeder* ideologischen Welterklärung und ihren etwaigen Ansprüchen abwehrend gegenüberstanden. Diese nur zu begreifliche negative Reaktion fand ihren besten politischen Ausdruck in der „ohne mich"-Bewegung gegen die Wiederbewaffnung der neuen Bundesrepublik. Ein Soziologe (Schelsky) etikettierte diesen Tatbestand mit einem Schlagwort: „Die skeptische Generation".

Bei ihr mußte nicht gleich der demokratische Geist ausbrechen, ja er *konnte* es nicht einmal. Oppositioneller Impuls, die falschen Autoritäten abzulehnen, bedeutet noch nicht, politisch zu handeln. Die von der Vergangenheit aufgezwungene Verweigerung konnte sich durchaus mit Wunschdenken verbinden (z. B. mit der Illusion einer „Stunde null", einem wirklichen Neuanfang). Und sie bezog sich nicht hinreichend auf den aktuellen *realen* politischen Gegensatz, auf die nach dem Krieg durch die neuen Konstellationen unvermeidlich ausbrechende Spannung zwischen den beiden neuen Weltmächten.

Skepsis allein half noch nicht, die neuen Realitäten zu sehen und zu akzeptieren, mit zwei zweitrangigen Deutschlands in zwei entgegengesetzten politischen Lagern. Während auf der östlichen Seite sich aus dem real existierenden Kapitalismus die Vergangenheit zu einfach erklären und zur Weiterproduktion von („antifaschistischer") sozialistischer Ideologie verwenden ließ, half dieser Umstand zugleich der westlichen Seite dabei, Ideologie zunehmend mit *kommunistischer* Ideologie gleichzusetzen und sich die Illusion zuzulegen, selber keine zu haben. Diese Zweiteilung der Wahrheit belastete das politische Klima, und machte es schwer, sich politisch „eindeutig" zu orientieren.

Die an kulturellen und politischen Vorgängen interessierten Intellektuellen und Künstler, soweit sie wach genug waren, um sich nicht einfach einzupassen, gerieten zwangsläufig in eine *individualistische* Art von Opposition, weil die gleichzeitige umwälzende Veränderung von persönlicher *und* allgemeiner Geschichte sich jedem Versuch distanzierter Beschreibung entzog. (Nicht zufällig ist einer der bedeutendsten westdeutschen Schriftsteller der Nachkriegszeit, Arno Schmidt, ein in den Details wunderbar konkreter Subjektivist.) Für Fechner war es die von ihm als verwirrend empfundene Zeit der Gedichte.

Für Eberhard Fechner als *Autor* ist wichtig, daß er *so spät* auftrat. Die Verspätung, normalerweise ein Nachteil, stellt sich unter den angedeuteten Zeitumständen als ein Vorteil heraus. Er konnte sein Handwerk zu einem Zeitpunkt entwickeln, da der Abstand zu dem, was ihn inhaltlich bewegt, hinreichend hergestellt war. Seine Annäherung an die Realität ist nicht mehr abwehrend skeptisch, sondern zweifelnd neugierig, aktiv, lustvoll, humorig, oft sarkastisch.

Zur Befriedigung seiner Neugier auf Normalität hat er eine komplizierte Abbildungstechnik entwickelt, die durchaus vergleichbar ist mit anderen modernen Abbildungstechniken. Etwa mit der des bedeutenden zeitgenössischen Bildhauers George Segal, der alltäglichen Szenen aus seiner Umgebung eine Präsenz verleiht, wie sie zum Beispiel in den naturkundlichen Panoramen des vorigen Jahrhunderts bei der Nachbildung wilder Tiere und fremdstämmiger Menschen in fotografisch getreu nachgebildeter Umwelt erreicht wurde. Daß es sich offenbar lohnt, in neuen Panoramen das Alltäglichste zu reproduzieren statt das Fremde, das anscheinend Normale statt das Ungewöhnliche, darin zeigt sich, daß die Normalität ihre Unschuld verloren hat. Sie versteht sich nicht mehr von selbst, berechtigter Selbstzweifel breitet sich aus. Es läßt sich nicht mehr abendländisch selbstbewußt, sich selber überheblich als normal setzend, in die Vergangenheit zurück oder auf andere Völker herabsehen.

Die Frage, wie berichtet, wie *abgebildet* wird, ist zu einem zentralen Thema geworden, weil Unmittelbarkeit verloren gegangen ist, Erfahrungen aus zweiter Hand wichtiger geworden sind, weil die *Medien* oft in *Formen* informieren, welche die Sicht mehr verstellen als erhellen, weil sie politisch oder kommerziell begründet sind anstatt sachlich. Eberhard Fechner bildet, mit einer dazu entwickelten Technik, die *Mechanik des Handelns* ab. Wie handelt die Person A in der Situation X und warum handelt sie so, während in derselben Situation die Person B anders handelt? Fechners Filme sind ein ständiges Gespräch dieser Art, ein Detektivspiel auf der Suche nach den wahren, oft unscheinbaren Motiven. Seine verdichteten Fakten-Mosaike reproduzieren die menschliche Tragikomödie im zeitgeschichtlichen Kontext.

> Wie Du weißt, möchte ich diese Filme nicht als dokumentarisch bewertet haben, auch nicht als Spielfilme oder als Interview-Filme, wir haben keinen Namen dafür. Es sind Erzählungen, filmische Erzählungen, in denen eine Reihe von Menschen jeweils von etwas berichten, zum größten Teil Geschichten aus ihrem Leben, und das Ganze ergibt dann ein Bild. Aber nicht nur im Sinne von „Was ist da passiert", sondern auch „Warum ist da etwas passiert", „Was ist in diesen Menschen vorgegangen" und „Wie haben sie seelisch darauf reagiert". Anders kann ich mir nicht die Reaktion auf die Filme erklären, auch zuletzt auf „La Paloma": daß die Menschen so betroffen davon waren. Wenn ich die Absicht gehabt hätte, journalistisch ein Thema aufzuarbeiten, wäre die gefühlsmäßige Reaktion der Zuschauer bestimmt nicht so stark ausgefallen wie sie es ist.

Eine psychologische Schwierigkeit lag für Fechner darin, daß seine Filme zwar gefeiert wurden, daß aber dennoch der Zweifel, die Methode betreffend, nie ganz verstummte, sei es von Kollegen oder – weniger – von Kritikern. Anders als die Literatur-, Theater- oder manchmal die Kinokritik kommt die medienpolitisch überlastete Fernsehkritik, selbst wo sie ernsthaft betrieben wird, nicht zu einer ästhetischen Auseinandersetzung mit ihrem Teilgegenstand Film. Das muß Auswirkungen haben auf die Filmemacher, die außerhalb der öffentlichen Diskussion ihren Weg allein finden müssen. Da niemand sich selbst hinreichend beurteilen kann, kommt es zu Irritationen.

> Ich hatte mich (bei „Klara Heydebreck") verliebt in die Möglichkeit, daß, wenn jeder für sich über die gleiche Sache redet, jemand einen Satz anfängt, dann in der Mitte geschnitten wird, und ein anderer ihn fortführt. Das hat, weniger bei Zuschauern, mehr bei Kollegen in den Funkhäusern, den Eindruck erweckt, ich würde manipulieren. Damals war ich davon sehr betroffen. Ich hatte ja anfangs nur die Absicht, einer subjektiven Aussage durch eine andere subjektive Aussage mehr Gewicht zu geben. Der eine erzählt die Geschichte und der andere erzählt sie auch. Und ich meinte, wenn ich zwei von demselben Geschehen berichten lasse, kriegt es einen höheren Wahrscheinlichkeitsgehalt.

Fechner hat sich von dieser Kritik zwar nicht irritieren lassen, und seine Methode verändert, ist aber doch um ein Geringes vorsichtiger geworden, zunächst einmal.

> In den nachfolgenden Filmen habe ich diese Möglichkeit weniger benutzt, ich habe immer versucht, die Leute zu Ende sprechen zu lassen, bevor der Nächste kam. Und natürlich habe ich nie einen Satz verwendet, der in einem anderen Zusammenhang gemeint war. Das wäre ja Betrug.

Aber auch ohne zulängliche ästhetische Diskussion, immer war nur über die Inhalte gesprochen und geschrieben worden, festigte sich in der jahrelangen Arbeit an den Filmen beim Autor das Bewußtsein der Form.

> Dann kam „Der Prozeß". Da war eigentlich im Prinzip schon alles so, wie es dann bei den weiteren beiden Filmen „Im Damenstift" und „La Paloma" geblieben ist. Da war ich mir vollkommen über die Methode klar und hatte auch

für mich selber entschieden, diesen Begriff „Manipulation",
der mir am Anfang ein wenig zu schaffen machte, nunmehr
für mich positiv zu verwenden. Vor allen Dingen deswegen,
weil ich ja mit Hilfe der Schnittechnik, die ich anwende, es
dem Zuschauer ganz offen zeige: hier wird manipuliert.
Das ist für mich in erster Linie ein handwerklicher Begriff.
Das heißt ein Handwerker muß ja auch ‚manipulieren', um
etwas herzustellen. Und es ist zugleich auch ein künstleri-
scher Ausdruck.

Für die Kunstform, die Fechner mit seinen Interview-Montagen
entwickelt hat, gibt es keinen passenden Genre-Begriff. Mit den
konventionellen Fakten-Filmen des Fernsehens, den bebilder-
ten Wortberichten oder Features hat sie nichts zu tun. Da auch
so gut wie nie reale Szenen aufgenommen werden, ist die
Einordnung als Dokumentarische Filme ebenfalls fragwürdig.

Ich lehne die Bezeichnung ‚Dokumentarfilm' für meine
Arbeiten ab. Auch sonst ist mir das Wort suspekt, eben weil
es keinen gibt. Es ist ein Gattungsbegriff, aber ein unglück-
licher. Wenn überhaupt, nenne ich sie ‚Filmerzählungen,
die mit dokumentarischen Stilmitteln gemacht sind'. Doku-
mentarfilme sind meine Filme um so weniger, als ich ja
nicht Situationen drehe. Bei mir sitzen Menschen einzeln
vor der Kamera und erzählen. Einzelszenen wie in
„Damenstift" beim Mittagessen oder beim Beten sind in
diesen Filmen ganz selten.

Schon das Material der Fechnerschen Interview-Montagen –
Aussagen von Menschen, die sich erinnern – ist nicht ‚dokumentarisch', sondern es handelt sich um subjektive Äußerungen,
selbst wenn man voraussetzt – was keineswegs immer zutrifft –,
daß Wahrheit angestrebt wird.

Erinnerung ist nicht die Wahrheit, Erinnerung verändert
sich ja ununterbrochen. Sie ist nicht das, was gewesen ist,
sondern das, was ich mir einbilde oder was ich möchte, daß

es gewesen ist. Ich habe mich einmal mit einem Mann unterhalten, mit dem ich eine Zeitlang in einer Schule war. Wir stellten fest, daß wir dieselben Erlebnisse genau gegenteilig erinnerten. Feststellen läßt sich durch die Erinnerung also nicht, wie es gewesen ist, sondern nur, welche Beziehung man zu dem Geschehenen hat. In den Filmen, die ich mache, nehme ich die Aussagen ja nicht für bare Münze, sondern ich will etwas anderes. Ich will Menschen darstellen, und ich will zeigen, was sie von ihrem Leben halten. Ich hoffe, daß der Zuschauer nicht den Eindruck hat, da sind Leute, die erzählen, wie es wirklich gewesen ist. Die Widersprüchlichkeit der unterschiedlichen Aussagen denke ich, verhindert das.

Die gesammelten subjektiven Äußerungen werden subjektiv ausgewählt und montiert. Die Montage wird von intensiven persönlichen Erfahrungen bestimmt, den lebensgeschichtlich zurückliegenden und den aktuellen. Es sind ja seine Gefühle und Gedanken, mit denen der Autor auf das, was er gesehen, gehört und erfahren hat, reagiert. Daß Fechner seine Montage-Filme nicht als dokumentarisch bezeichnet haben möchte, ist daher nur folgerichtig. Er sieht, was das Bemühen um die Realität angeht, keinen Unterschied zu seinen Spielfilmen. Es sind nur verschiedene Verfahrensweisen, sich der Realität anzunähern. Fechner versucht zu systematisieren:

Es sind vier Begriffe, die für meine Arbeit eine große Rolle spielen. Der erste ist der Begriff *Wirklichkeit*. Ich meine, daß Wirklichkeit etwas ist, das durch das Individuum selbst bestimmt wird, das also immer nur subjektiv empfunden bleibt. Und wenn diese Leute in meinen Filmen reden, dann sind sie Wirklichkeit, aber durch Auswahl und Zusammenhang subjektiv empfunden. Im Gegensatz dazu ist die *Realität* etwas, das unabhängig von uns existiert und im Unterschied zur Wirklichkeit das tatsächlich Gegebene darstellt, den Zusammenhang aller Dinge. Die Realität

138

werden wir nie durchschauen können. Das, was wir für wirklich halten, ist subjektiv, denn eine objektive Darstellung der Realität ist ja gar nicht möglich. Und daher komme ich von der Realität auf den *Realismus* und bezeichne ihn als eine Kunstrichtung, die – kann man sagen – die Realität als unabhängig vom subjektiven Bewußtsein auffaßt, und den Versuch macht, durch die subjektive Wirklichkeit hindurchzustoßen und den Mechanismus, dem die Realität unterliegt und der das Ganze bewegt, zu Teilen deutlich zu machen. Und da sind wir schließlich beim vierten Begriff, bei der *Wahrheit*, die, wie ich meine, in der Erkenntnis besteht, daß die Realität nie als solche verifiziert werden kann, aber eben der nie aufgegebene Versuch ist, sich ihr auf verschiedene Weise anzunähern, und den Realismus in meiner Arbeit entstehen ließ.

Interview-Film als Handwerk

Das Beispiel „Der Prozeß"

Als Zeitgenosse sieht Eberhard Fechner wie viele Intellektuelle die Gegenwart als eine Situation zwischen den Katastrophen, die entschiedenes Handeln erfordert. Die künftige noch größere Katastrophe ist unvermeidlich, wenn nicht das überwunden werden kann, was er nach allen seinen Erfahrungen als die schlimmste Untugend der modernen Zivilisation ansieht, die Fantasielosigkeit und in ihrem Gefolge die Gleichgültigkeit.

> Daß wir dabei sind, diesen Erdball zu zerstören, die berühmte Umwelt-Verschmutzung, das ist keine Eventualität wie bei den Raketen, sondern das ist eine Sache, die unablässig geschieht. Und keine Sau kümmert sich darum. Das heißt, wir richten im Moment die Welt zugrunde. Das kann man mit Atombomben natürlich schneller erreichen. Ich finde auch, die Friedensbewegung ist dringend notwendig. Aber mindestens genau so dringend ist es, daß wir etwas gegen die Umweltzerstörung unternehmen. Und nun kannst du etwas tun oder du kannst nichts tun. Du kannst Ausreden finden oder du kannst dich aktiv beteiligen. Diese Freiheit bleibt.

Dennoch ist Eberhard Fechner, denke ich, kein Moralist. Zum Moralisten gehört wohl eine lebensgeschichtlich tief begründete und deshalb über alle Rationalität hinausgehende Grundüberzeugung, aus der nicht zu unterdrückende Fragen an die Realität entstehen. Sie setzt einen Glauben an eine allgemein zu benennende Moral voraus, an der die davon abweichende Wirklichkeit sich messen, beschreiben, verurteilen läßt. Die christliche Moral liefert bis heute die Muster, und auch Karl Marx läßt sich aus dieser Tradition interpretieren. Ein Moralist leidet an den Dissonanzen der Nichtübereinstimmung von Realität und Moral, die bewußt zu halten sein Bedürfnis ist. „Die Ästhetik des Widerstands" ist das wohl wichtigste neuere Werk eines Moralisten. Peter Weiss gibt dem dafür offenen Leser das Gefühl, daß seine auf tiefer Überzeugung beruhende Entschiedenheit des Erforschens, Beschreibens und vor allem auch Urteilens etwas naturwissenschaftlich Verläßliches hat. Kulturgeschichtliche und lebensgeschichtliche Gesetzmäßigkeiten werden sichtbar und fordern dadurch den Leser auf, seine Maßstäbe zu überprüfen und zu justieren und schließlich offensiv danach zu handeln. Für Peter Weiss stellt sich Kultur immer als ein Kampf dar, und das heißt, es ist auch ein Gegner vorhanden, der bekämpft werden muß.

Fechners Blick ist ein anderer. Er verzichtet darauf, eine Moral zu benennen. Das Urteilen und vor allem das Verurteilen wird vermieden. Alle Erkenntnis muß vom Zuschauer aus der Beschreibung selber gezogen werden können. Ein Blick auf die menschlichen Dinge, mit der Eberhard Fechner sich identifizieren kann, findet er zum Beispiel bei dem Maler Pieter Brueghel, dessen Arbeiten ihn über das wunderbare malerische Handwerk hinaus begeistert.

Brueghel ist mein Lieblingsmaler überhaupt. Was er malt ist durchaus vieldeutig. Es gibt zum Beispiel ein Bild von ihm, das heißt „Die Freuden des Winters". Das ist scheinbar ein harmloses Naturbild. Wenn du es einmal genau untersuchst, wirst du dauernd ebenso die Plagen des Winters entdecken. Vordergründig gehen welche zur Jagd. Aber in den Häusern ist zum Beispiel zu sehen, wie das Holz geschleppt wird. Die Plagen werden auf dem Bild genauso deutlich sichtbar wie die Freuden. Er aber nennt es gemeinerweise „Die Freuden des Winters". Um die Leute auch ein bißchen in die Irre zu führen. Es werden eben die verschiedenartigsten Sachen, die aber alle mit demselben Thema zu tun haben, vorgestellt, anekdotenhaft. Und das genau tue

141

ich im Grunde genommen in meinen Filmen auch. Aber dieser mögliche Zusammenhang zwischen einer Malweise und der Sicht eines Autors, nach dem Du mich fragst, ist nicht etwas, was ich mit Sätzen beantworten kann. Das könnte dann nur, ich weiß nicht, ob es so sein wird, ein Ergebnis Deiner Arbeit sein.

Bei der Arbeit an „Klassenphoto", „Unter Denkmalschutz", „Comedian Harmonists" hatte Fechner immer wieder die Erfahrung gemacht, daß in all den von der Jahrhundertwende bis in unsere Tage reichenden Lebensberichten der Menschen die zwölf Jahre der Diktatur in unterschiedlicher Weise offen oder versteckt, einen sehr bedeutsamen Platz einnahmen. In den Biografien der oft zufällig ausgewählten Mitbürger waren sie nicht nur die schrecklichsten Jahre dieses Jahrhunderts, sondern auch die wichtigsten, um die, weit mehr als es im allgemeinen Bewußtsein ist, doch alles kreist. Nicht nur unmittelbar, wenn wie in einem höhnischen Lehrbeispiel die „Comedian Harmonists" unter dem politischen Druck nach materiellen Interessen säuberlich in jüdische und nichtjüdische Mitglieder auseinanderfallen, wenn in dem Frankfurter Bürgerhaus eine deutsch-jüdische Familie sich darstellt, oder in „Klassenphoto" mit dem Unternehmensberater Wirbitzky, dem ehemaligen Sippenforscher Sauerweier und dem Augenarzt Bochberg drei Unbelehrbare sich äußern. Die bloße Generationszugehörigkeit bedeutet schon eine Verstrickung. Auch wenn nicht die geringste persönliche Schuld auszumachen ist, belegen die Erzählungen: die Lager, der millionenfache Mord, alles ist präsent und berührt, verstört, wenn auch meistens uneingestanden, die Identität der Erzählenden als Deutsche.

Ich habe mich mal mit jemandem über den Kindermord von Bethlehem unterhalten. Es hat mal einer nachgeforscht: in dieser Zeit haben dort im Höchstfalle vierzig Neugeborene gelebt. Und es ist historisch nicht erwiesen, daß die Tat überhaupt stattgefunden hat. Und selbst das ist unvergessen bis zur heutigen Zeit. Und da bilden wir uns ein, daß die Ermordung alleine in den Lagern von elf Millionen Menschen jemals vergessen wird. Daß Nebukadnezar einzelne Leute hat einmauern lassen, daß Katharina die Große abtrünnige Liebhaber mit Wasser übergossen bei vierzig Grad Kälte nach draußen gestellt haben soll, wird heute noch schauerlich erzählt. Und dann soll diese unvorstellbare Tat, die im Namen von uns begangen worden ist, jemals vergessen worden sein? Wenn wir in hunderttausend Jahren – wenn es dann noch Menschen gibt – hier säßen, würde davon noch berichtet werden. Solange die Menschheit weiterexistiert, wird es immer wieder hervorgeholt werden. Es ist die schrecklichste Tat, die Menschen jemals begangen haben. Und je länger das Ereignis her ist, umso mehr wird es in diesem Lande verdrängt werden, umso wahnsinnigere Dimensionen wird es in anderen Ländern annehmen.

Die Wichtigkeit der Erlebnisse zwischen 1933 und 1945 hatte sich gerade darin gezeigt, daß es viel schwieriger und manchmal unmöglich für Fechner war, aus seinen deutschen Interview-Partnern herauszufragen, wie genau jemand gehandelt hatte und was seine Motive gewesen sein mochten. Auch diese Schwierigkeiten gegenüber der Erinnerung begründen die Form, die er fand: Daß es immer Bruchstücke waren, daß nur zu oft die Erinnerung durch Verschweigen, Vergessen und Verdrängen ausgehöhlt war, legte nahe, ein Mosaik aus den Fragmenten so zu bauen, daß in der Fantasie das verlorengegangene Ganze wieder entstehen kann.

Bei aller Freude über die große Resonanz von „Klara Heydebreck" war Fechner enttäuscht, daß in den lobenden Kritiken und Gesprächen nie von dem die Rede war, was ihn selber beschäftigte.

Die haben mir eigentlich überhaupt nicht weitergeholfen, weil sie sich eigentlich immer nur um den Inhalt drehten, nie um die Form. Alle fanden nur, das Bild dieser Frau sei so dicht und sie sei lebendiger als all die Lebendigen, über die berichtet wird. Sie erkannten an, wie stark der Eindruck des Films auf sie war. Aber warum er so stark war, das hat niemand untersucht.

Die Nazizeit war als ein allgemeines Thema immer im Hintergrund der Filme gewesen. Am stärksten in „Klassenphoto". Das war Fechner selber noch einmal besonders deutlich geworden, als er ihn in den USA vorführte.

Er hat dort ein ganz erstaunliches Echo gehabt, weil die Leute, die ihn gesehen haben, zum erstenmal Angehörige dieser Generation, die daran beteiligt war, überhaupt gehört haben. Sie haben ihre Argumente gehört, sie haben sie gesehen, sie haben gehört, *wie* sie etwas sagten.

Fechners Antrieb, dieser Fragestellung nachzugehen, ist also nicht die Moral als ein Maßstab für die Wirklichkeit. Er setzt vielmehr von der Seite an, die ihm gemäß ist. Es sind Fähigkeiten des Schauspielers, die zu Stärken des Autors werden. Die professionell entwickelte Fantasie ist es, die es ihm möglich macht und es ihm ein Bedürfnis sein läßt, sich nicht außerhalb zu stellen, sondern sich in handelnde Personen immer wieder hineinzuversetzen, sich bis ins einzelnste vorzustellen, wie bestimmte Menschen in einer zu rekonstruierenden Situation gehandelt haben und was ihre Motive waren. Sein Ziel *kann* es daher gar nicht sein, zu benennen, was sein *sollte,* sondern genauer als andere zu ermitteln und darzustellen, was *ist.*

Das heißt: Die Triebfeder aller dieser Filme, auch dieses „Prozesses" ist *Neugier,* wissen wollen, was war wirklich, warum war es so. Warum werden solche Prozesse geführt? Warum dauerte der so lange? Warum kommen solche Urteile heraus? Wer sind die Menschen, die darüber zu Gericht sitzen? Wer sind die Menschen, die da Zeugenaussagen machen? Wer sind die Menschen, die die Angeklagten sind, heute? und so fort. Das heißt, ich will *wissen*. Und ich lerne ja nicht dadurch, daß ich fremde Bücher lese, sondern im Grunde lerne ich viel mehr durch das, was ich selber mache. Denn ich beschäftige mich mit keinem Buch, das ich lese, acht Jahre. Und nirgends kann ich mehr lernen als eben mit so einer Arbeit. Das ist ein ganz egoistischer Grund. Die Triebfeder für meine Arbeit, und das gilt für die Spielfilme genauso, ist, ich will wissen, *warum* etwas wann geschah und wie. Und das ist auch die einzige Botschaft, die ich habe, daß ich wissen will und daß ich glaube, daß das Resultat dieser Beschäftigung auch andere Leute interessieren könnte, weil die es auch wissen möchten. Ich glaube, genauer könnte ich es, was meine Arbeit betrifft, nicht sagen. Dieser Drang, zu Erkenntnissen zu kommen und auch zu Folgerungen.

Und dadurch wird natürlich auch mein Leben und meine Handlungsweise beeinflußt. Im Gegensatz zu der überwiegenden Entwicklung in der Kunst unserer Zeit, die aufklärerische Absichten sogar wieder verächtlich macht, bin ich absolut der Meinung, daß Aufklärung not tut.

Die Vorbereitungen

Der Prozeß in Düsseldorf begann am 30. November 1975. Im Februar 1976 fragte Hans Brecht, Redakteur in der Abteilung Fernsehspiel, Eberhard Fechner, ob er interessiert sei, einen Film über das Verfahren zu machen. Die Entscheidung, Brechts Angebot anzunehmen, verstand sich von selbst, handelte es sich doch um das letzte Verfahren über nationalsozialistische Gewaltverbrechen (NSG-Verfahren), das die ganze Geschichte eines Konzentrationslagers von Anfang bis Ende als Hintergrund haben würde.

Daß es der längste und umfangreichste Prozeß der deutschen Rechtsgeschichte werden würde, war damals nicht abzusehen. Es folgten acht Jahre Arbeit, 105 Drehtage, Reisen in die verschiedenen Länder, Besuche vor Gericht, 150 000 Meter Film, Dreharbeiten von März 1976 bis Oktober 1981, Montage von September 1981 bis September 1983, letzte Arbeiten wie Kopien ziehen, Magnetaufzeichnung (MAZ), Einspielung von Titeln bis Februar 1984.

Das Prozeß-Projekt hatte Fechner mit Feuereifer begonnen. Die Chance war da, weit tiefer noch als in allen Arbeiten bisher, den Ursachen nachzuspüren.

> Der erste und stärkste Impuls, mich überhaupt mit dieser Sache zu beschäftigen, war der Gedanke: Vielleicht gelingt es mir, wenigstens für mich, und eventuell auch für andere, herauszufinden, wie so etwas möglich war. Bekannt ist, was Hitler und seine Paladine dazu gebracht hat, den Verwaltungsmassenmord zu planen und zu organisieren. Aber nicht bekannt war, warum und wie diese kleinen Henkersknechte dazu gebracht worden sind.

Dem Unternehmen kam von vornherein ein besonderer Stellenwert zu, weil kein anderer Prozeß dieser Bedeutung – und das hätte nur der Auschwitz-Prozeß sein können – von seinem Anfang bis zu seinem Ende in einer auch nur annähernd vergleichbaren Weise von einem deutschen Filmemacher begleitet worden ist.

Im Prozeß selber zeigte sich die einmalige Bedeutung darin, daß er sich aus dem nur strafrechtlich relevanten Bereich hinausbewegte in Richtung einer breiteren Darstellung dessen, was Majdanek war und für die Menschen bedeutet hatte. Die überwiegend aus dem Ausland anreisenden überlebenden Opfer wurden in ihren Aussagen nicht auf die begrenzte Zahl der zur Verhandlung stehenden Taten eingeschränkt. Der Vorsitzende Richter Bogen kam in seiner umsichtigen Prozeßführung dem Bedürfnis vieler dieser überlebenden Opfer entgegen, erst einmal das Erlittene in Worte zu fassen, bevor er sie dem nur an den bestimmten Tatbeständen interessierten speziellen Fragen aussetzte. Ebensowenig wie zuvor der große Auschwitz-Prozeß konnte das Majdanek-Verfahren ein Prozeß wie jeder andere sein. Die allgemeine Aufklärung über die Verbrechen war ebenso wichtig wie der individuelle Schuldnachweis.

Gegenüber den in der Sache liegenden Schwierigkeiten des Verfahrens ist Fechner verständnisvoll. Er sieht die Beweisnot, dieses ständige quälende Problem der Staatsanwälte und Richter, aus einem Abstand von fast vierzig Jahren sich allein auf Zeugenaussagen verlassen zu müssen, die selten die vom Gesetz geforderte Beweiskraft noch haben konnten. So daß die einzelnen Taten nur selten noch eindeutig einem Täter und einem präzisen Zeitpunkt zuzuordnen waren. Daß auch die glaubwürdigsten Zeugenaussagen durch die Fehlerhaftigkeit des menschlichen Erinnerungsvermögens fast immer im Detail unsicher wirkten, dieses ständige Zweifeln und Wägen ließ den ganzen Prozeß als eine Sisyphus-Arbeit erscheinen. Der geleistete und notwendige Aufwand stand in einem Mißverhältnis zu den rechtlich abzusichernden Ergebnissen.

Ein Teil der Vorbereitung für die Filmarbeit bestand darin, die Literatur über die Konzentrationslager zu sichten. Gezielt las Fechner nur solche Bücher, die offen gebliebene Fragen zu beantworten versuchten:

Natürlich habe ich alles gelesen, was an erreichbarer Literatur existiert, nicht nur über Majdanek. Das wichtigste Buch für mich war „Eichmann in Jerusalem. Die Banalität des Bösen" von Hannah Arendt. Vor Beginn der Arbeit an diesem Film habe ich alle für mich wichtigen Gedanken dieses Buches auf Band gesprochen und sie mir dann mehrfach abgespielt, um sie mir ganz konkret in Erinnerung zu rufen. Es ist ja eine der kompliziertesten, wichtigsten und bisher unbeantwortet gebliebenen Fragen, die es für unsere Generation gibt: Wie war das möglich? Alle Historiker schildern, *was* damals passiert ist, und nur die Arendt ist bis heute immer noch eine der wenigen, die sich damit auseinandersetzen, *warum* es passiert ist.

147

Die ersten Eindrücke bei der eigentlichen Recherche waren keineswegs immer ermutigend. Fechner berichtet, wie ihm ein Gesprächspartner allen Ernstes sagte, man lebe ja heute noch im „Tausendjährigen Reich". Auf die verblüffte Nachfrage erläuterte er, zwölf Jahre sei Hitler an der Macht gewesen und 988 Jahre würden „wir", also die Deutschen, jetzt verfolgt. Und das war nicht irgend jemand, der das sagte, sondern der Staatsanwalt Heidenreich, bis zu seiner Pension während des Prozesses Leiter der Justiz-Pressestelle in Düsseldorf.

In solchen Sprüchen drückt sich das überwiegend gegen die NSG-Prozesse eingestellte juristische Umfeld aus. Eines der traurigsten Kapitel ist es ja, daß es die bundesdeutsche Justiz nicht geschafft hat, die NS-Verbrecher in ihren eigenen Reihen zur Rechenschaft zu ziehen. Kein einziger der Blutrichter des Volksgerichtshofs ist rechtskräftig verurteilt worden. Das wirft einen bleibenden Schatten, auf den auch die Rechtspolitiker der DDR mit Recht verweisen können. Bei der Vorführung von „Der Prozeß" in der Akademie der Künste, Berlin/DDR, sagte ein leitender Staatsanwalt, der Bogens Prozeßführung anerkannte, unwidersprochen den bekannten Satz von den Hunden, die zur Jagd getragen werden mußten.

In diesem Zusammenhang war für Eberhard Fechner das Desinteresse des SPD-Justizministers von Nordrheinwestfalen ernüchternd. Zu keinerlei Hilfestellung sei er bereit gewesen und habe nur widerstrebend die Drehgenehmigung gegeben. Ein so herausragendes Ereignis von internationaler Bedeutung im Bereich seiner Verantwortung und dann ein so beamtenmäßig schematisch-mißtrauisches Verhalten gegenüber dem Fernsehen im allgemeinen und gegenüber einem nicht ganz unbekannten Autor im besonderen. Fechner war enttäuscht.

Eine feste Vorstellung, wie der spätere Film aussehen würde, gab es am Anfang nicht.

Ich muß ehrlich sagen, ich hatte nicht die geringste Ahnung, wie der Film aussehen würde. Wenn ich beginne, steht eigentlich nur das Thema fest, aber bei allen Filmen dieser Art in gar keiner Weise, was daraus wird. Ich bilde mir doch keine Vorurteile. Erst schließe ich die Dreharbeiten ab. Und dann erst setze ich mich mit dem vorhandenen Material auseinander.

Eine wichtige Quelle für die erste Orientierung sind die dem Prozeß zugrundeliegenden Ermittlungsakten, insgesamt rund 28 000 Seiten. Sie enthalten zahlreiche Schilderungen der in Majdanek begangenen Verbrechen. Um ein Beispiel anzuführen, sei die Aussage eines Zeugen angeführt (des zur SS gezogenen Landwirts Wilhelm Fink). Der Zeuge berichtet u. a.:

Einmal hab ich erlebt, wie eine Anzahl Kinder vergast worden sind. Wenn ich mich recht erinnere, sind es einige Hundert gewesen. Es muß auch im Sommer 43 gewesen sein, den genauen Zeitpunkt kann ich heute nicht mehr angeben. An diesem Tage kam ich mit meinem Arbeitskommando von der Arbeit. Nach dem Appell erhielt ich von dem Feldführer Möckel den Befehl, mich zum Lagergut zu begeben. Als ich auf dem Gut ankam, befanden sich dort mehrere Fahrzeuge, auf denen sich Kinder im Alter von einigen Wochen bis zehn oder zwölf Jahren befanden. Bei Eintritt der Dunkelheit sind die Kinder dann mit den Fahrzeugen zum Bad des Lagers gefahren. Wir wußten zunächst nicht, was das alles bedeuten sollte. Ich nahm zuerst an, daß die Kinder gebadet und verschickt werden würden, mußte dann jedoch nach unserer Ankunft im Bad feststellen, daß die Kinder durch das Gas getötet wurden. ...Von dem Häftlings-Badekommando wurden die Kinder entkleidet und in das Bad, beziehungsweise von dort aus in die Gaskammer geführt. Ich selbst habe mich zunächst mit dem Kraftfahrer Falkenburg, der einen Trecker gefahren hatte, im Hintergrund aufgehalten. Als wir dort in der Dunkelheit standen, erschien plötzlich Tumann und forderte uns auf, etwas schneller zu machen und mit anzufassen. Fal-

149

kenburger und auch ich haben daraufhin einige Kinder, die nicht laufen konnten, und zum Teil erst gerade geboren waren, von den Fahrzeugen heruntergereicht. Von zwei weiblichen Aufseherinnen und einigen anderen SS-Leuten sowie dem Häftlings-Badekommando wurden diese Kinder dann auch ins Bad geschafft. Als die Kinder alle in der Gaskammer waren, wurden die Türen dichtgemacht, und wir konnten uns entfernen. Ebenso die von der Wachkompanie gestellten Wachposten, die zur Absperrung eingeteilt waren. Damit man das Weinen und Schreien der Kinder im Lager nicht hören konnte, hatte man die Motoren der Trecker laufen lassen, damit diese durch den Motorenlärm alles übertönten. Ich selbst bin kurz vor dem Vergasungsvorgang an dem offenen Fenster des Baderaumes vorbeigegangen, in dem sich bereits ausgezogene Kinder befanden. Und als ich an dem Fenster vorbeiging, trat ein schon etwas älteres Kind ans Fenster und sagte noch zu mir: „Gelt, Herr Blockführer, wir werden doch nicht vergast?" Ich habe mich daraufhin sofort entfernt, da mir dies derart naheging, daß mir die Tränen in die Augen kamen. Ich dachte in diesem Augenblick an meine eigenen vier Kinder. Es war für mich ein fürchterliches Erlebnis...

Zum eigentlichen Leitfaden für die Planung der Dreharbeiten aber wurde die Anklageschrift. Sie besteht aus zwei Teilen zu rund 320 und 190 Seiten und faßt die Ergebnisse der Vorermittlungen zusammen. Sie numeriert die Mordanklagen (alle anderen Verbrechen waren inzwischen verjährt) und faßt sie zu einzelnen Fällen zusammen. So ist der „Kinderaktion" genannte Massenmord, zu dem der Zeuge der Vorermittlungen ausgesagt hatte, zum Beispiel der Fall 37 und 38. Die Anklageschrift führt die Beweismittel, Geständnisse, Zeugenaussagen, die früheren Urteile auf und verweist auf die dazu gehörenden Akten. Auf diese Weise ermöglicht die Anklageschrift einen ersten Überblick über das gesamte zur Verhandlung stehende Geschehen und die mutmaßliche Verstrickung der einzelnen Angeklagten in bestimmte Taten und Tatkomplexe.

Besonders wichtig für die Film-Vorbereitungen war, daß die Anklageschrift eine Liste der Angeklagten enthält, mit Lebensläufen und Adressen, ferner die Adressen der Verteidiger und die Namen und Anschriften der zunächst rund 300 Zeugen. Dazu Sachverständige und die am Prozeß beteiligten Staatsanwälte, Schöffen, Richter.

Von den Zeugen fiel dann mancher wegen Krankheit und Tod aus, andere kamen hinzu; so daß am Ende 370 Zeugen ausgesagt hatten. Unter diesen Zeugen traf Fechner eine erste Auswahl vorab, die auch eine erste inhaltliche Entscheidung für den Film war.

> Zwei Voraussetzungen waren mir wichtig. Erstens mußten sie zu wichtigen Punkten wirklich etwas auszusagen haben, und zweitens sollten sie wenigstens etwas deutsch sprechen.

In deutschen Gerichtssälen darf während der Verhandlung nicht gefilmt werden und es dürfen keine Tonbandaufnahmen gemacht werden. Deshalb war die sorgfältige Auswahl der zu Befragenden, die Fechner im Kontakt mit am Prozeß Beteiligten traf, die Basis für die – parallel zum Prozeß zu organisierende – Filmarbeit. Zum Prozeß hielt er ständigen Kontakt, nahm aber selber nur, verstreut über die fünf Jahre, an etwa zwanzig Verhandlungstagen selber teil. Demgegenüber standen 105 Drehtage, nicht eingerechnet die Tage für Reisen und Recherchen.

Die meisten Zeugen sind polnische Menschen, denn die jüdischen Menschen, die hätten aussagen können, sind fast alle ermordet worden, die im Lager waren, am 3. November 1943. Majdanek ist zugleich ein Arbeitslager und eines der Lager für den organisierten Massenmord. Wenn gesagt wird, 150 000 bis 200 000 Menschen sind dort ermordet worden, so ist das eine unsichere und unvollständige Zahl, denn niemand weiß genau, wieviele Menschen in der Gaskammer ermordet worden sind,

151

die gar nicht erst ins Lager aufgenommen, sondern gleich bei der Ankunft für den sofortigen Tod aussortiert worden sind: ein unbekannter Anteil der insgesamt etwa fünfeinhalb Millionen ermordeter Juden. Eine Zahl, die relativ genau feststeht, weil bekannt ist, wie viele vorher und wie viele nachher gelebt haben.

Die Kunst des Interviews

In den handwerklichen Methoden unterscheidet sich Eberhard Fechner bei seinen Interview-Filmen kraß vom Handwerk beispielsweise des Dokumentarfilm-Regisseurs Klaus Wildenhahn, das ich in einem anderen Buch* beschrieben habe. Während Wildenhahn abwartend beobachtet, keine Interviews macht, auf Situationen spontan reagiert und nur das filmt, was einer Vorstellung, einem Gefühl, einem Gedanken für den späteren Film entspricht, und so bereits in der Aufnahme analysiert und auswählend eine erste Struktur herstellt, nimmt Eberhard Fechner zunächst einmal wirklich alles auf, was er an Antworten aus einem Gesprächspartner herausholen kann. Ihn in seinen Aussagen zu stimulieren, ihn zur Offenheit, zum freien Sprechen zu verlocken, ist in der Phase der Aufnahme seine eigentliche Arbeit. Ohne sich im geringsten schon um die Struktur des späteren Films zu kümmern, kämpft er darum, so viel und so gutes Material zu bekommen wie nur möglich. Diesem Ziel hat sich alles andere unterzuordnen. Vor allem auch der Kameramann.

Ich muß die Kameramänner immer wieder bitten, bei den Aufnahmen möglichst keine Zooms, keine Kamerafahrten zu machen, weil man später bei der Montage nicht in eine Kamerabewegung hineinschneiden kann. Für den Kamera-

---

* Netenjakob: „Liebe zum Fernsehen und ein Porträt des festangestellten Filmregisseurs Klaus Wildenhahn", Verlag Volker Spiess, Berlin 1984

mann ist das ziemlich frustrierend, weil – wie soll ich das nennen – er hat ja eigentlich nur draufzuhalten. Er muß manchmal ein bißchen ausgleichen, wenn die Person sich bewegt, aber er behält überwiegend eine gleiche Position. Ich bitte sie immer, nicht zu total zu sein, auch auf die Gefahr hin, daß das Gesicht einmal wegtaucht. Bei einem Film, den „Comedian Harmonists", hat ein Kameramann es zu gut machen wollen. Die Aufnahmen waren zu nah, so daß man oft nur Teile der Gesichter sah. Es bedeutet für den Kameramann natürlich eine ziemliche Selbstentäußerung, daß er mit seinem Instrument nicht spielen, sondern es nur benutzen darf. Aber es liegt am Kameramann selber zu reagieren, wenn eine Sache interessant wird und jemand etwas Wichtiges sagt, näher an das Gesicht heranzufahren. Das kann der eine besser, der andere schlechter. Ich habe immer gebeten, Kamerafahrten nur auszuführen, während ich meine Fragen stelle.

Während der Aufnahme beeinflusse ich den Kameramann gar nicht. In dem Moment, wo wir während eines Interviews Fachbemerkungen austauschten, würde das einen Interviewpartner, der nicht beruflich Interviews gibt, verwirren. Die Aufnahmesituation würde ihm bewußt werden. So aber empfinden sie es immer als ein *Gespräch mit mir,* bei dem auch andere Leute dabei sind, die zufälligerweise ein technisches Gerät mitgebracht haben. Die Kamera wird also statisch einzementiert hingestellt und damit hat es sich.

Die Form der Filme basiert auf Fechners besonderer Begabung als Interviewer. Eine detektivische Lust, die Zusammenhänge wissen zu wollen, seine öfter genannte „Neugier" treibt ihn an und bewirkt ein ebenso rationales wie emotionales Verständnis für die jeweilige Person, für ihre Eigenschaften, Besonderheiten, Interessen, offenen und versteckten Motive. Und das bedingt den Erfolg. Hängt doch die Lust auszusagen, sich jemandem zu offenbaren, natürlicherweise davon ab, in welchem Maße man sich verstanden fühlt. Je konkreter und detaillierter das zu spürende sympathisierende Interesse, desto leichter fällt die offene Selbstreflexion. Die Kunst zuzuhören ist es, welche Menschen zum Sprechen bringt. Ein gutes Interview ist die Begegnung zweier Personen. So sehr auch die Rollen des Fragers und Antworters festgelegt sind, so wenig ist es das emotionale Gleichgewicht des Gesprächs. Gute Schauspieler wissen, daß sie auf der Bühne nur zuhörend einem monologisierenden Partner gegenüber überlegen scheinen können. Eberhard Fechner als Zuhörer – Jannet Fechner wundert sich immer wieder über diese Fähigkeit – wirkt oft beherrschend.

Beim Arrangieren geht es darum, alles zu tun, um die Gesprächssituation so normal wie nur möglich sein zu lassen. In einem lebendigen Gespräch kann es zum Beispiel keine verabredeten Fragen geben. Vorüberlegte Antworten werden immer künstlich wirken und es auch sein. Ein vorbereitetes Statement dient in der Regel bestimmten, bewußt vorgetragenen Interessen. In spontanen Äußerungen dagegen werden die taktischen Überlegungen nicht selten sichtbar aufgedeckt.

Wenn irgend möglich befragt Fechner jede Person in deren vertrauter Umgebung und nicht in einem neutralen Hotel. Und schon gar nicht in einem Studio mit Scheinwerferlicht.

Im Studio vor schwarzen Vorhängen inszenieren sie die idiotischsten Dinge statt die Leute so zu lassen wie sie sind. Wichtig ist: wenn irgend möglich kein zusätzliches Licht. Die Kamera irritiert Menschen nie, genausowenig wie das Mikrophon. Was sie irritiert, ist im Scheinwerferlicht zu stehen. Der bewußte oder unbewußte Gedanke, jetzt ist alles Licht auf mich gerichtet, ich stehe im Mittelpunkt. Wenn es die Lichtverhältnisse zuließen, habe ich ohne zusätzliches Licht gedreht. Und wenn nicht, was auch oft der Fall war, dann nur mit zusätzlichem *indirekten* Licht. Das heißt, wir haben einfache Handlampen genommen und

154

das Licht an eine Wand geworfen, die es reflektiert. Dadurch haben sie nie den Eindruck gehabt, sie stehen im Scheinwerferlicht.

Ein Kameramann, der beim „Prozeß" bei einem der sich oft überraschend ergebenden Termine einsprang und Fechners Arbeitsweise nicht kannte, hatte das Büro, in dem das Gespräch stattfinden sollte, so gründlich „eingerichtet", den Schreibtisch umgestellt, Akten durcheinandergebracht, den Raum studiomäßig ausgeleuchtet, daß der zu befragende Rechtsanwalt sich in seinem eigenen Büro fremd fühlte. Der Fehler des übereifrigen Kameramanns war durch nichts mehr auszugleichen. Die emotionale Basis, die Eberhard und Jannet Fechner vorher mühsam aufgebaut hatten, war dahin, das Gespräch mißlang.

Zwar hat Fechner immer auch bestimmte Fragen vorbereitet, sehr genau sogar. Aber nicht, um sie in einer bestimmten Reihenfolge und wörtlich und auf jeden Fall zu stellen, sondern um eine Vorstellung davon im Kopf zu haben, was aufzuklären ist. Während der Aufnahme kommt es darauf an (am konsequentesten hat er sich in „Der Prozeß" danach gerichtet), möglichst wenige der vorbereiteten Fragen tatsächlich zu stellen, um die Menschen von sich aus kommen und sie so frei und so unbehindert wie möglich reden zu lassen. Fechner gibt ihnen ständig das Gefühl, daß er sich nicht nur für bestimmte *Sachverhalte* interessiert, über die sie etwas auszusagen haben, sondern daß er an ihnen als *Person* interessiert ist. Was auch stimmt.

Ein weiterer, entscheidender Faktor für die Qualität des Interviews ist die Dauer. Im Durchschnitt drei Stunden vormittags und drei Stunden nachmittags an zwei bis drei Tagen. Bei den Angeklagten an bis zu zehn Tagen, verteilt auf fünf Jahre. Die mindestens drei, meistens aber mehr Stunden, in denen Fechner die Spannung nicht absinken läßt, bringen schließlich Aussagen, die nicht mehr so kalkuliert sind, die tieferen Bedürfnissen des Redenden entsprechen. So brachte Fechner auch die sonst schweigenden Angeklagten zum Sprechen.

155

Die am Prozeß Beteiligten für ein Interview zu gewinnen, war so leicht oder so schwierig wie es ihrer Position zu Majdanek und zu dem Prozeß entsprach. Die Opfer, die ehemaligen Häftlinge mußte Fechner gar nicht erst überreden.

Die brauchte ich nur zu fragen. Es gab nur eine einzige Frau, die sich geweigert hat. Die lebte in einem Kibbuz in Israel. Sie weigerte sich mit dem Argument, sie wird nie wieder in ihrem Leben mit einem Menschen in deutscher Sprache sprechen. Obwohl sie es konnte. Die war eine wichtige Zeugin, die hätte ich gern interviewt. Aber das ist ein Standpunkt, den muß man akzeptieren.

Außerordentlich schwierig war es dagegen, Zeugen für ein Interview zu gewinnen, die in die zur Verhandlung stehenden Taten verwickelt waren. Sie zur Mitarbeit zu bewegen war entsprechend wichtig. Die Aussagen gerade ehemaliger SS-Leute über die unglaublichen Greuel, bei denen sie helfend zugegen waren, sind ja unentbehrlich, weil gerade sie es schaffen können, auch die allerletzten Zweifel bei denen zu beseitigen, die diese Wirklichkeit immer abgewehrt haben. Und diejenigen, die Jahre nach dem Krieg geboren, trotz aller Berichte, die sie mitbekommen haben, es sich nicht vorstellen können, erleben mit diesen Berichten, wie Menschen denken und handeln, die sich notfalls auch als Henker und Folterer mißbrauchen lassen.

Um die Aussagen dieser Zeugen zu bekommen, gab es manchmal einen richtigen Kampf. Zum Beispiel waren Eberhard und Jannet Fechner mit dem Team nach Ingoldstadt gefahren, um Johann Barth zu interviewen, einen SS-Mann, der bei der Massenerschießung von Juden dabei war.

Das war ein aus Jugoslawien stammender Bauernjunge, der ist jetzt bei Audi tätig. Vier Tage bin ich mit dem Team immer wieder vor das Haus gegangen, einfach nur um zu erreichen, daß ich ihn überhaupt sprechen konnte. Zuerst hat er sich totgestellt. Irgendwann hat es dann einen ersten

156

Sprachkontakt gegeben, und ich mußte ihn mühsam überreden, überhaupt mit mir das Interview zu drehen. Ein Tag
war vorgesehen, und vier Tage haben wir dort bei Ingoldstadt gewartet.

Barth war dann der Zeuge im Film, der sehr plastisch erzählt,
wie die zum Tode Bestimmten nackt an ihm vorbeigelaufen sind,
wie einige „Ihr Nazischweine!" und ähnliches geschrien hätten,
was er ihnen nicht habe verdenken können, wenn er sich in ihre
Lage versetzte. Aber er habe diese Arbeit ja machen müssen,
weil er sonst an die Front geschickt worden wäre: Dieses Ein-
geständnis seines Motivs zeigt den groben einfachen Mann, der
(wie dann die Zeugin Moschko) es nicht gewohnt ist und nicht
geschickt genug ist, Dinge zu verschleiern, auch die eigenen
unehrenhaften Motive nicht.

Bei einem, Heinz Müller, der die Gaskammer bedient, das
Zyklon B hineingeschüttet hatte, war es nicht möglich, ihn zu
irgendeiner Aussage vor Kamera und Mikrophon zu bewegen.
Seine Weigerung, auch nur das Geringste auszusagen, war mas-
siv und nicht zu erschüttern. Als Fechner ihn endlich in Berlin,
in schlechtesten Wohnverhältnissen, aufgetrieben hatte, gestand
er im privaten Gespräch seine Taten ohne weiteres ein.

Zu der wohl wichtigsten Zeugin auf der Seite der Täter
wurde die ehemalige KZ-Aufseherin Luzie Moschko. Sich selber in ihrer verqueren Denkweise gänzlich unschuldig fühlend,
sprach sie direkt und ungeniert aus, was sie erlebt hatte. Damit
stand sie im Gegensatz zu der großen Mehrheit der NS-Zeugen,
die sich an nichts mehr erinnern wollten und konnten.

Nachdem Fechner sie aufürlich interviewt hatte, schrieb
sie in einem eingeschriebenen Brief u. a.:

Sehr geehrter Herr Fechner! Schweren Herzens schreibe
ich diese Zeilen. Ihren Brief vom 4. 8. 80 habe ich dankend
erhalten, der mich aber nicht von meinen großen Sorgen
erlöste. Leider lag ich vom 3. 8. bis 9. 8. mit Nervenfieber
im Bett. Nachdem ich ihn geschrieben hatte, kam mir in

157

den Sinn, wie schwerwiegend mein Fall ist. Wenn der Film mit meinen Fotobildern im Fernsehen der DDR zu sehen ist. Denn ich gefährde das Ehe- und berufliche Leben meiner zwei Neffen und deren Familien in der DDR, das sind die Söhne meines verstorbenen Bruders. Ich weiß, was ich mir durch die unbewußt gemachte Unterschrift einge-brockt hatte, denn ich war willenlos. Ich will aber für alles geradestehen, bitte Sie aber, auch mir gegenüber etwas menschlich zu handeln, denn zehn festgestellte Krank-heiten, darunter Gehirnschwäche, Schilddrüsen- und Diabetes-Leiden machen mir besonders schwer zu schaffen. Dazu meine Depressionen. Ich besitze den Schwerbehin-derten-Ausweis mit 100 Prozent seit dem 18. 1. 80. Hätte ich die Valium-Tabletten am 9. 6., bevor Sie kamen, nicht eingenommen, da können Sie sicher sein, ich hätte nicht Ihrem Plan zugestimmt . . .

Sie verweigerte sich nun nicht etwa, sondern schlug in dem Brief „ein neues Gespräch, das ich kürzer fassen würde" vor und schloß:

Erfüllen Sie mir meinen Wunsch, sonst könnte ich nicht mehr weiterleben und im Tode keine Ruhe finden.

Das zweite Interview am 30. März 1981 fiel dann nicht anders aus als das erste, in einigen Punkten sogar noch detaillierter und schärfer.

Der Weg zu der anderen, für den Film zentralen Personen-Gruppe, den Angeklagten, führte über die Verteidiger. Ein Umstand kam zu Hilfe, die Ortsbesichtigung des Gerichts in Lublin-Majdanek.

Bei den Verteidigern hat mir wirklich geholfen, daß ich am Anfang bei dieser Ortsbesichtigung dabei war. Wir waren drei Tage da und wohnten zwei Nächte in demselben Hotel. Abends saß alles zusammen, Richter, Staatsanwälte, Ver-teidiger, und ich mit Jannet. Und dadurch konnte man doch mit einigen sprechen und ihnen versuchen klar zu machen, was ich wollte.

Damit war zugleich auch ein Kontakt zu den Angeklagten hergestellt um anzufragen, ob sie zu einem Interview bereit wären. Gedacht war zunächst an *ein* Interview, denn niemand konnte die Dauer des Prozesses vorhersehen. Gerechnet wurde mit einer Prozeß-Dauer von etwa eineinhalb Jahren. Die Endfertigung des Films hätte dann ein weiteres Jahr gedauert. Doch dann wurden es acht Jahre, fünfeinhalb Jahre Prozeß und zweieinhalb Jahre Fertigstellung des Films.

Wenn der Film „Der Prozeß" später besonders deutlich herausstellen wird, daß so manchem der mit den NS-Verbrechen befaßten Juristen außerhalb ihrer fachlichen Argumentation jedes Gefühl fehlt, mit was für *Inhalten* sie es hier eigentlich zu tun haben, so geht das schon auf die ersten Erfahrungen bei der Recherche zurück. So findet der hannoversche Anwalt Engelke, der Verteidiger des berüchtigten Mörders Galka, es in einem Brief an Fechner

nicht für richtig, daß der Vorsitzende Richter in Hannover noch in das Gedenkbuch in Lublin hineinschreibt „Wenn auch nicht persönlich schuldig, so doch verantwortlich in tiefem Mitgefühl..."

Dieser Rechtsanwalt drehte anläßlich dieser Ortsbesichtigung in Polen nebenbei einen Super-8-Film mit einem das „urdeutsche Schlesien" fröhlich betonenden Kommentar.

Für die Kunst des Interviews entscheidend aber ist wohl die *Leidenschaftlichkeit der Fragestellung*. Das Bedürfnis, etwas zu erfahren, etwas begreifen zu wollen, weil bestimmte Dinge nicht zu wissen wirklich belastend ist. Die zentrale Frage bei den Konzentrationslagern geht immer wieder danach, wie, *unter welchen Voraussetzungen Menschen so etwas tun können. Wer es nicht weiß, der hat kein realistisches Menschenbild.* Fechner versuchte, sich in die Situation der Täter hineinzuversetzen:

Mich selber in einer solchen Rolle sehend, war mir rätselhaft und unfaßbar: Da steht man morgens sehr früh auf (bei den Nazis war das immer um fünf oder sechs Uhr). Dann wäscht man sich, rasiert sich, geht frühstücken. Und nach dem Frühstück marschiert man zum Appellplatz, hält den Appell der Häftlinge ab und beginnt ein blutiges Tagewerk gegen wehrlose Menschen. Man verteidigte sich nicht gegen einen angreifenden Feind, griff auch selber keinen bewaffneten Gegner an, sondern man beaufsichtigte dort wehrlose Frauen, Männer und Kinder, die man schikanierte, folterte, quälte, tötete. Und das tat man jeden Tag während einer genau geregelten Dienstzeit, mit einer Mittagspause, mit einem Abendbrot. Und danach hatte man seinen freien Abend, den man auf irgendeine Weise gesellig verbrachte. Man ging ins Kino, soff mit anderen SS-Leuten oder ging in die Stadt zum Tanzen. Man hatte seine „Arbeit" verrichtet und nun vergnügte man sich, man schlief auch mal mit 'ner Frau oder als Frau mit den Männern. Man feierte Geburtstage, Weihnachten. Es wurde geweint, es wurden Briefe geschrieben. Es wurde organisiert, auch Eßwaren wurden nach Hause geschickt und lauter Dinge verrichtet, die ja auch normal menschlich sind. Nur das Handwerk selbst war es nicht. Und am nächsten Morgen mußte man aufstehen und es wieder tun. Tag für Tag, jahrelang.

Die andere, Fechner bewegende und ebenso wichtige Frage geht nach den Opfern, nach dem Verhältnis der Häftlinge untereinander. Wie es überhaupt möglich ist, solch eine Zeit zu überleben.

Was sie dazu bringt, das kann man sich vorstellen. Der Wille zu überleben ist stark. Was im Film zumindest unterschwellig deutlich wird, was ich gut verstehen kann, obwohl es vollkommen unsinnig ist: die meisten dieser ehemaligen Häftlinge haben heute ein Schuldbewußtsein, daß sie überlebt haben. Im Gegensatz zu den Tätern, die sich heute als Opfer fühlen. Jetzt, nach Beendigung des Films weiß ich, daß auch unter den Häftlingen untereinander die Hölle gewesen sein muß. Der Mensch ist nicht des Menschen Freund, und Leid läutert auch nicht. Je stärker der Druck ist, umso komplizierter wird es. Die Solidarität von Menschen endet an einem bestimmten Punkt, wo es an die eigene Existenz geht. Das ist ganz klar, das kann man auch gar nicht anders erwarten.

Fechner benennt auch das persönliche Bedürfnis hinter den Fragestellungen:

> Man will selber Erfahrungen machen, zuerst einmal will man selbst etwas entdecken, in dem, was man tut. Natürlich denke ich auch daran, daß die Menschen, die das später sehen, damit etwas anfangen können, das ist selbstverständlich. Überhaupt mal ein Bild davon zu geben, wie sich das Leben in einem solchen Lager abspielte, der Alltag, dieser jahrelang andauernde Alltag des Schindens und Geschundenwerdens, das war eine Triebfeder für meine Wißbegierde.

Um den Alltag der Täter und der Opfer herausfinden und rekonstruieren zu können, mußte Fechner gezielt immer wieder nach den alltäglichen Dingen fragen:

> Einen großen Platz im Film, die Hälfte des zweiten Teiles, nimmt die Schilderung des Alltags im Lager ein, vom morgendlichen Aufstehen bis zum abendlichen Schlafengehen. Ich konstruierte einen synthetischen Tag aus all den Aussagen der vielleicht fünfundvierzig meiner Interviewpartner, die im Lager waren. Denn trotz der nachzulesenden Erlebnisse einzelner Leute gab es das in dieser Weise bisher noch nicht. Also hab ich in all diesen Interviews immer gefragt: „Wie sah eigentlich der Alltag im Lager aus. Wann standen Sie auf" und so weiter. Ebenso stark war aber auch der Gedanke herauszufinden, welche Bedeutung die NSG-

Verfahren in den Jahren seit 1960 für uns haben, die Auseinandersetzung unserer, der zeitgenössischen Generation mit dem Phänomen dieser Verbrechen.

Zu den Dingen, die Fechner klären wollte durch gezielte Fragen in den Interviews und dann nachher in der Montage, gehörten die Ereignisse, die den Rahmen der alltäglichen Grausamkeiten und des alltäglichen Mordens noch überschritten.

Und bei bestimmten Geschehnissen im Lager, die zugleich auch Anklagepunkte im Prozeß waren, zum Beispiel bei den riesigen Mordaktionen, war es mir ganz wichtig, Leute zu suchen, zu entdecken und zum Sprechen zu bringen, die dieses Geschehen miterlebt hatten, es mit ihren eigenen Augen gesehen hatten. Und so konnte ich diesen 3. November 1943, den Tag, als im Lager mindestens 18 000 Juden erschossen wurden, in seinen wesentlichen Teilen rekonstruieren, ausschließlich aus Aussagen von Augenzeugen, Aufsehern wie Häftlingen.

In ähnlicher Weise rekonstruierte Fechner auch die Ermordung der vorgeblich „auf der Flucht" erschossenen russischen Gefangenen und deren Ursache in unglaublich banaler Niedertracht.

Nun kam es darauf an, die Täter zum Sprechen zu bringen. Die Argumentation findet man ja, die überlegt man sich nicht vorher als ein Konzept. Ich habe den Angeklagten etwa gesagt: „Ich bin beauftragt vom NDR, mit Mitarbeitern des NDR diesen Film zu machen. Er hat den Prozeß und Majdanek zum Inhalt. Sie werden Gegenstand sein. Sie sind natürlich frei zu entscheiden, ob Sie interviewt werden wollen oder nicht. Aber ich finde, wenn Sie in diesem Prozeß sind, ist es besser, daß Sie selber etwas dazu sagen, als wenn man nur etwas über Sie sagt. Sie können bei mir sprechen, ich bin kein Richter. Ich bin nicht befugt, Sie zu verurteilen. Ich höre mir das, was Sie sagen, an und werde das gegenüberstellen dem, was andere sagen. Ich meine, es ist für Sie besser, wenn Sie das tun."

Wichtiger noch als diese Argumentation ist die Situation, in der die Angeklagten waren. Keiner von denen hat vor Gericht auch nur ein Wort gesagt. Die meisten haben sich sogar geweigert, auch nur Angaben zur Person zu machen, wie sie heißen, wann sie geboren sind, wie ihr Werdegang war. Nichts, kein Wort. Über die Taten wurde sowieso nichts gesagt. Die saßen also fünfeinhalb Jahre im Prozeß und schwiegen. Schwiegen so, daß sie nachher, wie die Lächert, die „Beulenpest" kriegten, wenn wir das so nennen wollen. Ihr ganzer Körper war von einem Ausschlag entstellt, eine physische oder körperliche Reaktion auf eine seelische Zwangslage. Ihr Mund war versiegelt. Und nun kam jemand zu ihnen, der sagte, ich bin kein Richter. Ich bin nicht da, Sie zu überführen. Erzählen Sie mir doch mal, was war. Und da öffneten sich Schleusen. Ohne es zu wollen, übernahm ich die Rolle eines Beichtvaters.

Dazu kommt: Jeder Mensch, selbst wenn er lügt – und das tun natürlich Angeklagte –, je länger er redet, umso größer ist die Gefahr, daß er sich verplappert, daß er doch mal die Kontrolle über sich verliert. Das ist ja öfter passiert, zum Beispiel der Lächert: „Dann steht sie da und sagt ,Diese armen Juden' und hat das Gold von denen im Mund." Wenn du drei oder vier Stunden Interview hast, dann rutschen dir solche Dinge raus, auch wenn du sie nie hättest sagen wollen.

Gemäß der beschriebenen Interview-Methode fragte Fechner keineswegs direkt nach dem Prozeß oder nach Majdanek, schon gar nicht die Angeklagten. Er fing, wenn es keine anderen spontanen Äußerungen gab, mit Fragen zur Person an, wer sie sind, wo sie geboren, wo sie aufgewachsen sind, wer die Eltern waren, wer die Geschwister. Dann erkundete er den Lebensweg über

Schule und Ausbildung bis zum Beruf. Erst nach dieser langen lebensgeschichtlichen Erzählphase lenkte Fechner das Gespräch, wenn es nicht von allein darauf kam, behutsam auf den eigentlichen Gegenstand, fragte etwa nach der Anklage, dem Prozeßbeginn, dem Verhältnis zum Verteidiger, dem bisherigen Prozeßverlauf, dem Prozeßstand, dem Sinn des Prozesses, den beruflichen und wirtschaftlichen Folgen, der Prozeßdauer, dem Verhältnis zum Richter, zu den anderen Angeklagten.

Die Fragen stellt Fechner immer so, daß sie zunächst harmlos sind, um sich dann allmählich inhaltlich zu verschärfen, keineswegs dagegen im Ton. Immer bleibt das Zuhören, das Aussprechenlassen vor allem anderen wichtig:

„Kann man Ihrer Meinung nach heute noch nach Schuld suchen?" – „Was wird die Zukunft Ihrer Meinung nach davon halten?" – „Was wird die Zukunft überhaupt von der Zeit zwischen '33 und '45 halten?" – „Wie war das Leben damals?" – „Wie vor '33?" – „Wie sehen Sie Ihre Zukunft?" – „Haben Sie Fotos?" – „Empfinden Sie sich als Sündenbock der NS-Zeit?" – „Wenn Sie damals geahnt hätten, daß Ihre Tätigkeit Ihr ganzes Leben überschatten wird, wie hätten Sie damals gehandelt?"

Die Verschärfung wird deutlicher:

„Kennen Sie den Begriff ‚Odessa‘?" – „Durch diese Geschehnisse ist Deutschland eines der verachtetsten Länder der Erde geworden, früher war es eines der angesehensten. Sie selbst haben mit dazu beigetragen, daß die Welt uns jetzt verachtet und zwar wahrscheinlich jahrtausendelang. Warum bekennen Sie sich nicht zu Ihren damaligen Taten und gestehen, was Sie getan haben?" – „Wenn Sie das, was da geschehen ist, auf sich nehmen, zeigen Sie doch wenigstens, daß Sie mal Zivilcourage besessen haben." – „Wie kann Deutschland diese Schuld abtragen?" – „Der Gedanke, daß Sie als Aufseher noch Jahrzehnte in den

Lagern hätten bleiben müssen, wenn Deutschland gewonnen hätte. Stellen Sie sich das mal vor!"

Dann kommen, noch unbequemer, Fragen nach den konkreten Zuständen und nach bestimmten Vorkommnissen im Lager, den körperlichen Züchtigungen, der Verachtung für „Minderwertige", dem sogenannten „Gammelblock" (die Baracke der an den Rand des Todes Gebrachten), den einzelnen Häftlings-Blocks, dem Feld der Frauen und Kinder, dem „Scheiße-Kommando" (die noch als relativ „privilegiert" (!) Geltenden, die für die Beseitigung der Exkremente zuständig sind), den verschiedenen KL-Kommandanten.

Fragen bohrten nach:
„Waren Sie überzeugter Nationalsozialist?" – „Wie denken Sie heute?" – „Kannten Sie einen der Großen, Glück, Pohle, Globotschnik etc.?" – „Waren Juden minderwertig?" – „Wie haben Sie das ‚Erntedankfest' (der Tarn-Euphemismus für die Massenerschießung der jüdischen Häftlinge) erlebt?" – „Hatten die Juden eine Sonderstellung?" – „Was denken Sie über den Verwaltungs-Massenmord?" – „Wie kann ein Mensch Recht von Unrecht unterscheiden, wenn er sich nur auf sein eigenes Urteil verlassen soll? Auch wenn es im Gegensatz zum Urteil der Umgebung steht?" – „Gibt es Schlimmeres als den Tod?" – „Waren Sie ein Judenhasser?" – „Woher dann die Bereitschaft mitzumachen?" – „Hatten Sie jemals Schuldgefühle?" – „Die (zynische) Aussage, das Leben sei an sich so kurz, daß es gleichgültig ist, ob es zwanzig oder achtzig Jahre währt: Was halten Sie davon?" – „Was ist nach Ihrer Meinung die Aufgabe des Gerichts?" – „Was sollte sie sein?" – „War die brutale Behandlung unmenschlich oder war sie notwendig Ihrer Meinung nach?..."

Für die Zeugen hat Fechner ähnliche Fragelisten vorbereitet, die einleitend mit dem Fragekomplex zur Person beginnen. Dann jedoch ist die jeweilige psychologische Situation berücksichtigt.

Während bei den Angeklagten nach den Fragen zum Prozeß der für sie schwierigste und unangenehmste Komplex erst am Ende kommt: das Lager, ist die Reihenfolge bei den ehemaligen Häftlingen umgekehrt. Für diese Zeugen frischt der Prozeß die Leidensgeschichte wieder auf, konfrontiert sie unmittelbar mit ihren ehemaligen Peinigern und deren oft unglaublich rücksichtslosen Verteidigern. Für sie ist also der Düsseldorfer Prozeß im Augenblick des Interviews die problematischere Seite, während das Lager, auf das sich alles bezieht, bei allem nie zu Überwindenden durch den zeitlichen Abstand für sie doch irgendwie leichter verbal anzugehen ist. Der Prozeß dagegen ist für sie doch eine Art später Fortsetzung der Leiden. Die durchaus nicht harmlos ist, wie der Zwischenfall mit der polnischen Zeugin belegt, die als Häftling gezwungen worden war, das „Zyklon B" heranzuschleppen, was einen forschen jungen Verteidiger den Antrag stellen ließ, sie als Mittäterin zu verhaften.

In der Wiederbegegnung der ehemaligen Bewacher und der ehemaligen Gefangenen vor Gericht und in den Reaktionen, die sie bei den Betroffenen auslöst, spiegelt sich die vergangene Situation.

Das Grauenvolle ist eben, daß die Mörder normal sind und keine Monster. Dieses im Anfang wichtige Motiv ist aber im Verlaufe der Arbeit immer schwächer geworden als ich entdeckte, das ist ja fast eine Binsenwahrheit. Aber andererseits war es dies nicht, denn aus der Sicht der Opfer sind diese SS-Leute natürlich Monstren gewesen. Ein Zeuge, Professor Staba sagt: „So groß und so schlank, und dann in diesen Uniformen. Und wir dagegen so klein und so elend. Und da sehen wir die plötzlich vor Gericht wieder, und dann sind sie plötzlich alte Männer, alte Frauen mit solchen hängenden Bäuchen. Und dann sagen wir, das soll *der* gewesen sein? Nein, das ist ja fast gar nicht zu glauben." Das heißt, die haben ihre psychische Situation gegenüber den Machthabern über Leben und Tod in eine körperliche verwandelt. Sie glaubten, diese SS-Menschen wären alle riesig groß und schön, weil sie Herren über Leben und Tod waren. Und erst jetzt im Prozeß entdeckten die ehemaligen Opfer, daß es normale Menschen waren, nur „Verbrecher im Sinne von Mördern, an denen das Blut der Opfer noch heute klebt", wie einer sagt.

Nicht alle wichtigen Fragen, die Fechner sich stellte, ließen sich im Film hinreichend beantworten. So wollte Fechner die Ursachen dafür herausfinden und darlegen, warum die Prozesse, die in den 50er Jahren hätten geführt werden müssen, wo die Verbrechen viel genauer aufzuklären gewesen wären, mindestens zwei Jahrzehnte zu spät kamen. Warum zum Beispiel die Ermittlungen aus einem anscheinend banalen Grund um entscheidende Jahre verschleppt worden sind. Das ist nicht hinreichend gelungen, weil niemand, der es wußte, bereit war, es öffentlich zu formulieren. Die übliche Grenze dokumentarischen Filmens. Und zum Handwerk gehört auch, sie zu respektieren.

Andere Themen sind am Rande interessant, aber nicht so wichtig, daß sie eigens behandelt werden müßten. Ein Beispiel dafür ist der auffallend hohe Anteil von Österreichern unter den fanatischen Nationalisten. Das sei hier nur deshalb noch einmal festgehalten, weil in Österreich nicht einmal die Mörder mehr verfolgt werden.

Die Österreicher klagen sie gar nicht an, obwohl ja in diesen Lagern nachgewiesenermaßen, völlig unproportional, kann man sagen, fast fünfzig Prozent des Personals Österreicher waren. Weil die zum Teil wirklich viel fanatischere Nazis waren als die Altreichsdeutschen, das schlimmste Pack von allen. Viele der großen Typen, von Hitler angefangen, von Eichmann bis zu Globotschnik waren Österreicher. Ich hatte das vorher nicht gewußt. Von dem Personal, das direkt der Schutzhaftlager-Verwaltung unterstand, das die Verbrechen begangen hat, sind 50 Prozent Österreicher, und von den Wachbataillonen ringsum, waren über 80 Prozent Litauer, Balten, Sudetendeutsche, Jugoslawien-Deutsche, also „Beutedeutsche", wie man sie damals nannte. Ich will in gar keiner Weise die damaligen Altreichsdeutschen entschuldigen. Nur ein Fakt ist ein Fakt, und 50 Prozent der Mörder sind eben Sudetendeutsche oder Österreicher gewesen. Der Grund ist nicht allein darin zu suchen, daß sie durch Zufall dahin abkommandiert waren, sondern auch, daß sie eben bereit waren, das zu tun. Kannst Du dir das erklären? Ich nicht.

Die intensive Beschäftigung über Jahre hin mit dieser Thematik bedeutete für Fechner eine enorme psychische Belastung. Sich das ganze monströse Geschehen von Majdanek immer wieder neu vor Augen führen zu müssen und zwar so konkret wie nur möglich, das beeinträchtigte natürlich das Lebensgefühl und hatte bei Eberhard Fechner auch Wechselwirkungen mit der gefährdeten Gesundheit. Unter diesen Umständen die freundliche Geduld auch für die Schuldigen aufbringen zu müssen ist eine Leistung. Eigenartig war das Gefühl, von diesen normalen Menschen, die zugleich vielfache Mörder sind, normal angesprochen zu werden. Und Jannet Fechner muß sich besonders überwinden. Begebenheiten wie der schriftliche Weihnachtsgruß „Frohe Weihnachten wünscht Ihnen..." der Lächert, der „Blutigen Brigida" z. B., erinnern beide ständig daran, daß sie in diesen Jahren von der Thematik nicht mehr loskommen.

Die Montage

Geschnitten wurde „Der Prozeß" im Norddeutschen Rundfunk. Der hatte, mit seinem Redakteur Hans Brecht, den Auftrag gegeben und den zu leistenden Aufwand die ganze Zeit ermöglicht. Kein privater Filmproduzent hätte sich das durch die Jahre hindurch leisten können. Filme wie „Der Prozeß"

rechtfertigen das öffentlich-rechtliche System. Wichtige Dinge
können oder könnten unabhängig von kommerziellen Erwägungen unterstützt werden, indem bestimmte Autoren für bestimmte Projekte freie Hand bekommen. Aber solche Beispiele
sind nicht typisch, sondern sie sind eine seltene Ausnahme. Die
Auseinandersetzung darum, ob der Film im Ersten Programm
gezeigt würde, wie der Autor es für sein wichtigstes Werk erwar-
tete und wie es auch ursprünglich vorgesehen war, oder aber im
Dritten, wie es dann geschah, und vor allem die Art, wie diese
Auseinandersetzung geführt wurde, beweist, daß Fernseh-
Filme wie „Der Prozeß" eher ein Versehen sind.

Die eigentliche künstlerische Arbeit vollzieht sich fast
unabhängig von den Angestellten der Rundfunkanstalt, von den
festangestellten Kameraleuten und dem Tonmann abgesehen.
Für den Montage-Prozeß formuliert mir Fechner diese Unabhängigkeit so:

Ich habe den Film mit Brigitte Kirsche und ihrer Assistentin vollkommen allein gemacht. Wir hätten ebensogut auf
einer einsamen Insel sitzen können. Den Film, so weit geht
die innere Distanz zum Sender, hätte ich auch auf den
Seychellen schneiden können. Die Hauptsache an einer
Arbeit ist, daß sie fertig ist. Ob der Sender dann richtig mit
dem Produkt verfährt, stellt sich später heraus. Doch ich
weiß, wenn der Film so geworden ist, wie er geplant war,
wird er seinen Weg gehen, unabhängig von dem, was der
Sender will. Die ersten Aufnahmen hatten etwas zufällige
Ergebnisse gebracht. In Lublin klappte die sprachliche Ver-
ständigung mit dem polnischen Kamerateam nicht. Die
Ergebnisse waren deshalb fast zufällig, die Besichtigung als
Situation beinahe verpaßt. Das war im März 1976. Die
eigentliche systematische Dreharbeit begann im November
1976 mit von nun an chronologisch durchnumerierten
Rollen: Nr. 1, erstes Interview mit Frau Laurich, der Frau
des sogenannten „Todesengels". Sie endete im Oktober 1981

mit der Rolle 929, dem Ende des Interviews mit dem Prozeßbeobachter Heiner Lichtenstein.

Nach Beendigung der Dreharbeiten, Ende 1981 (im Oktober war das Urteil), fing Eberhard Fechner an, das umfangreiche Material durchzuarbeiten. Die Interview-Tonbänder wurden sämtlich abgeschrieben. Das war zum Teil schon vorher geschehen.

Unter denen, die Interviews zu dem Film „Der Prozeß" vom Tonband geschrieben haben, hat den größten Anteil die Filmhistorikerin Dr. Barbara Meyer. Sie war Mitglied der DKP und Sozialhilfe-Empfängerin, weil man ihr kein öffentliches Amt gab. Ihrer gründlichen und vielseitigen Bildung wegen hatte Egon Monk sie für die Fernsehspiel-Abteilung engagiert. Nachdem er gegangen war, wurde ihr Vertrag nicht verlängert. Solange Barbara Meyer noch beim NDR war, hielt sie gelegentlich filmhistorische Vorträge im Rahmen der Weiterbildung für Angestellte des Senders. Promoviert hat die Adorno-Schülerin über das Thema „Gesellschaftliche Implikationen im Nachkriegsfilm der Bundesrepublik Deutschland". Eberhard Fechner gehört zu ihren Bewunderern:

Sie ist die beste Hegelianerin, die wir in Deutschland haben. Sie ist wahrscheinlich die einzige, die wirklich viel weiß von Leibniz.

Daß sie nebenbei die zuverlässigste Abschreiberin war, ist selbstverständlich.

Die Abschriften ergaben eine Textmenge von über 8000 Schreibmaschinen-Seiten. Fechner kennzeichnete nun das gesamte riesige Material nach den Themen, die es enthält. Gleichzeitig fing er an, dasjenige auszusortieren, das für den Film nicht infrage kommen würde, und solche Themen herauszufinden, die behandelt werden müßten. Von denen umrandete er diejenigen schwarz, die sich auf den Prozeß, und diejenigen rot, die sich auf das Lager bezogen.

So kristallisierten sich ziemlich schnell 24 Themen heraus:

„Der Sinn des Prozesses"; – „Öffentliche Meinung"; – „Warum so spät?"; – „Unterlagen und Beweismittel"; – „Auswahl der Zeugen"; – „Staatsanwälte und Strafanträge"; – „Aufgaben der Anwälte"; – „Die Richter"; – „Die Angeklagten"; – „Befehlsnotstand?"; – „Anwälte im Prozeß"; – „NS-Zeugen"; – „Zeugenaussagen"; – „Die Identifizierung der Angeklagten"; – „Prozeßverlauf"; – „Reisen des Gerichts"; – „Prozeßdauer"; – „Kosten des Verfahrens"; – „Urteile und Freisprüche"; – „Nach dem Prozeß"; – „Der Galka-Prozeß"; – „Persönliches und Philosophien".

Das war also eine erste Gliederung. Und die lange Erfahrung mit den Interview-Filmen und die intensive jahrelange Beschäftigung mit dem Prozeß-Thema hat die Sicherheit bewirkt, aus der schon diese erste Entwurfsskizze zu einem nicht geringen Teil die Gliederung des späteren Films hat.

Fechner schrieb sodann Inhaltsverzeichnisse, aus denen hervorgeht, welche Person auf welcher Seite des Interviewprotokolls (entsprechend welcher der bis weit über 1000 chronologisch durchnumerierten Film- und Tonrollen) etwas zu einem bestimmten Thema sagt. So, um ein beliebiges Beispiel zu nehmen, notierte Fechner, daß der Staatsanwalt Ambach (Kürzel St A) zum Thema „Sinn des Prozesses" auf den Seiten 9, 10, 11, 67, 68, 70, 76, 77, 119 und 120 der Nachschrift seines Interviews etwas sagt. Auf diese Weise schrieb Fechner dann in pedantisch präziser Kleinarbeit aus allen Interviews die für den Film infrage kommenden Stellen heraus, um diese Texte dann in Themen-Mappen zu sammeln.

Und mit den fertigen vierundzwanzig Mappen fing er an, bestimmte Anordnungen und Zuordnungen herzustellen sowie Passagen auszusortieren, die nicht in Betracht kamen, weil sie unwesentlich waren, weil andere Aussagen genauer waren oder ähnliches. Der Schnitt findet also zunächst einmal – sehr ungewöhnlich für Filmarbeit – auf dem Papier statt.

171

Die Schnittmeisterin Brigitte Kirsche hatte die Arbeit ebenfalls begonnen. Schon die erste Arbeit, Bild und Ton so anzulegen, daß sie synchron sind, war oft schwierig und nahm längere Zeit in Anspruch. Das liegt an Fechners Aufnahme-Technik: Nur bei seinen Spielfilmen, keineswegs aber bei seinen Gesprächen mit Laien, läßt er vor der Kamera die berühmten „Klappen" schlagen, die dem Cutter oder der Cutterin optisch und akustisch exakt den Anfang einer Einstellung auf den beiden Bändern signalisieren. Fechner ist nicht bereit, die Gesprächssituation durch etwas stören zu lassen, das immer wieder bewußt macht: hier wird aufgenommen. Die Technik hat immer diskret im Hintergrund zu bleiben und sich der Situation anzupassen. Wenn also die Geräte durch die obligaten Rollenwechsel oder durch eine Gesprächspause ausgeschaltet und diskret wieder neu angesetzt wurde, ist es am Schneidetisch manchmal mühsam, die Zeitgleichheit von Bild und Ton wieder herzustellen.

Dann arbeitete Kirsche mit ihrer Assistentin, manchmal auch mit zwei Assistentinnen, parallel zu Fechners Montage auf dem Papier. Ganz wie dort wurden zunächst einmal die Interviews aus der chronologischen Reihenfolge der Dreharbeiten in eine inhaltliche gebracht. Nach dem Muster der von Fechner erarbeiteten Vorlage wurde jeder Ausschnitt gekennzeichnet. „AL 93/94" zum Beispiel, mit Fettstift auf Anfang und Ende eines Film- oder Tonstreifens geschrieben, bedeutet „Angeklagter Laurich, Interview-Protokoll Laurich, Seite 93 bis 94". An dieser Stelle ist wiederum die zugehörige Ton- bzw. Bildrolle verzeichnet, so daß jeder Ausschnitt jederzeit sofort aufzufinden ist. Das für den Film vermutlich nicht benötigte Material wird zu den „Resten" gelegt, natürlich so, daß es auch verwendet werden kann, wenn es doch gebraucht werden sollte.

Da Fechner in seinen letzten Filmen ohne ein Wort Kommentar auskommt und allein die Betroffenen selber sprechen läßt, könnte er versucht sein, etwas nachzudrehen. Aber er verzichtet grundsätzlich auf diese Möglichkeit.

Wenn ich meine, jetzt ist der Punkt erreicht, daß ich alles, was ich zu einem Film brauche, gefilmt und auf Tonband aufgenommen habe, sage ich nicht während der Montage, darüber hätte ich noch gern etwas gehabt, da mache ich noch etwas. Das geht nicht. Das ist dann weder eine Frage von Zeit noch von Geld, sondern da setze ich mir persönlich eine Grenze. Es würde auch falsch gewichtig, weil in der Entscheidung, etwas Bestimmtes nachzudrehen, schon eine verfrühte Wertung liegen würde.

Verwendet wird, was bei Abschluß der Dreharbeiten vorhanden ist, wenn es wichtig ist, notfalls auch technisch Unzureichendes. So hatte ein Kameramann beim „Prozeß" ca. 60 Rollen (7000 m Film) mit einer Kamera gedreht, die technisch nicht in Ordnung war. Der Film lag, wie zu spät entdeckt wurde, nicht plan auf dem Bildfenster. Die minimale Verschiebung gab den Aufnahmen eine leichte Unschärfe.

Einige dieser Einstellungen sind auch im Film. Die habe ich ohne Rücksicht auf ihre mangelnde Bildqualität verwendet.

Es handelte sich dann um besonders wichtige Bilder oder um Aufnahmen, zu denen etwas besonders Wichtiges gesagt wurde. Wenn die Sätze besonders wichtig sind und kein Bild vorhanden ist, werden sie trotzdem genommen. Dann wird zunächst ein entsprechendes Stück Schwarzfilm und später ein anderes geeignetes Bild eingesetzt. Als zum Beispiel in Israel ein Kameramann (weil er angetrunken war) eine sehr wichtige Filmrolle verdorben hat, war auf den Satz der Zeugin Mela Rosenbaum nicht zu verzichten:

Die Lächert hat zu dem Hund gesagt „Mensch, faß den Hund". Und die Hunde waren wir. Wir waren die Hunde.

Dazu wurde dann ersatzweise ein Bild von der Lächert montiert.

Der Schnitt der Fechnerschen Interview-Filme ist eine extrem inhaltlich orientierte Form der Montage. Das manchmal

173

sehr kleinteilige Mosaik, in dem Aussage an Aussage gesetzt ist, wäre optisch unerträglich, wenn nicht von den Filmaufnahmen selber eine große Ruhe ausgehen würde. Die erklärt sich daraus, daß es sich auch bei den kürzesten Ausschnitten immer um Zitate aus einer sehr ruhigen Situation handelt. Einmal ist es die Ruhe langer geduldiger Gespräche, zum anderen die der beschriebenen langen ruhigen Kamera-Einstellungen.

Gibt es, wie vor allem bei den Aufnahmen für „Der Prozeß", mehrere Interviews mit derselben Person, so werden sie, darüber führt Jannet Fechner Buch, aus demselben Blickwinkel und vom selben Kamera-Standort aufgenommen. Dadurch ist es möglich, die Aussagen derselben Person aus unterschiedlichen Interviews inhaltlich beliebig zu montieren, ohne daß große Bildsprünge entstehen. Der Abwechslung halber und um den Eindruck des fiktiven Gesprächs hervorzurufen, wird die nachfolgende Person dann aus der entgegengesetzten Blickrichtung aufgenommen. Weil Frau Laurich im „Prozeß" von rechts nach links blickt (die Aufnahmen wurden nicht verwendet), wurde ihr Mann, der Angeklagte Laurich von links nach rechts blickend aufgenommen,, alle fünf Jahre hindurch. Weil die Angeklagte Lächert links-rechts blickt, guckt ihr Anwalt entsprechend rechts-links. Das befördert auch den Eindruck der von Thema zu Thema, von Aspekt zu Aspekt sich bewegenden großen Gesprächsrunde, die Fechner in seinen Filmen künstlich herstellt.

Jeder einzelne Satz wird in seinem Sinnzusammenhang und im Zusammenhang mit einem Abschnitt der mehrstimmigen Schilderung überdacht. Dabei kann gelegentlich der Eindruck von Willkür entstehen, als ob der Autor eine Aussage einfach abschneide. So kommt es zum Beispiel zu einer Irritation, wenn am Ende einer Aussage die Stimme des Sprechenden oben bleibt, und nicht „auf Punkt gesprochen" wird, wie die Schauspieler sagen. An zufällig herausgegriffenen Stichproben hat Fechner mir demonstriert, daß auch in solchen Fällen die eigentliche Aussage zu Ende war, daß, wenn die Person überhaupt weiterspricht, es um ein anderes Thema oder einen anderen Aspekt geht. Zum Handwerk gehört, daß die einzelne Aussage in präzise dem Sinne verwendet wird, in dem sie gemeint ist.

Alle Arbeit diente dazu, selber zu *begreifen,* was da geschehen ist und dies mit dem Film zu vermitteln. Auf *Gefühls*äußerungen, die nicht unmittelbar mit der Sache zu tun haben, wurde streng verzichtet. Im Gegensatz etwa zu dem Film „Shoah", den es damals noch nicht gab.

> Manche Äußerungen, die sehr emotionell gemacht worden waren, habe ich herausgelassen, vor allem das Weinen der Opfer. Weil ich eben meine, daß das Weinen heute nicht mehr sehr viel über die Wirklichkeit *damals* aussagt. Wenn ich sah, daß Leute über Ereignisse, die 40 Jahre zurückliegen, furchtbar weinten, und wenn es noch so echt war, dann kriegte ich eine innere Abwehr. Aber sehr viel sagt natürlich eine Emotion aus, die sich auf eine *heutige* Sache bezieht, die eine aktuelle Reaktion ist, wenn sie zum Beispiel sagen: „Die Brigida müßte hundert Mal sterben. Sie müßte sehen, wie man ihre Kinder, ihre Enkelkinder so umbringt. Das wäre vielleicht für sie etwas." Oder „Hunger soll sie haben. Kälte soll sie haben. Krankheiten. Typhus, Malaria, Krätze verschiedene Furunkel. Das heißt verurteilt!"

Wenn ein Schriftsteller, ein Maler, ein Filmemacher wie Fechner über die handwerklichen Voraussetzungen spricht wie ein Tischler über das Tischlern, bewundere ich das respektvoll. Dieser Bericht über Eberhard Fechner wäre ohne dessen gänzlich unprätentiöse Haltung und rücksichtslose Offenheit unmöglich gewesen.

> Nun habe ich das Material auf jede Weise sowohl für mich als Abschrift als auch optisch und akustisch über Film und Cord geordnet. Aber damit habe ich ja noch gar nichts getan. Ich habe nur das gesamte Material, fast 150 000

Meter, und die Liste der 24 Themen, die ich auf jeden Fall behandeln wollte. Das erste Problem ist es dann, sich zu überlegen, womit sollte dieser Film eigentlich anfangen? Beim „Prozeß" konnte ich das im Unterschied zu anderen Filmen am Anfang nicht genau sagen. Denkbar war es zum Beispiel, mit dem Urteil anzufangen und dann zurückzublättern. Das wurde auch ausprobiert. Möglich wäre auch gewesen, mit Vorermittlungen anzufangen. Es gab eine ganze Reihe von Möglichkeiten. Und das war eigentlich nur in diesem Falle wegen der Materialfülle so.

Sonst weiß ich eigentlich von Anfang an ziemlich genau, wie der Film anfängt und wie es dann weitergeht. Wobei zu sagen ist, daß meine Filmanfänge immer ziemlich spröde sind, und daß es immer wieder Zuschauern schwerfällt, da einzusteigen. Wenn sie aber drin sind, läßt sie der Film nicht mehr los. Und es gelingt mir eigentlich meistens, zum Schluß hin leichter und intensiver zu werden, so daß die Schlüsse immer der stärkste Teil der Filme sind. Warum das so ist, kann ich nicht sagen, ich mache ja nicht absichtlich Filmanfänge, die als schwer zugänglich empfunden werden.

Das Kapitel „Die Ermittlungen 1960–1974" im Film umfaßt die ursprünglichen Themen „Warum so spät", „Die Vorermittlungen", „Untersuchungen und Beweismittel", „Auswahl der Zeugen". Zunächst schien auch das Thema „Die Strafrechtsprobleme" (als Voraussetzung für das Verfahren und die zu erwartenden Ergebnisse) dazuzugehören. Es war dann aber vor der „Urteilsverkündung" besser plaziert. Das Kapitel enthielt schließlich insgesamt gegen 200 Aussagen, die geordnet werden mußten. Berücksichtigt wurden sogar noch weit mehr Aussagen wie auch bei allen anderen Kapiteln. Denn im Verlaufe der Arbeit mußten die Interviews immer wieder einmal durchgesehen werden, weil zu dem allmählich immer plastischer und klarer werdenden Bild bestimmte, sich ursprünglich nicht vorgesehene Aussagen einleuchtend unterstützten, ergänzten, widersprachen, die bei früheren Durchsichten nicht zu passen schienen.

Die so gewonnenen Kapitel und Unterkapitel gliedern sich dann mit einer bestimmten Logik, in der die Aussagen das jeweilige Stückchen Wirklichkeit am besten kenntlich machen. Bei dem Thama oder Teil-Kapitel „Vorermittlungen" zum Beispiel müssen die Fragen beantwortet werden: Was geschah zwischen 1945 und dem 1. 12. 1958, dem Tag der Gründung der „Zentralen Stelle der Landesjustizverwaltungen zur Verfolgung national-sozialistischer Gewaltverbrechen" in Ludwigsburg, und was bis zur Eröffnung der Vorermittlungen speziell für Majdanek (1961)? – Bis wann dauerten sie? – Was genau geschah?

Und zu jeder Frage gibt es dann eine Anzahl von Aussagen, die in eine sinnvolle Ordnung gebracht werden müssen, bis daß die Summe der Information (im Gegensatz etwa zu der notwendig umständlichen Gerichtsverhandlung) so logisch, so direkt und so in dem Wesentlichen eindrücklich sich vermittelt, wie nur möglich.

Im Schneideraum hängen dann die ausgewählten Ausschnitte, je nach Länge an kleinen Galgen oder liegen auf kleinen Rollen bereit, immer am Anfang und am Ende ein bißchen länger geschnitten, um noch ein bißchen „Fleisch" zu haben, Spielmöglichkeiten. Meistens wird noch der Satz vor der ausgewählten Stelle hinzugenommen und der Satz danach. Es gibt auch spezielle Gründe, länger zu schneiden, wenn zum Beispiel am Angang oder Ende die interviewte Person zufällig gerade ihren Kopf bewegt. Oder es ist nur der Ton vorhanden, weil die Kamera nicht mehr lief, die Filmrolle zu Ende war.

Wenn die Filmstreifen dann in der gedachten Reihenfolge aneinandergehängt sind, ist die Passage meistens um ein Mehrfaches zu lang, und es beginnt die Diskussion auf was aus welchen Gründen am ehesten zu verzichten wäre. Es beginnt der Prozeß des Kürzens und Komprimierens. Wenn in einem solchen Abschnitt etwas mehrfach gesagt ist, wird vielleicht nur die beste Formulierung übrigbleiben. Und mancher so gewonnene Abschnitt wird beim nochmaligen Nachdenken darüber, was seine Funktion im Kapitel ist, auch ganz wegfallen können.

Das Ziel der Kürzungen, die Beschränkung auf viereinhalb Stunden, versteht Fechner als pragmatisch. Von der Menge des aufgenommenen Materials und von dem, was sinnvoll gesagt werden könnte, wäre es durchaus auch möglich gewesen, etwa vierzehn Stunden zu gestalten. Die Länge von dreimal anderthalb Stunden ist weniger durch das Limit des Senders bestimmt, als von der Überlegung, daß dreimal neunzig Minuten die Zeitspanne ist, die von einem interessierten Publikum gerade noch aufgenommen werden kann, auch wenn ihm manches bereits entgehen mag.

Aber es wird nicht nur verdichtet, sondern auch illustriert und ergänzt, um die Anschaulichkeit zu steigern. Zwar spielt sich in den Gesichtern der Erzählenden sehr viel ab, was als intuitiv aufzunehmender psychischer Kontext all die Reden und Gegenreden über die Aussagen hinaus spannend macht. Obwohl sich so viele Menschen abwechseln, lernt man sie in den Stunden doch kennen. Selbst Nebenfiguren, wie die junge Dolmetscherin der polnischen Zeugin, die selber keinen einzigen Satz sagt über die wenigen Einhilfen hinaus, die sie geben muß, wenn einmal ein deutsches Wort fehlt. Aber dieses Anteil nehmende Zuhören eines Menschen aus der jüngeren Generation wirkt, finde ich, besonders stark.

Wegen der Vielzahl der Dinge, über die in den viereinhalb Stunden gesprochen wird, suchte Fechner stärker noch als in allen anderen Filmen nach Belegmaterial, Dokumenten, Filmen, Fotos. Filmberichte über den Prozeß, darunter ein holländischer und ein israelischer, erwiesen sich als nicht brauchbar. Zitiert wurde nur der Bericht „Die Vergangenheit kehrt zurück" (ZDF), von einem jungen Autor Meier, der unter ungeklärten Umständen als Reporter in Südamerika ums Leben gekommen ist. Die Szenen mit den Schülern im Gericht stammen aus Meiers Film.

Zu den markanten Terminen wie Prozeßeröffnung und Urteilsverkündung markieren „Tagesschau"-Zitate mit den neutralen Sätzen die zugleich erweiterte und (inhaltlich) eingeschränkte Öffentlichkeit. Wichtig als zu zitierender Beleg waren einige historische Filme. Eine Entdeckung bei „Film Polski" war ein Filmausschnitt, der die Lächert 1946 als junge Frau in Krakau vor Gericht zeigt. Wegen Grausamkeiten („Gynäkologische Untersuchung mit einer Zaunlatte"!), die sie später in Auschwitz begangen hatte.

Ein besonders wichtiges Dokument stammt von dem polnischen Dokumentarfilm-Regisseur Jerczy Bossac. Er war am 24. Juli 1944 dabei, als das Lager befreit wurde. Fechner zitiert nicht nur seinen Film „Majdanek, Europas Friedhof", sondern vor allem auch das für diesen Film nicht verwendete, aber bei Film Polski aufbewahrte Rest-Material. Ferner wurde Archiv-Material einmontiert wie z. B. der Überflug über das Lager, das zerstörte Krematorium.

Zwei Ton-Ausschnitte (Deutsches Rundfunkarchiv in Frankfurt) aus zwei Reden von Himmler vor SS-Leuten belegen mit Sätzen von unglaublicher Brutalität die bewußt totale Verneinung von Recht und Gesetz und die Aufforderung zu grausamer Härte und Mitleidlosigkeit. Zu dieser ungeheuerlichen und verbrecherischen Rede werden Filmbilder gezeigt, wie derselbe Himmler ein KZ besichtigt (Auschwitz und Nebenlager).

Fotos enthält der Film „Der Prozeß" viel mehr als der Zuschauer nach einmaligem oder auch mehrmaligem Sehen annehmen dürfte: rund fünfhundert. Etwa doppelt so viele hat Fechner in Archiven und bei Privatpersonen für den Film besorgt. Ausgehend von einer präzisen Liste derjenigen angesprochenen Ereignisse und Situationen, für die ein Foto-Beleg wünschenswert war.

Fechner hatte schon während der Drehzeit Fotos gesammelt, etwa bei dem Lokaltermin des Gerichts in Majdanek, im Yad Vashem in Jerusalem, in der Zentralstelle zur Verfolgung der NSG-Verbrechen in Ludwigsburg, bei der Zeugin Kaufmann-Krasowska, bei Beate Klarsfeld. Beim Abschluß der Dreharbeiten hatte er zwar eine größere Anzahl Fotos, aber für seinen Anspruch waren es bei weitem nicht genug. In verschiedenen deutschen Instituten und Archiven traf er zumeist auf immer dieselben, schon bekannten KZ-Fotos. Interessantere Belege enthielt der Fotoband des Gerichts. Die dort vorhandcnen Fotos, soweit für den Film wichtig, hat Fechner besorgen können. Von einem englischen Sammler deutscher Militaria und SS-Symbole, der 50 Pfund pro Foto verlangte, stammen nur wenige, aber wichtige Fotos, wie zum Beispiel die SS-Bewacher zu Pferde. Die meisten stammen aus Polen. Eberhard und Jannet Fechner reisten im November 1982, zur Zeit des Kriegsrechts, nach Polen und arbeiteten dort in vier Archiven: im Warschauer „Archiv der Hauptkommission für die Untersuchung nationalsozialistischer Verbrechen in Polen", im Museum Majdanek, im Museum der Stadt Lublin, im Jüdischhistorischen Institut in Warschau. Sie brachten 491 Fotos mit, aus tausenden herausgesucht, 258 allein von der Hauptkommission. Fast alle Positionen der Liste konnten abgehakt werden. Nur einzelne erzählte Tatsachen, wie die anfängliche Unterbringung der zum Bau des Lagers angetriebenen sowjetischen Kriegsgefangenen in Erdhöhlen, konnten nicht optisch belegt werden. Sehr wohl dagegen die geographische Situation. Wenn Richter Bogen charakterisiert: „Das Lager liegt auf einer weiten Ebene, schutzlos den Unbilden der Witterung ausgeliefert...", so konnte das, weil von der historischen Situation unabhängig, sogar neu fotografiert werden.

Zu etlichen technisch schlechten Abbildungen mußten schließlich noch die Originale gefunden werden. Auch dabei waren die polnischen Gesprächspartner rührend behilflich. Eberhard und Jannet Fechner waren beeindruckt von dem erstaunlichen inhaltlichen Verständnis und dem Interesse, auf das sie in Polen trafen. Daß nicht mehr viel Geld zur Verfügung stand, wurde nicht zum Problem. Die akute Notsituation, in der so viele Waren fehlten, hatte das Geld aus der Hauptrolle, die es normalerweise immer spielt, verdrängt.

Zu den Fotos hinzu kamen dann noch die verschiedenen Pläne der SS von Lublin, das zunächst geplante Kriegsgefangenenlager, der gigantische stadtgroße ursprüngliche Generalplan für das Konzentrationslager, die reduzierten Fassungen. Und schließlich wurden noch zahlreiche Zeitungsartikel mit auffälligen und typischen Überschriften aufgenommen.

Die Fotos und Pläne wurden, wie üblich, auf dem Tricktisch gefilmt und dann an den vorgesehenen Stellen in den Film eingesetzt. Brigitte Kirsche achtet dabei auf die dem Filmrhythmus entsprechende Länge, die außerdem von der Bedeutung und von dem Bezug auf das Gesagte abhängt. Wenn mehrere Fotos hintereinander erscheinen, achtet sie darauf, daß die Zeiten nicht zu sehr voneinander abweichen.

Für den Titel des Films hat Eberhard Fechner zwei Alternativen überlegt: „Vergeßt nie", eine Inschrift, die ein Häftling vor seiner Ermordung in die Wand einer Gaskammer eingekratzt hat, und „Jenseits von Schuld und Sühne", ein Titel von Jean Améry. Es blieb dann doch bei dem sachlichen Arbeitstitel „Der Prozeß". Daß er durch Kafka okkupiert ist, schwingt mit, vergißt sich andererseits angesichts des Gegenstands. Auf die Hunderttausende der nie wieder zu rekonstruierenden Leidensgeschichten von Majdanek, parallel zu den Millionen der anderen Lager, darauf paßt kein in irgendeiner Weise eingeschränkter Titel.

Die siebzig Personen des Films sind in den Untertiteln nicht mit Namen genannt, sondern sie erscheinen mit der Kennzeichnung der Funktion, in der sie aussagen, also als Angeklagte oder Angeklagter, Zeugin oder Zeuge, Richter, Staatsanwalt, Verteidiger, Prozeßbeobachter etc. Die Schrift mit der Funktion ist nie gleich am Anfang eingeblendet, wenn eine Person erscheint und spricht, sondern immer etwas später, wenn

Fechner annimmt, daß der Moment gekommen ist, in dem ein aufmerksamer Zuschauer die Information braucht. Er ging so karg wie möglich mit dieser Information um.

Alles, was den Zuschauer dazu bringen konnte, sich ablenken zu lassen, mußte entfallen.

Der ursprüngliche Anlaß, die Namen wegzulassen, war, daß einige der im Film Erscheinenden mit der Namensnennung nicht einverstanden waren. Entscheidend aber war die folgende Überlegung:

> Es ist in fünfzig Jahren, und eigentlich auch schon heute, vollkommen uninteressant, ob die Frau oder der Mann, die dort sprechen, Silberstein oder Laurich geheißen haben. Es gibt nur zwei Leute, bei denen der Name heute interessant gewesen wäre, Bossac und Wiesenthal. Wobei Bossac auch schon nur Insidern bekannt ist.

Am Ende müssen nicht noch Resultate dieser Neubestimmung von *Normalität* aufgezählt werden, die der Chronist Fechner in seinen Arbeiten vorgenommen hat. Dennoch möchte ich aber eine Überlegung Fechners zum Schluß doch herausstellen:

> Erst beim jahrelangen Wälzen der 8000 Seiten, durch die Gegenüberstellung von Beschreibungen, von Aussagen zu diesen Themen wurden mir die Fakten und Zusammenhänge deutlich. – Ich habe fünf Angeklagte interviewt und die anderen habe ich erlebt: Einen überzeugten Nationalsozialisten – heute oder damals – habe ich unter denen nicht gefunden. Ich bin also der Meinung, daß diese Leute, die damals diese wahnsinnigen Verbrechen begangen haben, es aus ganz niederen, miesen, persönlichen Gründen und persönlicher Vorteile wegen getan haben. Das heißt: die Männer brauchten nicht an die Front. Sie bekamen gut zu essen. Sie wurden gut bezahlt. Das gilt für die Frauen, die KZ-Aufseherinnen, gleichermaßen. Die Arbeit war erträg-

lich, denn in einer Munitionsfabrik zu arbeiten, wäre noch etwas anderes gewesen.

Die Lächert war dann noch ein besonderer Fall. Die war tatsächlich dieser Aufgabe überhaupt nicht gewachsen. Und viele Verbrechen, die sie begangen hat, hat sie *auch* begangen, weil ihre Nerven ihr einen Streich gespielt haben. *Glaube* ich. Zum Beispiel wie eine von den Häftlingen sagt „ach wissen Sie, wenn sie sich mit den SS-Leuten unterhielt, dann war die eine normale Frau. Aber wenn sie uns sah, dann schlug sie blindwütig zu, dann wurde sie zu einem Tier." Das ist ein kleiner Hinweis darauf, unter vielen anderen, daß die Lächert nicht einfach eine Sadistin war, weil sie Blut sehen wollte, wie die meisten glauben, sondern daß sie vielleicht auch einfach nur unfähig war. Sie ist ein Mensch, der nicht einmal Verantwortung für einen Menschen haben dürfte, geschweige denn die Befehlsgewalt über *Tausende*.

Jannet Gefken-Fechner

Eine wichtige Rolle und mit ihr eine wichtige Person ist in den Kapiteln über die Interview-Filme ausgespart worden. Dies ist die Rolle der Regieassistentin und Eberhard Fechners Frau. Die ist unbekannt, denn Jannet Gefken weist Interviewer grundsätzlich ab. An Öffentlichkeit für sich ist sie nicht interessiert. Einmal hat sie ein Stück ihrer Kindheitserinnerungen aufgeschrieben. Fechner fand das sehr gut, konnte sie aber nicht bewegen, die angefangene Arbeit abzuschließen.

Jannet Gefken-Fechner ist 1942 in Bremen geboren. Obwohl sie vom Säuglingsheim bis zum Lehrlingsheim Teile ihrer Kindheit und Jugend in Heimen verbracht hat, sagt sie, daß dies für sie nicht schwer gewesen sei. Sie hat das als selbstverständlich hingenommen. Diese Heim-Aufenthalte waren nötig gewesen, weil ihre Mutter, die ihr Kind mit vierzig bekommen hatte, oft lange Zeit sehr krank war, an Depressionen litt und dann das Bett nicht verließ. Sie hatte selbst eine schwere Kindheit gehabt, weil die Mutter bei ihrer Geburt gestorben war und der Vater, Jannets Großvater, ein beliebter Bremer Kaufmann, sie nicht hatte annehmen können. Nach dessen Tod blieb aber das Haus, in dem die Mutter dann mit ihrer Tochter und dem vier Jahre später geborenen Sohn Heiner und ihrem Bruder lebte, einem liebenswerten und sehr gebildeten Maler und Schriftsteller, der seiner Schwester geduldig beistand, wenn es ihr schlecht ging. Geld verdiente der Onkel Hans jedoch kaum und vermietete deshalb meist eine Etage des Hauses. In den Zeiten, in denen Jannet im Heim war, besuchte er sie sonntags, ging mit der Nichte und dem Neffen in seinen und in ihren Augen genierlich abgetragenen Anzügen abwechselnd entweder in den Bürgerpark, ins Übersee-Museum, in die Kunsthalle, oder aber ins Aktualitäten-Kino, in dem im Vorfernsehzeitalter nicht pornographische Filme, sondern Wochenschauen gezeigt wurden, oder, worauf Jannet sich am meisten freute, Zeichentrickfilme mit Donald-Duck oder komische mit Dick und Doof (wie Stan Laurel und Oliver Hardy respektlos genannt wurden). Ihren Vater hat Jannet Fechner bis heute nicht kennengelernt. Als sie es mit neunzehn einmal wollte, war das gerade die Zeit der spitzesten „Pfennig"-Absätze gewesen, und als der ‚Vater' brieflich vorsichtshalber auf sein empfindliches Parkett hinwies, schrieb sie ab. Eberhard, sagt sie, hätte sich in dieser Situation anders entschieden. Bei ihm hätte die Neugier überwogen.

Nach drei Lehrjahren als Damenschneiderin bestand sie Ende der 50er Jahre die Gesellenprüfung, besuchte dann in Bremen die Kunstschule mit dem Ziel, Modezeichnerin zu werden. Wenn sie mit ihrer Riesenmappe unter dem Arm durch die Stadt ging, empfand sie das Leben als schön, weil sie jung war und das Gefühl hatte, auf einem interessanten Weg zu sein, ohne ihn sich allerdings genauer vorstellen zu können.

Als sie als Zweiundzwanzigjährige Eberhard Fechner kennen- und lieben lernte, bestimmte das auch ihren beruflichen Weg. Fechner bat sie, nicht nur mit ihm zusammen zu leben, sondern auch mit ihm zu arbeiten. In diesem Wunsch lag die Erfahrung eines Schauspielerlebens, daß häufige Trennungen sich auf eine Liebesverbindung nicht gut auswirken können. Da sie von dem Beruf fast nichts wußte, sperrte sich Jannet, ließ sich aber am Ende doch überreden einfach hineinzuspringen. Daß Eberhard zwar Regisseur war, aber noch keinen Film gedreht hatte, machte es etwas leichter: es war auch ein gemeinsamer Neuanfang. Die Zusammenarbeit hat sich auf Fechners Entwicklung segensreich ausgewirkt.

Sie ist in persönlichem Sinne nicht ehrgeizig. Aber sie ist es in bezug auf mich. Nicht etwa, indem sie mich antreibt, auf den Gedanken würde sie überhaupt nicht kommen. Nur wenn ich glaube, etwas für richtig und notwendig erkannt zu haben, steht sie neben oder vor oder hinter mir und versucht alles zu tun, um das mit durchzusetzen. Unser Leben beschränkt sich nicht darauf, daß wir privat zusammen sind, sondern wir arbeiten zusammen. Sie ist eine blendende Regieassistentin im klassischen Sinne. Und es gibt keine Verhandlungen, die ich mit Produktionsfirmen oder Redaktionen führe, bei der Jannet nicht dabei ist. Für mich ist das von großer Bedeutung, weil sie eine sehr genaue Zuhörerin ist und Dinge hört und sieht, die ich während des Gesprächs nicht mitkriege.

Sie ist die wichtigste Mitarbeiterin, die ich habe. Wichtiger noch als die Cutterinnen Brigitte Kirsche und Barbara Grimm oder die Kameraleute Rudolf Körösi, Gero Ehrhardt und Karsten Müller. Wenn zum Beispiel Jannet krank wäre oder mich verlassen würde, und ich würde weiterarbeiten, wären das nicht mehr dieselben Filme. Wenn sie das hört, denkt sie, ich spinne, aber es ist so: ohne sie gäbe es die Arbeit, die ich in den letzten 20 Jahren gemacht habe, nicht. Ihre Mitarbeit geschieht auf eine so differenzierte, vielfältige Weise, daß man zwar einzelnes herausgreifen und sagen kann, das und das tut sie, aber mit einer solchen Aufzählung ist wenig gesagt. Ich glaube es ist selten, daß ein Mensch an der Seite eines anderen so verflochten ist in die gemeinsame Arbeit. Und vieles von dem, was sie glaubt und für richtig und sinnvoll hält, ist natürlich auch mit in die Arbeiten eingegangen. Daß ich mich von dem Urteil eines Menschen, der mir so nahe steht und der ständig bei mir ist, auch stark beeinflussen lasse, ist doch ganz klar.

Es gibt nur zwei Arbeitsphasen, wo sie am Rande ist. Beim Schreiben, da muß ich meine Arbeit allein tun, und erst, wenn ich mit dem handgeschriebenen Skript fertig bin, gebe ichs ihr zu lesen und zum Abtippen. Und beim Schnitt ist sie nur korrespondierend dabei. Aber im ganzen hat sie einen wesentlichen Anteil nicht nur an der Herstellung der Produktionen, sondern auch daran, daß sie so sind wie sie sind. Das darf man nicht vergessen.

Die Aufgabe beim Film, in die sie sprang, war das Skript. Und diese Skript-Arbeiten hat sie bei zwei Filmproduktionen gemacht, „Selbstbedienung" (1966) und „Vier Stunden von Elbe 1" (1967) nach einem Buch von Helga Feddersen. Beim dritten Film „Damenquartett" (1968) bekam Fechner sie dazu, daß sie zum erstenmal die Rolle akzeptierte, in der sie für ihn unersetzlich wurde: die der Regieassistentin.

> Da bin ich so reingeschlittert, kriegte aber ganz schnell mit, wie ich helfen kann. Das ist überhaupt für mich die Triebfeder. Ich bin ziemlich ehrgeizlos, was mich selber betrifft. Aber nicht gegenüber Eberhard. Vor ihm wollte ich natürlich bestehen. Ich machte diese Regieassistenz so gut wie ich konnte, weil ich dachte, wenn ich sie gut mache, mache ich sie ja für ihn gut. Übrigens kam mir zugute, daß ich Schneiderei gelernt habe: wenn man ein Schnittmuster auf Stoff legt, ist alles genauso spiegelverkehrt wie wenn die Kamera vor Schauspielern steht. Links ist für mich nicht links, sondern rechts.

Natürlich ist Jannet Gefken als Eberhard Fechners Frau durch das ständige Gespräch immer intensiver an der Arbeit beteiligt gewesen als sonst Regieassistenten es sein können.

> Das fängt an, wenn Eberhard die Idee hat und sich hinsetzt, um zu schreiben, erst handschriftlich, dann von der Handschrift in die Maschine. Und dann kriege ich es zum erstenmal zum Lesen. Dann tippe ich es ab und kenne dadurch auch das Drehbuch. Weil ich alles kenne, muß ich mir den Zusammenhang nicht mühselig von irgendwelchen fremden Drehbüchern erarbeiten. Ich weiß, wann welche Requisiten gebraucht werden und wo welche Anschlüsse zu beachten sind. Dadurch bin ich beim Drehen ziemlich sicher.

Auf der anderen Seite aber wird von der Ehefrau des Regisseurs auch mehr erwartet. Das gab ihr nicht selten das Gefühl, sich – anders als ein normaler Regieassistent – überhaupt keinen Fehler erlauben zu können.

Die Arbeiten greifen ineinander. Fechner inszeniert eine Szene so mit den Schauspielern und dem Kameramann, daß alle Details inhaltlich stimmen. Jannet Fechner richtet unterdes, ebenfalls in Zusammenarbeit mit dem Kameramann, das Augenmerk darauf, daß in den einzelnen Einstellungen, in die jede Szene unterteilt wird, die Anschlüsse genauestens passen.

Es ist die Aufgabe der Regieassistentin, auf alle Details zu achten und das schriftlich festzuhalten. Ein zufällig herausgegriffenes Beispiel aus „Tadellöser & Wolff":

Einstellung 310. – Kamera beginnt groß auf dem Foto der Familie Kempowski, fährt dann rechts-links groß auf den Darsteller des Walter. Darüber der Text im OFF: ‚Das war ich…'

Von dieser Einstellung wurden zehn „Klappen" gedreht, das heißt, die Einstellung 310 mußte zehnmal aufgenommen werden, bis eine Fassung sichergestellt war, die Fechners Anspruch auf Qualität genügte. Die Klappen 2, 3, 9, 10 wurden kopiert und standen für den Schnitt zur Auswahl. Wie bei allen Einstellungen war Jannet Fechner dafür verantwortlich, daß die anschließenden Einstellungen in allen Details übereinstimmen. Sie notierte u. a. „Die Balkontür steht offen" oder „Mutter hat ein hellblaues Seidenkleid an" oder „Klavierdeckel runtergefallen".

Ich habe ein fotografisches Gedächtnis. Wenn wir jemanden besuchen, kann ich noch nach zwei Jahren sagen, wer was anhatte und wo der Tisch stand. Alles ist im Gedächtnis eingefräst. Wenn jemand zwei verschiedene Strümpfe anhat, obwohl er die Beine unter dem Tisch hat, leider sehe ich das. Das sind Dinge, die Eberhard überhaupt nicht sieht.

Später wurde die Gedächtnisarbeit dadurch erleichtert, daß sie Polaroid-Fotos von den Arrangements herstellte. Ihre technischen Dienste sind jedoch nur die eine Seite ihrer Mitarbeit. Bei der Dynamik, mit der Fechner inszeniert, sind in den oft extrem spannungsreichen Situationen innerhalb eines Drehs, wenn mit unterschiedlichsten Menschen in einer beschränkten Zeit ein Maximum an Genauigkeit erreicht werden muß, Mitarbeiter wichtig, die Ruhe bewahren und ausgleichend wirken. In diese Rolle fand sie sich schnell hinein.

Bei den ersten Filmen war es gelegentlich so, daß irgend etwas nicht klappte und Eberhard etwa einen harmlosen Aufnahmeleiter anbrüllte. Da bin ich hingegangen und habe gesagt, „Eberhard muß denn das so sein? Mußt du denn hier jetzt so brüllen?" Eberhard brüllt dann den an, der vor ihm steht. Und das war ich. Das machte ich zweimal und nie wieder. Wenn jetzt Eberhard beim Filmemachen irgend jemanden anschreit, die erste, die aus seinem Gesichtskreis verschwunden ist, bin ich. Ich stehe hinter der Ecke. Wenn er sich wieder beruhigt hat, gehe ich wieder vor. Und so ist das im privaten Raum auch. Wenn er einmal brüllt, dann bin ich nicht da. Da kann er sich rumdrehen und steht alleine.

Wenn irgendwas in einer Szene nicht richtig ist, bleiben die meisten auf der Stelle, wo sie stehen und brüllen vielleicht über drei oder vier Meter: „Die Handtasche in die rechte Hand." Das mache ich nie. Ich gehe immer hin und sage das leise. Weil ich dieses Schreien nicht leiden kann, mache ich es selber auch nicht.

In ihrem Bedürfnis ausgleichend zu wirken, hat sie ein diplomatisches Talent entwickelt, das während der Dreharbeiten dem Arbeitsalltag zugute kommt und ihre Rolle erweitert.

Der Aufnahmeleiter oder der Produktionsleiter kommen schon mal zu mir und sagen, dieses müssen Sie Ihrem Mann sagen oder jenes geht nicht. Dann reagiere ich nicht sofort, sondern überlege, was kannst du dem Eberhard sagen, ohne ihn zu stören, und was sagst du ihm überhaupt nicht, weil es sich inzwischen erledigt hat. Das wäge ich ab. Und so kommt ihm manches erst gar nicht zu Ohren.

Jannet Gefken hält sich strikt an die gemeinsam entwickelte Arbeitsteilung. Mitverantwortlich fühlt sie sich bei den Dreharbeiten für ihren speziellen Part. Der erfordert so große Konzentration, daß sie auf Eberhards Funktion, in jedem Detail auf das Ganze zu sehen, für sich vollkommen verzichtet. Das wird ihr manchmal erst bei der Rohschnitt-Vorführung bewußt. Ein Produkt als Ganzes zu sehen, dessen Details man übergenau kennt, ist fast unmöglich.

Wenn Eberhard sagt, „der Rohschnitt ist fertig, jetzt guck dir das mal an", dann passiert etwas Merkwürdiges: der Film ist mir im Grunde fremd. Wenn ich ihn das erste Mal angucke, denke ich manchmal, ich kenne die Leute gar nicht. Wenn eine Arbeit beendet ist, rutscht sie mir weg, als wäre sie nicht gewesen. Und den Zusammenhang, den will ich dann auch gar nicht sehen. Ich starre immer nur auf irgendwelche vielleicht vorhandenen Fehler.

Die Aufgabe, Fehler zu verhindern, beansprucht so sehr, daß ihr der Gedanke, selber einmal Regie zu führen, fernliegt. Jedes Angebot in dieser Richtung würde sie ablehnen, weil sie denkt, daß Regisseur und Regieassistent zwei völlig verschiedene Berufe sind.

Ich könnte nicht Regie führen. Ich finde, daß Regieassistenz ein Beruf ist, der eigenständig ist, der ganz für sich steht. Es ist nicht so, daß es darum geht, später Regisseur zu werden, wie viele glauben. Wer lange Regieassistenz macht, denke ich, verliert eher den Blick für Regie. Als Regieassistentin darf man nicht künstlerisch denken, weil man dann die Aufmerksamkeit für die kleinen Dinge verliert. Wenn Eberhard inszeniert, habe ich eigentlich immer nur drei Szenen im Kopf, sonst nichts: diejenige, die gedreht wird und die beiden Anschluß-Szenen nach vorne und hinten. Nur so kann ich mir fotografisch genau all diese vielen Dinge im Spielfilm merken. Wenn ich anfinge, dramaturgisch zu denken, würde mir überhaupt nicht mehr auffallen: da ist ja der Knopf offen, oder: das Glas ist leer. Ich weiß nicht, ob Du es schon bemerkt hast: wenn Leute, die den Beruf lange ausüben, dann Regie führen, ist es handwerklich zwar ganz toll, aber es fehlt etwas, es ist aseptisch.

Bei den Interview-Filmen protokolliert Jannet Gefken-Fechner auch. Sie schreibt zum Bespiel genau mit, was auf den einzelnen Filmrollen ist. Aber wichtiger ist etwas anderes.

Wenn wir bei den Interviews irgendwo klingeln und jemand kommt an die Tür, stellt Eberhard uns immer als Ehepaar vor. Dadurch, daß er nicht als ‚Herr Fechner‘ allein dasteht, sondern sagt, „das ist meine Frau", ist die Situation nicht mehr so offiziell, sondern hat etwas Familiäres. Ich hatte immer den Eindruck, daß die Leute das Gefühl hatten: „Aha, da kommt ein Ehepaar, und dann kommen noch ein paar Leute, der Kamera- und der Tonmann." Die sind dann irgendwie freier. Und wenn man dann einen Menschen interviewt hat und nach Hause geht, redet man darüber, wie man auch sonst manchmal über Leute spricht. Das hilft Eberhard, wenn er zur nächsten Person geht und seine Fragen stellt, weil wir auf Sachen gekommen sind, auf die er allein nicht gekommen wäre. Ich glaube schon, daß zwei Leute sich immer ergänzen.

Allerdings mag sie nicht glauben, was ihr Mann gesagt hat, daß ihre Mitarbeit unersetzlich ist. Seine Filme sieht sie als unabhängig von jeder bestimmten Mitarbeit an.

Das, was Eberhard macht, macht er aus sich. Die Menschen drumherum, die helfen ihm, aber er steht allein für seine Sache.

191

Die fürsorgliche und verläßliche Mitarbeit Jannet Gefkens bedeutet für Fechner einen Zugewinn an produktiver Freiheit. Ohne ihre fürsorgliche Aufmerksamkeit wäre es ihm nicht möglich, sich bei der Arbeit so extrem seinen Gefühlen zu überlassen wie er das tut.

> Bei Eberhard gibt es nie ein Gleichmaß. Entweder ist er so depressiv, daß er kaum aus den Augen gucken kann oder er ist so euphorisch, daß alles ganz toll ist. Viel extremer als wenn er zu Hause in seiner einsamen Arbeit vor sich hinschreibt, passieren diese Wechsel, egal wo das ist, während er inszeniert. Und dann merke ich ihm immer schon am Ausdruck an: aha, jetzt geht es dahin, jetzt geht es dorthin. Und dann bin ich immer wie eine Gummiwand dämpfend dazwischen, damit es nicht abrutscht.

Private Aufmerksamkeit und Arbeit sind nicht zu trennen.

> Ich habe nicht den Spielfilm, sondern immer nur Eberhard im Visier: Wie fühlt er sich jetzt, und, was will er nun? Also das ja, das nicht, und das auf gar keinen Fall. Daß dabei etwas entsteht, das merke ich erst hinterher. Von mir aus gesehen ist es eigentlich auch in der Arbeit eine private Beziehung. Ich überlege nicht zuerst, das muß jetzt ein toller Film, eine tolle Szene werden, sondern ich habe immer das Gefühl, ich muß aufpassen, wie Eberhard sich fühlt. Und das war eigentlich vom ersten Film an.

Privat genießt sie die Aufmerksamkeit und Zärtlichkeit, die ihre Beziehung von Anfang an geprägt hat. Und obwohl sie selber eine wirklich starke Person ist, sieht sie ihr dennoch intensiv vorhandenes Bedürfnis nach Sicherheit erfüllt.

> Ich habe das Gefühl, da ist eine Verläßlichkeit, da kann sein was will, bei Eberhard kann mir nie etwas passieren.

Und hinzu kommt die Sorge um Eberhard Fechners Gesundheit. Zwar hat es zweifellos sein Verständnis für die Schattenseiten im Leben all seiner Personen vertieft, daß er mit seiner Herzkrankheit zu kämpfen hat, aber es hat sein Leben nicht leichter gemacht.

Weil ich das weiß, versuche ich natürlich, noch mehr an unangenehmen Sachen wegzudrücken. Ich bin keine Person, die herumjammert, die dann Freunde braucht, aber dieser Seilakt, den Eberhard seit Jahren immer vollführt, ein Schritt zuviel und dann stürzt er ab, schraubt wahrscheinlich noch mehr zusammen.

Ihre Zufriedenheit mit ihrer Rolle hat ihre tiefste Ursache in der Bewunderung für die Inhalte und die Art der Arbeit, an der sie seit fast fünfundzwanzig Jahren teilhat. Und die sind nicht zu trennen von der Person Eberhard Fechner.

Als er Regie führte am Schluß von „Ein Kapitel für sich", wie dieser eine Mann über den ganzen Saal sie alle dirigierte, die dreihundert Komparsen, die Menschen hinter der Kamera, die Schauspieler vor der Kamera, da war er von einer Besessenheit, da kam man gar nicht an ihn ran. Aufnahmeleiter, Regieassistent konnten tun was sie wollten, da reagierten die Leute gar nicht. Immer, wenn er den Mund aufmachte, war eine absolute Stille. Ich wußte, daß er eine Respektsperson ist. Aber daß er die vielen, vielen Männer – und das waren zum Teil schwierige Leute, Menschen, die versuchten Geld zu verdienen, indem sie Komparserie machten, die sonst keine Arbeit bekamen, andere, die süchtig waren, die Alkoholiker waren –, daß er diese Menschen beeindruckte, daß sie ihm auch glaubten, was er da inszenierte, daß die das mitmachten, wie er ihnen klar machte, was er wollte, da hatte er irgend etwas, das war wie ein Zauberer.

Die andere Sache war, wie er mit den Angeklagten von Majdanek umging. Mit einer – Menschlichkeit ist es auch nicht – höflichen Selbstverständlichkeit. Er wußte ja aus diesen Anklage-Berichten, was diese Menschen getan hatten. Man kommt in ein Haus und weiß, da lebt so jemand. Da geht man doch mit Vorurteilen rein. Man kann sich gar nicht vorstellen, daß man der Person auch nur ein Lächeln schenkt, geschweige denn die Hand gibt. Und Eberhard geht hinein, als würde er jemanden besuchen, der nichts mit KZs, nichts mit Töten zu tun hat. Er nahm sie so wie sie waren, und das spürten die auch. Ich hatte sogar überlegt, ob das nicht alles Berechnung ist. Aber das war keine Berechnung. Er saß da wie immer, als Eberhard Fechner, der zuhört.

Wenn die Fechners zu Hause sind in ihrer schönen Wohnung mit kleinem Garten in Hamburg-Harvestehude und Eberhard im Souterrain seine Drehbücher schreibt, gehen sie nicht in Restaurants. Jannet Fechner kocht gern und gut, und es gibt häufig Gäste, wie sie auch gern Freunde besuchen.

Für Jannet Gefken-Fechner ist die Emanzipation der Frau zwar ein wichtiges allgemeines, aber kein persönliches Thema. Wenn sie von sich sagt, „ich bin überhaupt nicht emanzipiert", und daß sie dieses Wort nicht ausstehen kann, so bezieht sich das auf die Dummheit von Leuten, die den Emanzipationsgedanken nicht verstehen und deshalb jeden einzelnen Fall nach einem Muster betrachten, das nur allgemein für die Frauen als gesellschaftliche Gruppe richtig ist. Ihr ist es selbstverständlich, daß sie ihr wohlverstandenes Interesse wahrgenommen hat, und dies nicht besser hätte tun können, seit sie Eberhard Fechner begegnet ist. Von der Arbeit, von all den Menschen, die sie kennengelernt hat, hat sie immer profitiert. Jetzt hat sie aus ihren Erfahrungen eine Sicht auf die Welt, auf die Filmkunst, von der andere zu lernen hätten.

Filme nach Kempowski

Das Fechnersche Prinzip, auf unzähligen Einzelheiten aufzubauen, bestimmt auch die Struktur der Spielfilme nach Kem-
powski-Familienromanen. In „Tadellöser & Wolff" (zwei Teile)
und „Ein Kapitel für sich" (drei Teile) ist wie in den auf
Interviews basierenden Filmerzählungen dargestellt, wie
Menschen in bestimmten Situationen handeln und welche Auswirkungen das hat. Das anhand aller Figuren dieser fünf Filme
zu beschreiben, wäre eine interessante analytische Aufgabe. Für
mein mehr noch auf das Handwerk als auf die Resultate ge-
richtetes Buch über Fechner mögen abschließend Hinweise
genügen.

Die Filme nach Kempowski halten eine eigenartige Balance.
In immer wieder neuen Variationen stehen Zeitgeschichte und
private Geschichtchen in einem besonderen Spannungsverhält-
nis zueinander. Die vielfältigen Begebenheiten sind so erzählt,
daß Distanz entsteht. Im Spielfilm hat der Fechnersche Mosaik-
stein-Realismus oft eine satirische Wirkung. Tragikomisch ist
die Normalität menschlichen Verhaltens beschrieben, von der es
nach Enzensberger unermeßliche Vorräte in uns selbst wie
überall gibt.

Wie diese Figuren aus der bekannten Rostocker Reeder-
Familie sich blind durch die Zeitläufe bewegen und unbekümmert um alles Offizielle ihren privaten Interessen nachgehen,
das ist zwar komisch, auf der anderen Seiten aber auch erschrek-
kend. Herauspräpariert und ausgestellt wird, wie die kleinen alltäglichen Handlungen der Kempowskis und ihrer Freunde sich
zur Tragikomödie der bürgerlichen Schicht summieren. Auch
die fiktiven Filme zeigen, was insbesondere in „Klassenphoto"
real zu sehen war, wie diese Gesellschaftsklasse von der Weimarer Republik bis in die Nachkriegszeit hinein eher negativ für
das Ganze wirkte. Und deutlich wird wiederum auch, daß dies

195

eine Wechelwirkung ist, daß scheinbar privates Handeln vielfältig durch zeitgeschichtliche Zwänge motiviert ist.

Was ist das, eine bürgerliche Familie zwischen den Kriegen?
Ein Adelswappen (es gibt nichts Typischeres!) knüpft anachro-
nistisch und nebulös an feudalistische Zeiten an. Vordemokra-
tisch erzogene Eltern können die reale Vergangenheit nicht vermitteln, und so bleibt auch die Gegenwart blind. Konkret ist nur
ein vager elitärer Dünkel. Die Familienmitglieder können in
guten wie in Krisenzeiten nichts wahrnehmen als sich selbst und
den unmittelbaren eigenen Vorteil.

Die abgebildete Gegenwart der Kempowskis, das ist die
kleine Reederei mit dem einen Schiff und der Hoffnung auf
Expansion in irgendwelchen besseren Zeiten. Und da ist der
Widerspruch zwischen dem bescheidenen Ertrag des Betriebes
und den Vorstellungen von einem standesgemäßen Leben.
Großvater ist senil, Vater geschäftlich untüchtig (Folge einer
deformierenden Kindheit u. a. mit überstrengem Vater). Fechner zeigt, wie das Leben dieser Kleinunternehmer-Familie
inhaltsleer geworden ist, wie Eltern und Kinder sich nur noch in
Ritualen und Redensarten bewegen, die eine wirkliche Kommunikation ersetzen.

Die Wirkung der Filme beruht darauf, daß die Kempowskis
eigentlich liebenswert sind und eine herzliche Beziehung zueinander haben. Geschildert wird, wie diese Liebe sich nicht realisieren kann, weil sie überall auf uneingestandene Ängste und
befestigte Konventionen trifft. Der Vater sieht die Kinder gern,
aber anstatt sie zu umarmen und mit ihnen wirklich zu reden, ist
er vollauf damit beschäftigt, mit starken Tönen seine nicht vorhandene Autorität zu wahren. Seine Rechtfertigung dabei ist,
daß sein Vater noch strenger war.

Die liebende Mutter wird an der Mutterliebe von ihrer
Angst um diesen schwachen Mann gehindert, den sie respektiert
sehen will. So fürchtet sie, daß die beiden Jungen und das Mädchen zu frech seien und sich auch sonst nicht hinreichend an das,
was in der Welt verlangt wird, anpassen könnten. Der ältere

Bruder weist den jüngeren ab, weil er seinen Vorsprung wahren muß, und tritt nur bei Angriffen von außen für ihn ein. Aber auch das keineswegs immer. Der Großvater ist in seiner Liebe zu den Enkeln völlig hilflos. Wie er die drei Fünfzigpfennigstücke in einem clownesken Ritual herausrückt, das Kontakt bringen soll, ihn aber entfernt, so daß er alleine hilflos schimpfend zurückbleibt, das ist in der Interpretation von Hans Mahnke eine kleine traurige Farce für sich. So muß jeder schließlich sehen, wie er für sich zurechtkommt.

Ulla, die Schwester, wird als Mädchen (wie auch später als Ehefrau) von vornherein nicht ganz ernst genommen. Ihre erste Liebe im Harz mit dem jungen Mann mit dem südländischen Aussehen und den routinierten Tricks demonstriert, wie auch die erotischen Gesten Ritualen folgen. Der Urlaubsplatz, ein konservatives Haus für Offiziersfamilien, trägt dazu bei.

Die obligate Präsenz bei den Mahlzeiten der Kempowskis ist nicht mit Geselligkeit zu verwechseln. Für die Kinder ist der Mittagstisch ein der Dressur dienendes Ritual. Die damals schichtentypische höhere Schule setzt die häuslichen Leerformen mit öffentlichen Hohlformen fort. Ein falscher Bildungsbegriff herrscht. Die Brutalität der von Helga Feddersen gespielten Nachhilfe-Lehrerin, ihr von Prügeln unterstützter Dressurakt hat eine Beziehung zu Folter und Mord in den weniger zivilen Arrangements. Fast fällt es nicht auf, wie sich Hausaufgabendrill, Klavierspieldrill im Hitlerjugenddrill fortsetzen. Passantinnen im Park finden das infolgedessen positiv.

Die latente Gewalt zeigt sich sogar im Kinderspiel, in das sich der verträumtere Walter K. rettet. In der „Huitzlitopochtli"-Szene darf jeder mal quälen. Der verschleierte Sadismus und Masochismus kommen offen zum Vorschein. Der ältere Robert erlebt sich opponierend durch das Medium des allseits verfemten Jazz. Darin liegt endlich ein Ansatz von Widerstand, von Aufbegehren gegen familiäre und außerfamiliäre Unterdrückung.

Ullas dänischer Verlobter Sörensen ist, weil einem anderen

gesellschaftlichen Klima entstammend, in „Tadellöser & Wolff"
eine wichtige Gegenfigur. Als Ulla einen der Brüder beschimpft,
plädiert er unangestrengt für Toleranz. Als sein Vater zur Hochzeit aus dem von Deutschen besetzten Kopenhagen anreist,
kriegt er die ihm unverständliche (aus Unterdrückung kommende) Überheblichkeit bestimmter Vertreter der Besatzer-
Nation zu spüren. Die Entwicklung der Figur des Sörensen in
„Ein Kapitel für sich" vom sympathischen Verfolgten zum
selbstzufriedenen Spießbürger, der Ulla dirigiert und sich nur
für seine Angelegenheiten interessiert, ist eines der Beispiele für
Fechnersche Skepsis.

Vater Kempowski ist von allem überfordert. Den Erwartungen als Vater, als Mann, als Geschäftsmann, als Offizier kann
er nicht entsprechen. Seine Neurose besteht darin, daß er nicht
sein darf wie er ist, daß er Haltung bewahren, daß er die
Respektsperson vortäuschen muß. Seine chronische Ange-
strengtheit macht ihn gereizt, nervös, „vogelig", wie seine Frau
das ausdrückt. Der einzige Schlupfwinkel für ihn sind seine
selbsterfundenen Redensarten, die ihn als humorvoll und überlegen zeigen sollen: „priemig", „gutmannsdörfer", „gut dem
Dinge", „tadellöser", und so weiter. Ein pubertär wirkendes
Kauderwelsch, das dann der ältere der beiden Söhne übernimmt.

Karl Lieffen spielt den Karl Kempowski sehr wirkungsvoll.
Weil diesem Schauspieler eine groteske, leicht manirierte Haltung beinahe natürlich ist, kommt die freiwillige und unfreiwil-
lige Komik stark zum Ausdruck. Vielleicht wirkt er deshalb um
Nuancen zu stabil. Liegt es an der männlichen Rolle, daß er
mehr als die von Edda Seippel gespielte Ehefrau auf wirkungs-
volle Situationen angewiesen ist?

Aber wahrscheinlich ist ein Vergleich nicht fair, denn Edda
Seippel als Mutter Margarethe Kempowski, das ist eine der ein-
drucksvollsten Filmrollen überhaupt. Dem verzweifelten Mut
der Figur entspricht der Mut dieser erstaunlichen Schauspielerin, alle Angst vor Unscheinbarkeit, Häßlichkeit, Banalität,

Lächerlichkeit zu überwinden und radikal nichts als die blanke maskenlose Normalität zu spielen. Die Seippel ist virtuos und zugleich wunderbar alltäglich. Damit verkörpert sie präzise das, was die Fechner-Figuren ausmacht und sie üblichen Filmfiguren überlegen sein läßt: daß eine Person nicht einfach aus dem Repertoire eines Schauspielers lebt, sondern – wie Fechner es auch beschreibt – aus vielen kleinen vorhergedachten Gesten aufgebaut wird.

Seippel schafft auf die Fechnersche Weise ein Denkmal der blinden deutschen Bürgerin jener Epoche, baut aus den Einzelheiten ein idealtypisches Porträt der alten weiblichen Rolle auf. Als Mutter, als Ehefrau, als Hausfrau, als Dame ohne Hauspersonal, als repräsentierende Geschäftsfrau spielt sie die Idealistin, die sich in selbstlosem Einsatz und rastloser Arbeit abrackert. Diese Margarethe Kempowski kämpft einen mutigen Kampf. Was auch immer kommt, nimmt sie fatalistisch als naturgegeben hin, nicht zuletzt den untüchtigen Ehemann.

Erstaunlich, wie diese Darstellerin es schafft, immer wieder durchscheinen zu lassen, daß die bedrängte Person, die sie zu spielen hat, auf ihre naive Weise gutmütig und herzlich, ja sogar fröhlich ist, soweit es ihr die Umstände erlauben. Wie schön selbstverständlich kommen aus ihrem Mund die sympathisch-komischen Durchhalteparolen, das „wie isses nu bloß möglich" für alle unglücklichen und das „es ist doch zu und zu schön" und „kann es nicht immer so sein" für alle glücklichen Wechselfälle des Lebens.

Es gibt eine Familien-Pflicht zum Optimismus. Niemals beklagt sich eine Frau Kempowski. Nur wenn die Undankbarkeit des Ehemanns gar zu kraß wird oder wenn das Unrecht, das ihr geschieht, alles Maß überschreitet, bricht der Damm, und sie heult auf mit dem pathetischen Spruch: „Da schuftet man, bis einem das Blut unter den Nägeln hervorquillt...", oder sie sagt vor dem russischen Besatzungsgericht, das nicht gerade als Hort der Freiheit gezeigt wird: „Dann erschießt mich doch gleich."

Gerade ihre Unwissenheit macht diese Art Frau stabil: für

die Interpretation der Welt geradezustehen, das ist noch Män-
nersache. Es ist nur folgerichtig, daß in „Ein Kapitel für sich"
nach dem Tod von Karl Kempowski jemand anders diesen Part
übernimmt: der „wunderbare Mensch" und Anthroposoph
Eduard Cornelli mit seinen Lebensweisheiten, an Weltfremdheit
Margarethes männliches Gegenstück. Solche zugleich normalen
und skurrilen Figuren, wie den von Klaus Höhne wunderbar
gespielten gutmütigen Träumer, gibt es im Kino viel zu selten.

Mit den so aufgebauten Personen läßt sich Szene für Szene
nachvollziehen, wie eine wichtige Gesellschaftsklasse in
Deutschland orientierungslos war und daher der herauf-
kommenden nationalsozialistischen Diktatur nichts entgegen-
zusetzen hatte. Durch Untätigkeit helfen die Opfer den Tätern.
Für die staatlich-ideologische Verwirrtheit ist der private Wirk-
lichkeitsverlust eine Voraussetzung. Mit diesen deutschen
Untertanen läßt sich rechnen. Sie sind blind bereit alles mitzumachen, solange nur das unmittelbare Eigeninteresse gewahrt
bleibt. Sie bilden ein williges Substrat von Mitmachern für
jeden, der sie auszunutzen weiß.

Nicht einmal auf ihren Antikommunismus ist wirklich Ver-
laß. Fechner zeigt in „Ein Kapitel für sich", daß sie, weil eigentlich ohne Haltung, ihr Gefühl, daß die Russen eine kulturell
unterlegene Sorte Menschen sind, unter deren Herrschaft lie-
bend gern korrigiert hätten, wenn man sie nur hätte gewähren
lassen. Daß die Kempowskis sich nach Westen orientieren und
als Mitbringsel Dokumente der sowjetischen Demontage
sammeln, was sie dann als Spione ins Zuchthaus bringt,
geschieht nur aus der Enttäuschung, daß die Besatzer ihren
Willen zu kooperieren nicht belohnen.

In „Ein Kapitel für sich" haben die Szenen der Kempowskis
unter sich wieder die alte Qualität von „Tadellöser & Wolff". Die
Söhne, ausgezeichnet gespielt von Jens Weisser (Robert) und
Stephan Schwartz (Walter) haben jetzt den führenden Part.
Gezeigt wird unter anderem, daß das Ende des NS-Regimes
keine „Stunde Null" bedeutet, daß die Menschen sich nicht

geändert haben. Der Nazi-Lehrer zum Beispiel ist immer noch der beflissene, verstörte Anpasser, jetzt nur an neue ideologische Machtverhältnisse. Bei der Führung durch den ehemaligen KZ-Gefangenen Müller durch die KZ-Ausstellung brüllt er bebend vor Empörung über einen nicht pflichtschuldigst andächtigen Schüler und ist damit schon wieder ganz der Alte. Die wenigen Szenen mit dem Hamburger Verwandten zeigen, wie die alten Herrschaften, die nichts gelernt haben, wieder obenauf sind. Walters Arztfreund in Wiesbaden, auch erfolgreicher Schwarzhändler, ist ein neuer Typ, der im Nachkriegsdeutschland eine Rolle spielen wird: ohne Überbau auf den eigenen materiellen Vorteil bedacht.

Mit den Erlebnissen der Kempowskis in der russischen Besatzungszone kommt Fechner an ein Thema, das sonst so im Film nicht riskiert wurde. Die Zerstörung einer Familie unter stalinistischen Verhältnissen. Ein fremdes Rechtssystem reagiert mit drakonischen Strafen, mit Spitzel-System und barbarischem Strafvollzug. Obwohl über die Ursache, die Verbrechen der Nazis, in diesem „bürgerlichen Film" (Untertitel) nur beiläufig aufgeklärt wird (Rostocker KZ-Ausstellung, KZ-Film in der amerikanischen Besatzungszone, KZ-Film im Zuchthaus Bautzen), ist der Film weder antikommunistisch noch antirussisch. Zwar denkt Fechner die Zeitgeschichte immer mit, es ist ja das Prinzip, jede einzelne Szene zu datieren und zu lokalisieren, aber von Figuren her gesehen, die weder politisch engagiert sind noch historisch denken, kommt sie selten an die Oberfläche.

In der Gefängnissaal-Szene mit Nebenfiguren, wie etwa dem Tänzer, werden auch einmal Grenzen der Methode sichtbar, Strehlerschen Theater-Realismus (vgl. Seite 81 ff) auf den Film zu übertragen. Die vielen Teilbewegungen einer großen Szene, die auf der Bühne nebeneinander gleichzeitig stattfinden können, wirken, in Einstellungen hintereinander geordnet, manchmal hektisch oder aufdringlich, weil so blitzschnell beim Zuschauen kein Interesse aufgebaut werden kann. Doch jede unscheinbare Nebenhandlung, die zu sehen ist, ist auch motiviert, zeigt einen Menschen in einem Moment seiner Gefängnis-Situation.

Wenn man mit Fechner zusammen seine Spielfilme anschaut, hört man ihn immer wieder heftig lachen.

Das ist kein heiteres Lachen, sondern eines im Sinne von „ha, guck dir das an. Das darf doch nicht wahr sein". Ich seh mir die nicht an, wie Du meinst, wie Insekten. Natürlich ist das ein bißchen auch solch ein Blick, aber nicht ohne Sympathie. Unter denen, die da rumkriechen, gibt es einige, die ich sehr mag, während andere mir besonders ekelhaft sind. Aber es gibt in diesen Filmen keine Figur, die etwas von Bedeutung getan hätte, die Widerstand geleistet hätte oder in irgendeiner anderen Weise aktiv geworden wäre. Sie leben alle nur ihren Alltag.

Spielfilm als Handwerk

An die Aufgabe, „Tadellöser & Wolff" zu verfilmen, ging Fechner in der für ihn typischen Weise heran, indem er sich die erzählte Wirklichkeit Einzelheit für Einzelheit systematisch aneignete. Um dann auswählend und sogar noch über die Vorlage hinaus nachrecherchierend das Material zu sammeln, zu filtern und es am Ende zu einem neuen Bild zusammenzusetzen. Er adaptierte so auf eine Weise, die abhängig und frei in einem ist. *Abhängig,* indem jeder verwertete Fakt getreulich erhalten und so genau wie möglich ausgeführt ist. Und *frei,* indem die Konstruktion des Romans, der Stellenwert, den die Einzelheit in der Kempowskischen Erzählung hat, nicht unbedingt reproduziert wird, sondern, sobald es von der Sache her sinnvoll erscheint, ein neuer Kontext hergestellt wird. Fechners Mut zur Unabhängigkeit von der Vorlage wächst im Verlauf der Arbeit mit der zunehmenden handwerklichen Sicherheit.

Die Voraussetzung für Fechners Spielfilm-Arbeit ist also, daß das, was gezeigt werden soll, im *Detail* belegt ist. Ein Teil seiner Arbeit ist – ganz wie in den Interview-Kollagen –, ein Thema, eine Situation aus einem gesammelten Vorrat von einander zuzuordnenden Einzelheiten mosaikartig zusammenzusetzen. Genau genommen geht der Anspruch zu dokumentieren, in den Spielfilmen weiter als in den Interview-Filmen, weil er sich ja zusätzlich auf Schauplätze, Kostüme, Requisiten und die Auswahl der Schauspieler erstreckt. Soweit es möglich ist, wird rekonstruiert, was sich in einem bestimmten Moment zwischen bestimmten Personen tatsächlich abgespielt hat. Und darüber hinaus der zeitgeschichtliche Hintergrund.

Der Autor Kempowski wollte eine Familien-Saga. Ich wollte Zeitgeschichte. Eine Auseinandersetzung mit der Zeit und mit den Menschen, die darin gelebt haben, darüber, warum sie so gehandelt oder nicht gehandelt haben, wie sie es taten oder nicht taten.

Fechner betont mehr das Strukturelle als das Atmosphärische. Es geht ihm darum zu erkennen und zu zeigen, warum eine Person in einer bestimmten Situation in einer bestimmten Weise handelt. Seine Sicht ist nüchtern, seine Fantasie auf die Ermittlung der verborgenen Zusammenhänge gerichtet. Fantastisches ist nie Selbstzweck, die im kommerziellen Kinofilm gepflegte Welt der Gefühle ist Fechners Sache nicht. Es gibt keine Großaufnahmen der Stars, die zur Identifikation einladen. Fechner arbeitet vielmehr an einem Kino der Vernunft, das zum Betrachten anreizt.

> Meinen Filmen werfen die puristischen Kinofilmer vor, daß sie den Zuschauer dazu bringen, zu beobachten und zu werten. Die sehen die Aufgabe des Films hauptsächlich darin, Emotionen zu wecken und die zu befriedigen. Ich will beim Filmen – und da sind die Kempowski-Verfilmungen der äußerste Punkt, den ich erreichen konnte – mit allen mir zur Verfügung stehenden Mitteln Wirklichkeit darstellen, wie sie eigentlich gewesen sein muß, beziehungsweise, um noch einen Schritt weiterzugehen, wie ich sie erlebt habe.

Handwerklich bezieht er sich dabei vor allem anderen auf die Erfahrungen bei Strehler. Die historisierende Form war am Piccolo Teatro auch eine Methode, den Inhalten näherzurücken. An diesem Vorbild orientiert sich sein Umgang mit dem Historischen im Spielfilm. Einerseits sucht er historisierend die Illusion und nutzt jedes Mittel, um den Zuschauer materiell in die geschichtliche Situation zu versetzen. Andererseits sucht er zuzuspitzen, zu verfremden, den Film als epische Kunst zu sehen.

> Diese Mischung aus Didaktik und Ästhetik, alles, was ich ununterbrochen probiere, alles, was ich tue, was ich für mein Berufsleben gelernt habe, habe ich von Strehler gelernt.

204

Die Roman-Vorlage dient als eine Materialsammlung, deren Teile in eine neue plausible, den eigenen Interessen entsprechende Reihenfolge zu bringen sind. Der Roman wird Seite für Seite auseinandergenommen, systematisch nach Motiven und Informationen geordnet und neu zusammengesetzt.

> Ich habe den Roman genommen und habe getan, als sei das Realität. Das Buch ist für mich wie die Wirklichkeit. Ich benutzte es wie einen Steinbruch, wie ich es eben auch bei den Dokumentationen tue. Und ich versuche ein möglichst genaues Abbild zu geben.

Bei dem Roman „Tadellöser & Wolff" hat Fechner zusätzlich noch Kempowskis Zettelkästen und Stichworte durchforstet sowie die Original-Tonband-Interviews mit Margarethe und Robert Kempowski abgehört. Ferner stützt er sich auf Dokumente wie etwa ein reales Schreiben der Rostocker Schutzpolizei, um den tiefsten sozialen Fall der Margarethe Kempowski zu dokumentieren, die Beschlagnahme ihres gesamten Vermögens nach ihrer Einlieferung ins Gefängnis. In dem an eine Verwandte gerichteten Schreiben heißt es u. a.:

> *Sie werden nochmals gebeten, sich zwecks Übernahme des Vermögens der Margarethe Kempowski mit der Polizeidirektion in der Ulmenstraße in Verbindung zu setzen, anderenfalls über den Verbleib des Vermögens die Militärkommandantur der sowjetischen Militäradministration bestimmen wird. An Vermögen sind vorhanden...*

Die nachfolgende Liste enthält dann präzise das bißchen, das Frau Kempowski gelassen worden war, nachdem alles Wertvolle, die Möbel, der Flügel, die Bilder, beschlagnahmt wurden. In den jammervollen Restbeständen, u. a. fünf Löffel, ein Teelöffel, zehn Gabeln, mußte sie sich dann notdürftig einrichten.
Und diese Liste benutzt dann Fechner in seiner Genauigkeitslust als Szenenanweisung, um die Umgebung herzustellen, in der er sich dann Edda Seippel in die Lage der Frau Kempowski

hineindenken kann, in einem Interieur, in einer Kleidung, mit den Requisiten, die der Realität bis in die unwesentlichsten Einzelheiten wie ein Zitat entsprechen.

Dem Prinzip maximaler Genauigkeit folgend, erfand er nicht nur für wichtige Personen, sondern sogar auch für jede der zahlreichen Nebenfiguren im Gefängnis, einen Namen und einen Beruf. Und zwar auch dann, wenn das aus der Vorlage nicht hervorging:

> Ich habe allen Häftlingen auch Berufe gegeben, gerade den Leuten in Bautzen und Hoheneck, vom Eisenbahner über den Briefträger zum Seifenfabrikanten. Einfach deshalb, weil jeder sich dementsprechend bewegen und ausdrücken muß. Nimm zum Beispiel das Gespräch der alten Männer in Bautzen über Aktien, die sie mal besessen haben. Daß der eine 500 IG-Farben-Aktien in einem bestimmten Nennwert besaß, ist für den anderen „zauberhaft". Das heißt, sie mußten natürlich auch die entsprechende Art haben, sich zu bewegen, sich auszudrücken. Und sogar in der zerlumpten Häftlingskleidung mußte das noch irgendwie deutlich werden. Bei jeder dieser Figuren! Das mußte ganz genau festgelegt werden und die waren danach auszuwählen. Und das immerhin bei zweihunderteinundvierzig Schauspielern. Und nachher dann noch – allein in den Bautzen-Szenen – bei dreihundert Komparsen. Das heißt, man mußte sich um jede dieser Figuren kümmern.

Den Gleichlauf der Roman-Erzählung gliederte er durch eine präzise Chronologie; jede einzelne Szene ordnete er einem bestimmten Datum zu, zunächst bei „Tadellöser & Wolff" von Montag, dem 16. April 1939 (2. bis 8. Bild) bis Dienstag, den 1. Mai 1945 (158. Bild). Und bei „Ein Kapitel für sich", vom 1. Mai 1945 (1. Bild) bis 8. März 1956 (295. Bild). So daß – wie es für die gesamte Kempowski-Verfilmung gilt – mit den Tagesereignissen der allgemeine und der tagespolitische Hintergrund immer hineinfließen konnte.

Ein beträchtlicher Arbeitsaufwand war es, die Bildmotive für „Ein Kapitel für sich" zu finden. Es wurden einhundertachtundsechzig verschiedene historische Schauplätze gebraucht. Die Aufnahmeleitung reiste und suchte Motive, die in Frage kommen. Der Aufnahmeleiter zeigte dem Regisseur zunächst Fotos, der dann die Motive, die ihm gefielen, selber besichtigte.

Zu den Vorbereitungen für einen Spielfilm gehört als eine schwierige und für das Ergebnis entscheidende Aufgabe die Besetzung der Rollen. Für jede Rolle müssen mehrere Schauspieler in Betracht gezogen werden bis die endgültige Entscheidung fallen kann. Bei „Ein Kapitel für sich" waren es mit den vielen kleinen Parts, die Komparsen nicht eingerechnet, zweihunderteinundvierzig Rollen. Dann muß der Drehstab zusammengestellt werden, Produzent, Produktionsleitung, Produktionsassistent, Regie, Regieassistent, Kameramann, Tonmeister, Aufnahmeleitung, Beleuchter, Kraftfahrer, Bühnenmeister, Standfotograf, Architekten, Komponist usw.

Fechner probiert, anders als die meisten anderen Filmregisseure, ausführlich mit den Schauspielern im Atelier am Lesetisch. So war zum Beispiel vom 12. 6. bis 24. 6. 1978 für „Ein Kapitel für sich" eine solche Probenzeit für die im Sommer zu drehenden Szenen. Und eine zweite vom 15. 1. bis 20. 1. 1979 für den „Winterdreh". Bei diesen Proben ist der Kameramann Gero Erhardt oft schon dabei gewesen und hat zugehört, um sich eine Vorstellung von der Sache zu machen, ebenso wie bei Proben am Drehort noch ohne Kamera und Ton. Dazu kamen dann Gesangsproben, Tanzproben, Chorproben, Segelunterricht, Kostümproben.

Für die Regiearbeit ist von großer Bedeutung, daß Fechner selber Schauspieler ist. Indem er, während er Regie führt, all die Rollen intensiv mitempfindet und mitentwickelt, und zwar in jedem Moment und in jedem Aspekt, ist das Inszenieren für ihn zugleich die intensivste Form des Mitspielens ohne selber sichtbar aufzutreten. Auf die Frage, warum er in seinen Filmen nicht selber mitspiele, antwortete er:

Ich bin nie auf den Gedanken gekommen, nicht ein einziges Mal. Immer wieder sagte zwar jemand so etwas wie „diese Rolle müßten Sie eigentlich selber spielen". Warum ich das nicht tue, kann ich Dir nicht einmal erklären. Ich weiß nur, daß ich in Celle auf dem Theater es einmal gezwungenermaßen in einer eigenen Inszenierung tun mußte, weil jemand krank wurde. Und es war die blanke Katastrophe, nicht für die Inszenierung, aber für die Rolle. Ich bin dann so damit beschäftigt, mich um andere zu kümmern, und darum, daß alles funktioniert, wie ich es mir vorstelle, daß nicht mehr die Spur einer Gestaltung der Rolle denkbar ist. Ich sehe das als so verschiedene Berufe an, daß ich gar keine Verbindung zustandebringen könnte.

Sein ganzes Können, auch sein Ehrgeiz als Schauspieler geht auf in der Zusammenarbeit mit den Kollegen.

Ich arbeite sehr viel mit Vor-Spielen. Nicht nur intellektuell oder auf der Gefühlsebene versuche ich, dem Schauspieler eine Rolle nahezubringen, sondern ich interpretiere, indem ich ihm erst einmal vorspiele, wie ich mir das vorstelle. Und so habe ich in einem bestimmten Sinne diese zweihunderteinundvierzig Rollen in „Ein Kapitel" alle gespielt. Es gibt keinen Satz in diesen Filmen, den ich nicht gesprochen, nicht auch zigmal vorgespielt habe. Nur einem Tänzer, dem Harald Kreuzberg-Schüler Ketels, der sich exzentrisch durch die Gefangenen bewegt, konnte ich mit meinem Körper nicht zeigen, was er zu machen hatte. Aber selbst bei der Musik, bei den Chören habe ich versucht, Einfluß zu nehmen in jeder Weise auf den Duktus, die Stimmung, das Tempo. Obwohl da ein Komponist dabei war, der auch dirigiert hat.

Für jeden Drehtag gibt es eine detailliert ausgearbeitete Tagesdisposition, die alle beteiligten Personen und alle Umstände berücksichtigen muß, die zuverlässig vorausplant, was an dem bestimmten Tag alles berücksichtigt werden muß, wer und was bei der Arbeit gebraucht wird oder gebraucht werden könnte. Zum Beispiel ein beliebiger Drehtag in der Dekoration Gefängnissaal Bautzen:

> Nehmen wir mal Mittwoch, den 2. Mai 1979, 120. Drehtag, Drehort: die XOX-Fabrik, Saal 2, 2. Stock. Motiv: dritter Saal, das Bild 219, Seite 534 bis 538. Da sind die gesamten Schauspieler aufgeführt, dann die stummen Rollen, schließlich 240 Komparsen als Häftlinge. Es steht da: „Walter Kempowski: Stefan Schwarz, Taxi ab Hotel 7 Uhr 15, drehfertig 8.00 Uhr. . . ." Und das geht so über Seiten. Chorprobe, Aufenthaltsraum für Schauspieler, Bus von Hannover, Bus von Bargfeld usw. Das ist eine Völkerwanderung. Und das ging so über Monate.

Weil das Filmen so teuer ist, sind „Minuten-Berichte" vorgeschrieben, die über den Ablauf der Dreharbeiten genauestens Rechenschaft geben. Wenn etwa eine technische Panne eine Pause erzwingt, wird präzise festgehalten, wie lange sie dauerte. Vor allem aber geben die Minuten-Berichte an, was wann und wo gemacht wurde. Eine Liste der „Stopzeiten" macht es möglich zu sehen, wie lang jede gedrehte Szene geplant war und wie lang sie dann tatsächlich geworden ist.

Die Kosten von Spielfilm-Produktionen werden in der Bundesrepublik oft verschleiert. Die Zahlen, die als Produktionskosten genannt oder auch veröffentlicht werden, sind vielfach falsch.

> Es gibt ja öffentlich genannte Summen. Wenn ich mich recht entsinne, stand bei ‚Ein Kapitel' in den Zeitungen etwas von sechs Millionen. Es werden immer irgendwelche Summen genannt und in Wirklichkeit liegen sie woanders. Nicht nur in meinem Falle.

Die chronische Knappheit der Etats zwingt die Produzenten zum ausgleichenden Jonglieren zwischen den zahlreichen Positionen einer Kalkulation. Das geschieht dann immer auf Kosten irgendwelcher Beteiligter, die schlechter bezahlt werden als sie veranschlagt sind. Solche Manipulationen lassen sich nur im verborgenen durchführen. Fechner benennt die eigentliche Ursache:

> Film war in Deutschland nie oder fast nie ein Geschäft, mit dem man Geld verdienen konnte. Es ist einfach in der Herstellung die teuerste Kunst, die es gibt. Ich habe Alf Teichs, Herstellungsleiter der „Terra" in der Nazizeit, einmal gefragt, „gab es nach der Epoche des Stummfilms überhaupt eine Zeit, wo deutsche Filme in der Mehrheit ihre Kosten wieder einspielten, vom Gewinn nicht zu reden?" Und da sagte er „ja, eine. Von 1941 bis 1944, wo ein großer Teil Europas besetzt war von den Deutschen, und die Kinos dort die deutschen Filme spielen mußten." Zwischendurch gab es ein paar Filme, die Geld machten, aber die waren dann entsprechend: „Der weiße Traum" oder „Der Blaufuchs".

Der finanzielle und organisatorische Aufwand für solch einen Spielfilm ist riesig. Nach dem Drehbuch wird daher verpflichtend für den Regisseur die Anzahl der Drehtage festgelegt. 95 waren für „Ein Kapitel für sich" vorgesehen.

> Ich habe aber 132 gedreht. Ich habe maßlos überzogen, weil es anders gar nicht zu schaffen war. Das konnte ich aber nur dieses eine Mal machen, das werde ich nie wieder machen können. Normalerweise muß man sich voll an die Pläne halten, einfach weil das Geld danach berechnet ist.

Fechner kämpfte darum, das Beste aus der Arbeit herauszuholen. Dabei war es ganz unmöglich, den Drehplan pedantisch einzuhalten. Das aber führte zu einem Konflikt mit der Produktionsgesellschaft, der Ullstein AV Film- und Fernsehgesellschaft, der gerade deshalb Nerven kostete, weil er mit verdeckten Karten ausgetragen wurde.

Und leider hatte ich eine Produktionsleitung, die völlig versagte, und – wie ich jetzt zu wissen glaube – versagen sollte. Die sollte verhindern, daß ich den Film zu Ende drehe, weil schon zu viel Geld ausgegeben war. Die wollten mich dazu bringen abzubrechen. Den Gefallen habe ich ihnen nicht getan. Da haben wir, der Kameramann Gero Erhardt, meine Frau und ich, uns abends nach Drehschluß noch hingestellt, mit all den Leuten telefoniert und eine neue Disposition für den nächsten Tag gemacht. Das war völlig irrsinnig, absoluter Wahnsinn.

Die Auseinandersetzung darüber, daß der in den Produktionsbesprechungen kalkulierte Gesamtaufwand überschritten werden mußte, addierte sich zu der äußersten inhaltlichen Anstrengung. Diese Filmarbeit ging über die Kräfte des Arbeitsfanatikers Eberhard Fechner, zumal parallel immer wieder einmal ein wichtiges Interview für den Prozeß-Film stattfinden mußte.

Beides zusammen, „Der Prozeß" und die Kempowski-Filme, sowas macht man einmal im Leben, das kann ich nie wieder, glaube ich.

Normalerweise rechnet Fechner für einen Spielfilm von 90 Minuten ein Vierteljahr Schreiben, ein Vierteljahr Drehen und ein Vierteljahr Montieren. Bei „Ein Kapitel für sich" war es etwa ein Dreivierteljahr Arbeit am Drehbuch, ein Dreivierteljahr Produktionsvorbereitungen, ein Jahr Drehzeit mit einer viermonatigen Unterbrechung, ein halbes Jahr Montage: insgesamt fast drei Jahre konzentrierte Arbeit, die Pausen nicht gerechnet.

Wie bei allen meinen Filmen habe ich dieses riesige Problem der Zeit. Kalkuliert waren bei „Ein Kapitel für sich" dreimal 90 Minuten. Am Ende sind es dreimal zwei Stunden geworden, das entspricht vier Teilen à 90, das ist ein ganzer Film mehr. Und wenn ich alles, was ich geschrieben habe, verwendet hätte, wären es wahrscheinlich fünfmal 90 geworden.

211

Fechner versucht, aus den einzelnen Elementen ein ganzes Bild der Personen aufzubauen, der Gesellschaftsschicht, der sie angehören, der Zeit, in der sie handeln oder die sie zu Opfern der herrschenden Verhältnisse macht. Wie er dabei zitierend mit der realen Einzelheit umgeht, ist vielleicht am deutlichsten ablesbar in einem Vergleich der originalen Fotos der Familie Kempowski mit den Fotos, die Fechner mit seinen Schauspielern nachgestellt hat und die dann auch im szenischen Arrangement wiederkehren.

Zum Beispiel die Hochzeit von Kempowskis Schwester Ulla mit dem Dänen. Original und Nachbildung wirken fast identisch. Die Kostümbildnerin Elisabeth Schewe hat durch einen Zufall sogar das originale Kleid aus der Kriegszeit (1943) auftreiben können. Fechner ist in der Erinnerung an die inzwischen verstorbene Mitarbeiterin sehr dankbar. Es ist verblüffend, wie weit die Übereinstimmung in Haltung, Kleidung, Umgebung zwischen den Familienfotos und der Film-Version geht. An Stellen ist wirklich an das Wachsfiguren-Kabinett der Mme Tussaud zu denken. Der Vater als Soldat und Karl Lieffen in dieser Uniform und Haltung. Die Ulla im Reichsarbeitsdienst mit Zöpfen und Hut und die Darstellerin in ihrer Mode und Pose. Der HJ-Führer und sein fiktives Double. Bei der Besetzung der Rollen war eine bestimmte Typenähnlichkeit – mehr im psychischen Ausdruck als rein körperlich allerdings – ein durchaus entscheidendes Kriterium.

Die Foto-Alben mit den nachgestellten Fotos sind in „Tadellöser & Wolff" und mehr noch in „Ein Kapitel für sich" gleichzeitig dramaturgische Angelpunkte. Der Ich-Erzähler Walter Kempowski (Ernst Jacobi) erinnert sich in „Tadellöser & Wolff" anhand der Fotos, von denen sich dann eines in die nachfolgende Szene verlebendigt.

Ein Problem beim Film ist, daß er immer in der Gegenwart spielt, auch eine Rückblende ist eine neu eingeführte Gegenwart. Das Mittel, das ich für mich gefunden habe ist,

Eberhard Fechner zusammen mit dem Kameramann Gero Ehrhardt bei den Drehaufnahmen zu „Tadellöser & Wolff", 1974

Eberhard Fechner und Walther Kempowski bei den Drehaufnahmen zu „Ein Kapitel für sich", 1978

XIII

Jannet Gefken-Fechner und Eberhard Fechner bei den Drehaufnahmen zu „Ein Kapitel für sich", 1978

Eberhard Fechner zusammen mit Jannet Gefken-Fechner bei den Proben zu „Ein Kapitel für sich", 1979

daß ich viel mit einem Erzähler arbeite. Ernst Jacobi ist ja am Anfang ein erwachsener Mann. In einem Fotoalbum blätternd taucht er in seine Erinnerungen, spricht in der Vergangenheitsform. Durch einen komplizierten Trick fängt das Foto an zu laufen.

In „Ein Kapitel für sich" ist die Konstruktion komplizierter geworden, sind es vier Figuren, die aus der Handlung heraustreten, um von der Gegenwart aus in der Vergangenheitsform zu erzählen: die Mutter, die beiden Brüder und die Tochter.

Ein Grund, warum Fechner sich so veristisch an das äußere Erscheinungsbild der realen Personen gehalten hat, ist sicher die Fortsetzung der literarischen Methode Kempowskis. Ein zweiter Grund kam hinzu:

> Es war auch für mich selber eine Möglichkeit des Einstiegs in die Vergangenheit, denn wenn man eine bestimmte Situation zumindest äußerlich sehr genau kennt, ist das doch ein gewisser Halt. Du darfst nicht vergessen, „Tadellöser & Wolff" war meine erste Literatur-Verfilmung.

Drittens waren die Fotos ein ideales Anschauungsmaterial für die Arbeit mit den Schauspielern.

> Diese Ähnlichkeit, das war für mich nicht der Versuch, etwas papageienhaft nachzuahmen, das hat damit überhaupt nichts zu tun, sondern erst einmal eine *äußerliche* Basis zu haben, damit sich die Schauspieler mit den Figuren identifizieren konnten. Wir brauchten ja sowieso die Fotos. Und ich versprach mir etwas davon, und es hat meiner Meinung nach auch tatsächlich geholfen, den Schauspielern am Beispiel der Fotos zu zeigen, daß der Weg und die Art, wie sie die Rollen darstellen, rein optisch nicht falsch sein kann. Bei der Verfilmung von Romanen gibt es immer das Problem, daß der Zuschauer sagt, diese Figur habe ich mir aber ganz anders vorgestellt. Das ist wohl nicht zu ändern. Aber hier konnte ich zumindest den

Schauspielern zeigen: „Sieh mal, so siehst du aus, und so sah die Originalfigur aus." Und das hat den Schauspielern Sicherheit gegeben. Jeder Schauspieler versucht ja nicht nur einen Ausdruck für die Situation zu finden, sondern auch für eine Figur. Das ist nicht leicht. Und alles, was dazu helfen konnte, ihm diese Sicherheit zu geben, benutzte ich.

Fechners Lust an der Nachbildung bezieht sich nicht allein auf die historischen Inhalte sondern auch auf historische Formen. Zu seiner Filmästhetik gehört auch, daß er die alten Ausdrucksmittel zitiert.

Im Spielfilm versuche ich, eine Situation von der Darstellung, vom Dekor, vom Schauplatz, den Requisiten, vom Kostüm, von der Beleuchtung, von der Kameraführung her so zu gestalten, daß am Ende zumindest jemand, der überhaupt nichts davon weiß, wann die Filme gedreht sind, der aber etwas von dem Metier versteht, durchaus Zweifel haben könnte daran, daß die im Jahre 1974 bis 1979 entstanden sind, daß er sie ebenso in die Jahre 1941 oder 1947 oder 1955 verlegen könnte. Der erste Teil von „Tadellöser & Wolff" ist in Zusammenarbeit mit Gero Erhardt gedreht wie ein UFA-Film, während der zweite Teil dann wohlüberlegt und in ganz bestimmter Absicht die Bildtechnik von PK-Berichterstattung (Propaganda-Kompanie) hat. Genau wie nachher „Ein Kapitel für sich" gedreht worden ist wie ein DEFA-Film, wie „Die Mörder sind unter uns", von der Ausleuchtung einer Szene, von der Kameraführung her. Nur die Inhalte sind andere.

Während er sich inhaltlich immer auch auf die eigenen Erfahrungen bezieht, knüpft Eberhard Fechner formal bei den Kinoerlebnissen der Berliner Jahre an, wo er sich UFA-Filme wie „Jenny und der Herr im Frack", „Romanze in Moll", „Bel ami" und andere immer wieder angesehen hat.

214

Der Kameramann Gero Erhardt konnte nicht so sicher aus der Hand drehen wie Rudolf Körösi, das war nicht seine Sache. Er hat die Kamera aufs Stativ gestellt und auf Schienen, hat sie dann aber unglaublich souverän gehandhabt. Und war ziemlich schnell imstande, das aufzunehmen, was ich meinte und es zu übernehmen. Das heißt, während des Drehens mitzudenken und nicht nur auf das richtige und schöne Bild zu achten, sondern auch auf die Handlung, da war er im Gegensatz zu Körösi von äußerster Genauigkeit.

Und als wir nach den Schauspieler-Proben uns zusammensetzten und überlegten, wie wir die Szene ‚auflösen', also wie wir das mit der Kamera und mit dem Ton übersetzen, kamen von ihm schon Vorschläge. Und die sind wir dann durchgegangen, haben sie ‚abgefahren', haben ausprobiert und korrigiert. Das war also eine Gemeinschaftsarbeit.

Zudem hat Gero Erhardt mit dem Licht gespielt und dramaturgisch gearbeitet. Er war wirklich ein Meister in der Beherrschung dieser verschiedenen Stile, die wir für unseren Film eingesetzt haben, durch das Einrichten des Lichts, das Setzen der Scheinwerfer und auch durch die Kameraführung.

Für die Form der Filme ist natürlich die Haltung der Kamera ein wichtiger Faktor. Sie ist ja in den Situationen quasi das Auge des Zuschauers. Fechner stellt sich die Kamera als einen stummen Beobachter *innerhalb der Szene* vor, der die Akteure begleitet. Die Kamera nimmt also nicht, wie bei den meisten Filmemachern wechselnde, vom Effekt bestimmte Positionen ein, sondern ist immer in einer Position, die auch eine an der Handlung beteiligte Person einnehmen könnte. Entsprechend sind auch die Kamerabewegungen konzentriert und eingegrenzt darauf, wie eine solche Person ihre Blickrichtung und ihre Position verändern könnte.

Bei mir ist die Kamera innerhalb der Erzählung in einer betrachtenden Position, das habe ich bei all diesen Spielfilmen immer wieder ausprobiert. Manches, was üblich ist, mache ich nie. Wenn zum Beispiel in Filmen Leute in einen Raum gehen, dann ist die Kamera oft schon vorher da. Die Tür geht auf und sie kommen herein. Das habe ich nie gemacht. Schon in „Selbstbedienung" war die Kamera nie vor den Akteuren da. Sie begleitete sie entweder, sie konnte dabei durchaus vorangehen, oder sie konnte auch hinterhergehen. Aber sie war nicht vorher da. Das schien mir immer absurd zu sein.

Die Kamera ist also ein Teil der Szene selber. Das ist wichtig für Fechners Einstellung zur Kunst des Zuschauens. Dem Betrachter soll die Möglichkeit gegeben werden, er soll dazu angeregt werden, sich selber zu den Vorgängen in Beziehung zu setzen. Eines der Mittel, die den Illusionismus begrenzen und brechen sollen.

Ich will erreichen, daß der Zuschauer immer wieder die Freiheit erhält, das, was er sieht und hört zu reflektieren, also betrachtend zu werten. Ganz wichtig ist, daß ich bei den Spielfilmen mit entgegengesetzten Mitteln im Grunde genau das gleiche zu erreichen versuche wie bei den Dokumentarfilmen.

Fechner spricht auch von einer Art „Voyeurs-Stellung" hinter den Leuten. Manchmal verdoppelt die sich.

Wenn in „Ein Kapitel..." der junge Kempowski im Café sitzt und vor dem Café die Mutter sich mit dem Herrn Cornelli unterhält über den Tod ihres Mannes und ihre Probleme mit der Erziehung der Kinder, und der Junge sie unentdeckt durch die Gardine beobachtet, sehen wir sowohl ihn, wie er sie belauscht, und wir sehen und hören durch die Scheibe hindurch sie, die draußen auf der Straße stehen. Das heißt, der Zuschauer wird zum Betrachter des Betrachters Walter Kempowski.

Im Laufe der Arbeit hat für Fechner die Kempowski-Mutter als Figur sich verselbständigt und eine eigene Bedeutung bekommen. Diese Margarethe Kempowski aus der Generation Charlotte Fechners hätte er sehr gern in einem weiteren Film gesondert dargestellt. Das Leben einer deutschen Bürgersfrau mit ihrer familiären Tüchtigkeit und Lebendigkeit und ihrer gesellschaftlichen Blindheit und Teilnahmslosigkeit.

Formal hätte das für Fechner bedeutet, die Rückblenden in die Kindheit der Mutter entsprechend der Epoche als Stummfilm zu drehen, wahrscheinlich mit einer alten Stummfilm-Kamera. Aber der Plan wurde nicht ausgeführt. Kempowski wollte sein damals erschienenes Buch „Herzlich willkommen" verfilmt haben, in dem die Mutter nur eine Nebenrolle spielt.

Wie Fechner inhaltlich seine Akzente setzt, wird besonders deutlich, wenn er sich in der Bearbeitung bewußt von der Vorlage entfernt. Er nennt Beispiele dafür, was er betont und warum.

Im letzten Teil von „Ein Kapitel für sich" zum Beispiel ist eine Szenenfolge der Angelpunkt des Films. Erst sieht man wie die Russen den Häftlingen von Bautzen einen kleinen Film über die Ermordung von Millionen Menschen in Auschwitz zeigen. Die nächste Szene spielt im Waschraum, wo die Bautzen-Häftlinge sich duschen. Und wo aus den Duschen zuverlässig Wasser kommt und kein Gas. Und wo die Knastologen, die doch zum größten Teil sogenannte politische Häftlinge sind, denen es gewiß nicht gut geht, den Unterschied reflektieren beziehungsweise nicht reflektieren. Und als Drittes folgt eine sehr ausführliche Probe von Goethes „Faust", die auch daran nicht beteiligte Häftlinge miterleben. Diese drei Szenen, die quantitativ und qualitativ das Zentrum des dritten Teils bilden, sind im Roman nur peripher.

An den Bautzen-Szenen fällt eine besondere Art von Intensität auf, eine bestimmte Direktheit, ein (wenn ich mich nicht täusche) erhöhtes, fast hektisches Tempo, das sie aus der sonst distanzierten Darstellungsweise herausfallen läßt. Fechner erklärt meinen Eindruck, wenn er denn zutrifft, mit einer besonderen Betroffenheit.

Das hat mit mir selber zu tun. Ich selber habe diese Lagerzeit nie erlebt. Weder bin ich in richtiger Kriegsgefangenschaft gewesen – ich war ja nur im Lazarett und dann wurde ich entlassen – noch war ich aus politischen oder aus rassischen Gründen irgendwo inhaftiert. Das ist mir ja alles erspart geblieben. Aber es ist ein zentrales Thema unseres Jahrhunderts. Es ist ja ein Jahrhundert der Inhaftierten. Wenn du die zusammenzählst, die unter den verschiedensten Regimen aus den verschiedensten Gründen in diesem Jahrhundert in irgendeiner Weise in Haft waren, Gefängnisse, Arbeitslager, Konzentrationslager, Kriegsgefangenenlager, so sind es Hunderte von Millionen. Das heißt, die Gefangenschaft, dieses nicht-frei-Sein ist ein zentrales Erlebnis. Du weißt, was für mich Freiheit bedeutet. Ich habe mir nie vorstellen können, daß ich in der Haft auch nur einen Tag bleiben könnte, und gedacht, „nun gut, dann bringst du dich um". Ich glaube, ich hätte es gar nicht getan, aber ich habe es mir so vorgestellt.

Beim Majdanek-Prozeß konnten die Häftlinge mir *eine* Antwort nicht geben, weil ihr Erleben doch zu schrecklich war, nämlich auf die Frage, wie es gekommen ist, daß sie überlebt haben. Ich glaube eben, bei dem Lesen der Bücher von Kempowski „Im Block" und „Ein Kapitel für sich" eine Erklärung gefunden zu haben; das heißt, der Mensch hat die Fähigkeit, sich selbst unter absurdesten Verhältnissen zurechtzufinden. Ich glaube, daß wir Menschen so gemacht sind, daß wir uns in jeder Situation einrichten. Ich habe das erlebt im Krieg, in der Nachkriegszeit, in der Hungerzeit wie bei dem Gegenteil heute, wo in diesem Land ein erheblicher Wohlstand herrscht, wenn auch nicht bei allen Menschen. Auch die Leute, die opponieren und dabei zugrunde gehen, handeln nach diesem Gesetz.

Das ist eine Grunderfahrung. Und es war für mich komischerweise eine ganz wichtige Sache herauszufinden, was der Grund ist, daß Menschen so etwas überleben können: Wie durch ein Brennglas habe ich den Gefängnissaal so dargestellt wie das Leben schlechthin. Selbst wenn jeder nur einen halben Quadratmeter zum Leben hat, wird er wie eine Experimentier-Ratte oder eine weiße Maus diesen halben Quadratmeter als sein eigen ansehen und wird versuchen, sich in dem irgendwie einzurichten.

Und innerhalb dieser real und sinnbildlich aufgefaßten Gefängnis-Situation versucht Fechner, die individuelle Lage jeder einzelnen Figur sich klar zu machen und zu beschreiben. Ein Beispiel:

Wenn im Film im Zuchthaus Bautzen der ehemalige Ritterkreuzträger nach der Revolte erhobenen Hauptes durch die Gasse der schlagenden Vopos schreitet, und dann logischerweise unter den Schlägen zusammenbricht, hat das natürlich mit seiner Einstellung zu tun, die er vorher genau definiert hat. Und die Brüder Kempowski, seine Freunde, wenn man so will, diskutieren darüber und meinen, so eine Winkelried-Gesinnung sei ja doch etwas überflüssig und würde auch zu gar nichts führen. Womit das selbst unter den handelnden Personen reflektiert wird und hoffentlich auch bei den Zuschauern, die sich sagen müßten, „na, der spielt hier den Helden"; aber was solls, Helden sind Idioten.

Ein Thema hat Fechner bewußt ausführlicher behandelt als der Roman, die Rolle der Kultur im Gefängnis. Gerade dort wird kurz nach dem Krieg deutlich, wie wenig sie mit der Wirklichkeit zu tun hat, wie weltfremd idealistisch ihre Vertreter sich mit Goethe gebärden.

219

Daß man den „Faust" probiert hat, wird im Roman nur in einem Halbsatz gesagt mit einer Reihe von anderen Beschäftigungstherapien der Inhaftierten wie Schachfiguren aus Brot kneten. Ebenso wird der Chor nur ein paarmal erwähnt, weil der eine Kempowski in Bautzen Leiter des Kirchenchores war, der dann im Film als Liedersänger auftritt. Aus einem Halbsatz, einem Gespräch und einer im Roman ausgeführten Szene habe ich das Kernstück des dritten Teiles gebaut, weil das für mich eine besondere Bedeutung hat.

Fechner versucht herauszuarbeiten, kenntlich zu machen, was er für eine spezifisch deutsche Spielart hält, sich falsch zu orientieren:

In einer bestimmten Weise liegt für mich das Deutschtum gefangen zwischen Auschwitz und Goethes „Faust". Dazwischen ist alles enthalten. Und in der Mitte befinden sich eine Unzahl von Ignoranten, die das auf die verschiedenste Weise reflektieren oder nicht, die versuchen darüber ihre Witze zu machen etc.

Ich glaube, daß ein großer Teil des Unglücks, das wir erlebt und auch verursacht haben, darauf zurückzuführen ist, daß Realismus und Idealismus immer als Gegensätze empfunden wurden, wo doch das eine in dem anderen enthalten ist. Im „Faust" selber ist das schon drin. Und im Film endet das dann folgerichtig damit, daß einer der idiotischen Jungs sagt „ja, dieses Werk genügt, um uns vor aller Welt reinzuwaschen". Und dann ein älterer Mann, ein Studienrat, sagt, „ich bitte dich, diesen Sachverhalt doch noch einmal zu überdenken".

Immer wieder strebt Fechner als Regisseur geradezu pedantisch nach möglicher Genauigkeit. Zum Beispiel bei den Geräuschen. Wenn in „Tadellöser & Wolff" Vater Kempowskis Offizierskiste mit Sachen gepackt wird, die versteckt werden müssen, fährt draußen laut ein Motorrad vorbei, das für Kenner am Geräusch als ein Motorrad der damaligen Zeit zu identifizieren ist. An einer anderen Stelle war es schwierig und kostete Zeit, das Geräusch eines Gummiknüppels auf dem Körper der Geprügelten getreu hinzukriegen, weil ja verständlicherweise auf die Schauspieler nicht mit originaler Intensität eingeprügelt werden kann. Geschlagen wurde dann auf eine auf dem Knie des armen Requisiteurs angebrachte Speckseite.

Der jeweilige Tonmeister spielt ja bei mir eine große Rolle, während er sonst in vielen Filmen so gut wie überhaupt keine Rolle spielt. Es ist nicht nur mein Wunsch, sondern ich bin stolz darauf, bis heute noch nie einen Satz in einem Spielfilm synchronisiert zu haben. Bei den Kempowskis war es Jonny Gimm, der für meine Sucht nur Originaltöne zu verwenden, wirklich gezaubert hat. Das war ein schon etwas älterer, zurückhaltender, aber sehr einfühlsamer Mensch.

Bei aller Bemühung um Genauigkeit in den Details passieren dennoch Fehler. So hat Fechner die beiden Soldaten, die beim Gefängnisgottesdienst standen, mit Maschinenpistolen ausgestattet. In Wirklichkeit durfte im Lager selber kein Soldat eine Waffe tragen, denn er hätte ja überwältigt werden können. Es ist der *Verstoß gegen die Logik der Situation,* was Fechner an dem Fehler nachträglich am meisten ärgert.

Ein weiteres Element, das Fechner im Sinne seiner Absichten nutzt, ist die Musik. Nazi-Lieder, deutsche Schlager, Jazz. Einen Teil der Musik fand Fechner, indem er sich vorstellte, was die Kempowski-Jungen und ihre Freunde wohl hören würden. Am Ende des ersten Teils von „Ein Kapitel für sich" huscht Walter über die noch unbefestigte Zonengrenze in den Westen. Im Hintergrund erinnern die „Russische Ostern" von Rimskij-Korsakoff noch einmal an das, was er hinter sich läßt. Es verbindet sich mit einem Zitat der Musik aus den Lautsprechern der russischen Kommandantur. Dort waren vorher neben

221

Nachrichten in russischer Sprache ununterbrochen Volkslieder, der berühmte „Säbeltanz", und Musik von Chopin, Rachmaninoff, Tschaikowski, Smetana und eben Rimskij-Korsakow zu hören gewesen: eine historisch verbürgte Mischung.

Und auch in allen anderen Filmszenen zitiert Fechner, wenn irgend möglich, die Musik, die in den zugrunde liegenden wirklichen Situationen tatsächlich gespielt wurde: Jazz von „Georgia" bis „In the Mood", deutsche Schlager wie „Schönes Wetter heute", „Bei dir war es immer so schön", „Wenn bei Capri die rote Sonne im Meer versinkt". Wie von Kempowski im Roman dokumentierend festgehalten, war „Ich hab mich ergeben mit Herz und mit Hand" wirklich das bei der Wiedereröffnung von Kempowskis Schule im Herbst 1945 das erste gemeinsam gesungene Lied gewesen.

Weiter waren auszuwählen: klassische Musik, Salonmusik, Jazz, deutsche Lieder, Nazi-Lieder.

Ich hab ja ganz selten Musik verwendet, die für den Film direkt selbst komponiert war, das ist glaube ich, zweimal gewesen in meinem Leben. Sonst habe ich, wenn überhaupt Musik in dem Film war, die Musik aus der Zeit genommen. Bei den Kempowski-Filmen war Hans G. Leonhardt ein sehr guter Mitarbeiter.

Bei der Ton-Mischung von „Ein Kapitel für sich" haben wir bis zu 30 verschiedene Bänder gehabt, die zusammengemischt werden mußten, immer gegeneinandergesetzt, sich überlappend. Das ist sehr kompliziert und sehr schwierig. Dazu brauchten wir zwei Tonmeister. Einen für die Dialogbänder und die drei Musikbänder. Den zweiten für die vier Geräuschbänder und die ‚Athmo-Schleifen', die für jeden Schauplatz die akustische Atmosphäre einfangen, z. B. Hintergrundgespräche in einem Café, eine belebte oder unbelebte Straße, mit spielenden Kindern und Hundegebell, Vogelstimmen usw.

222

Vom Schreiben des Drehbuchs bis zur Montage am Schneidetisch gibt es immer wieder Veränderungen, Umstellungen, Streichungen. Eine Anzahl von Szenen sind nicht gedreht worden, eine weitere Zahl zwar gedreht, aber dann nicht in den Film eingesetzt worden, aus unterschiedlichen Gründen. Es gibt Szenen die mißlingen, oder die Fechner am Ende schauspielerisch nicht ausreichend erschienen, oder die bei den Verschiebungen, den Umstellungen bei der Montage überflüssig werden, nicht mehr in den Zusammenhang passen oder nicht so wie gedacht funktionieren.

Fechner weist darauf hin, daß durch den geldbedingten Zeitmangel viele Regisseure ihre Filme nicht mehr selber schneiden, sondern diese Arbeit den Cutterinnen überlassen. Bis auf den sogenannten Feinschnitt. Er selber hält diese Entwicklung für bedenklich.

> Ich habe bei allen Filmen immer den gesamten Schnitt von Anfang bis Schluß, von morgens bis abends mitgemacht. Von der Auswahl, vom Einsetzen der Muster bis hin zur Montage der einzelnen Szenen und des gesamten Filmes gab es, bis auf rein technische Arbeiten, keine Phase, bei der ich nicht dabei war. Mir war das ungeheuer wichtig, weil ich nicht nur bei den Dokumentationen, sondern auch bei den Spielfilmen den Schnitt für einen genau so wichtigen Teil der Arbeit halte wie das Drehbuchschreiben, das Drehen, selbst das Inszenieren. Zuletzt wird der Film doch am Schneidetisch gestaltet. Barbara Grimm und ich, wir haben zum Beispiel ganze Komplexe in den Kempowskis von einer Stelle, wo sie gedacht waren, an eine ganz andere gerückt, weil es uns sinnvoller erschien.

Die Cutterin Barbara Grimm hat mit Fechner alle fünf Filme nach Kempowski geschnitten und „Winterspelt".

> Wir haben uns gegenseitig wirklich sehr anregen können. Es war für mich eine so fruchtbare Zusammenarbeit, weil

223

sie nie sagte, „ach, das sieht schöner aus" oder „das ist gefälliger", sondern immer daran dachte, daß wirklich das herauskam, was ich in dem Film oder in der einzelnen Passage versucht habe deutlich zu machen. Und sie ist, wie Brigitte Kirsche auch, von einem außergewöhnlichen Fleiß. Wenn technische Dinge waren, bei denen ich nicht helfen konnte, hat sie ganze Nächte durchgearbeitet.

Was hat die, in zahllosen Einzelheiten sich immer wiederholende Bemühung um äußerliche Ähnlichkeit und Übereinstimmung mit der historischen Realität für einen Sinn? Wird damit wirklich das Wesentliche an den Vorgängen getroffen? Was bedeutet solch eine Kette von Realitäts-Zitaten ästhetisch?

Zunächst einmal scheint mir wichtig zu betonen, daß Fechners auf Einzelheiten bezogene Reproduktionstechnik keineswegs auch das Ganze reproduziert, zu dem die Details gehören. Die Filme nach Kempowskis Familienchronik sind eben *nicht* eine Darstellung der Kempowskischen Familie. Vielmehr führt dadurch, daß Details überdeutlich werden, die Wirkung des Gesamten eher in die Verallgemeinerung. Nicht die Kempowskis sind porträtiert, sondern die Schicht, der sie angehören.

Sogar ein Mann, der Walter Kempowskis Bücher nicht nur toleriert, sondern durchaus damit einverstanden ist, wie der Bruder Robert, hat dann später – auch in der Öffentlichkeit – gesagt, diese Schauspieler, es waren ja zwei, die ihn da verkörpert haben, die hätten natürlich überhaupt nichts mit ihm zu tun. Er sei ja ein ganz anderer Mensch. Womit er ja auch vollkommen recht hat. Den Anspruch habe ich gar nicht erhoben.

Die Schrecken der Normalität

Was mich an Fechner und seinem Werk so interessiert, ist die einzigartige Konstellation eines Künstlers und zugleich Historikers, diese extreme, immer auch selbstgefährdende Anstrengung, der Wahrheit vom Allgemeinsten bis ins Speziellste auf den Grund zu kommen. Ein ständiger ‚Prozeß‘ (Titel des Hauptfilms) findet statt, in dem zeitgenössisches Verhalten in Tausenden von Aussagen aus Hunderten von Lebenserzählungen abgewogen und immer in abgebildeten Zeitzusammenhängen zum Urteilen vorgelegt werden. Die sichtbar werdende reale Welt ist, wie bei Kafka, unheimlich, bodenlos, skandalös.

Fechners Werk behandelt nicht die neuesten Probleme mit der Umwelt, mit den Strategien der Banken und Konzerne, mit der Ausbeutung so vieler Länder der sogenannten Dritten Welt, aber es untersucht – in Kenntnis der neuesten Entwicklungen – intensiver als anderes, das ich kenne, das Fundament, die Geschichte dieses Jahrhunderts, und zwar dort, wo der Autor selber sie von Kind auf erlebt hat, in Deutschland.

Dieses Land ist aus unguten Gründen ein idealer Ort für solch eine Unternehmung. Fünf (!) verschiedene politische Systeme haben die Menschen dort in nur einer Generation erlebt: Kaiserreich, Weimarer Demokratie, Nazi-Diktatur, Bonner Demokratie, DDR-Sozialismus (Filme nach Kempowski). Ihr Land war Motor und Zentrum zweier Weltkriege und einer Inflation, Schauplatz kultureller Entfaltung und Strangulierung, staatlicher wie privater Hybris und Demütigung, von Massen- und Völkermord, Flucht, Verfolgung, Vertreibung. In alledem wird zigmillionenfach genossene und erlittene Erfahrung überdeutlich. Es ist logisch, daß eine exemplarische Formulierung dieser Erfahrung, falls sie gelingt, von nicht zu überschätzender Bedeutung sein muß, nicht nur für die Deutschen und die Europäer.

225

Die erlebte deutsche Geschichte dieses Jahrhunderts ist so kompliziert und widersprüchlich, so voller Tragödien und Farcen, daß sie nicht einmal von den Deutschen selber verstanden worden ist und wird, oder am wenigsten von ihnen. Nicht einmal von den Intellektuellen. Das macht dieses Volk in den Augen ausländischer Beobachter so rätselhaft und unberechenbar. Die empfindlicheren Deutschen begegnen ihnen meist als zutiefst unsicher im Umgang mit ihrer historischen Last. Die sie abgeschüttelt haben erwecken und verdienen Mißtrauen. Was kein Historiker geschafft hat, ist Fechner mit seinem Gesamtwerk gelungen: ohne irgend etwas zu beschönigen oder falsch zu dramatisieren, ein von allen Vorurteilen befreites und befreiendes Bild vom Handeln der älteren Deutschen in ihren verschiedenen Gesellschaftsklassen zu zeichnen.

Zwei rigoros durchgehaltene Entscheidungen Fechners haben diese erstaunliche Leistung ermöglicht. Erstens: zu jedem Punkt und zu jedem Thema seiner Chroniken immer eine Gruppe von Menschen sprechen zu lassen und nie einen einzelnen. Es sind also immer mehrere, sich ergänzende oder einander widersprechende Perspektiven, aus denen sich der Zuschauer (der immer auch als aufmerksamer Zuhörer gefordert ist) sein eigenes Bild formen muß. Und zweitens: sich aus dieser Zuschau-Arbeit vollkommen herauszuhalten und niemals eine der vieltausend zitierten Äußerungen zu kommentieren.

Auch normalerweise sind Äußerungen zum persönlichen Leben immer auch Aussagen zur allgemeinen Geschichte, aber dessen ist sich jemand, der eine Begebenheit aus seinem Leben erzählt, meist nicht bewußt. Fechners dialogische Montage stellt durch Kontrast und Widerspruch künstlich Bewußtsein her. Während in einer kontinuierlichen Erzählung, in einem normalen Interview, der Zuschauer dazu geführt wird, sich zu identifizieren, wird er hier zum Beobachter gemacht.

Die Absicht, die „Geschichte von unten" darzustellen, die Fechner für sich durchaus beansprucht, also von ganz alltäglichen Menschen auszugehen, mündet sonst a priori in Parteilichkeit: der offiziellen Geschichtsschreibung wird mit bewußter Gegeninformation zugleich die Utopie einer anderen Gesellschaftsordnung entgegengesetzt, die gegen etablierte Machtstrukturen von den Interessen der vielen ausgeht. Im Kontrast dazu entzieht Fechner seine Aussagen-Mosaike jeder vorformulierten politischen Vorstellung. Eine Aussage ist für ihn zunächst nur eine in einem Zusammenhang gemachte Aussage und nicht mehr. Indem jede Person in ihren Sätzen, und sei es auf die unpassendste und skandalöseste Weise – in einer vom Interviewer bewußt affirmativ erfragten (vgl. z. B. S. 193/194) Lebenserzählung –, ihre Sicht der Dinge ausspricht, wird jedem Einordnungsmuster widersprochen, versucht Fechner, eine Position gegen alle Vorurteile zu formulieren.

Wenn von Schriftstellern und Künstlern erwartet wird (z. B. Bertolt Brecht), daß sie dem „wissenschaftlichen Zeitalter" – sicher eine unpassende Etikettierung des Jahrhunderts – gemäß zu arbeiten hätten, so entspricht Fechner dem mit seiner Methode. Die schließt jedoch aus, von einer Theorie, etwa der marxistischen, auszugehen und seine Hoffnung in eine bestimmte Klasse zu setzen. Sie besteht vielmehr in der Absicht, systematisch das Verhalten von Menschen aus allen Gesellschaftsklassen zu untersuchen.

Zu sehen ist nur der nackte Mensch mit seinen Bedürfnissen und Strebungen. Berichtet wird, was ihm (und denen neben ihm) jeweils passiert ist und wie er (und die anderen) reagiert haben. Zwei Jahrtausende Christentum und abendländische Philosophie haben Majdanek nicht verhindert. Wir müssen uns beschämt eingestehen: der Mensch ist unpassend für jede denkbare Ordnung. Das unzeitgemäß „urzeitliche Vieh" („Puntila und sein Knecht Matti") ist im Zwanzigsten Jahrhundert daher nicht allein der Vertreter der besitzenden Klasse (der ist es nach wie vor, weil er Macht hat und sie, wie wir an den Skandalen täglich sehen, menschheitsgefährdend falsch verwendet), sondern darüber hinaus jeder. Während kaum etwas eindeutig interpretiert werden kann, wird eines nicht nur sichtbar, sondern peinlich unübersehbar: die Unfreiheit des Individuums, seine Abhängigkeit von den Zeitläufen und von zufälligen Konstellationen.

Fechner selber geht von einer Freiheits-Philosophie aus. Nichts hat er im Gespräch mehr betont, als daß er zeitlebens darum gekämpft habe, vollkommen unabhängig zu sein. Eine Vorstellung des Existentialismus hat ihn fasziniert, der das Individuum als frei, sich zu entscheiden, versteht. In seiner Arbeit jedoch verkehrt sich das in das pure Gegenteil. Sein Film-Empirismus zeigt die Freiheit sich zu entscheiden, immer wieder als Illusion, bestenfalls als die fast zufällige Möglichkeit weniger.

Zwar bezeichnet er das überwältigende Gefühl frei zu sein, das er am Ende des Krieges hatte (und vorher schon einmal als Kind im Gebirge) als sein Generationserlebnis. Während ich versuchte, bestimmte Situationen nachzuempfinden, die Fechner mir aus seinem Leben erzählt hat, hatte ich jedoch vielmehr immer wieder den Eindruck von Gefährdung und Bedrohung und der Arbeit als der einzigen Möglichkeit, sich zu retten. Daher seine Arbeitsbesessenheit.

Ist es wirklich nur ein Zufall, daß Fechners erster Film zwar von einer freien – wahrscheinlich zugleich richtigen – Entscheidung handelt, daß dieser Entschluß aber ein Suizid ist (ein Motiv, das ja auch in Fechners realem Leben zuvor eine Rolle spielte)? Zwar sind die Menschen aus seinen Filmen, die für ihn real wichtig geworden sind, Bernhard Kaiser („Klassenphoto"), Gertrud Rösner („Unter Denkmalschutz"), Roman Cycowski („Comedian Harmonists"), Klaus Ambach („Der Prozeß") und eben auch posthum Clara Heydebreck, Personen, die – wenn auch keineswegs ihr ganzes Leben lang – am Ende das privat und allgemein Richtige haben tun können. Aber sie sind eben die Ausnahmen unter den fast immer nach dem Prinzip des Zufalls ausgesuchten Vielen und manchmal vom ‚Schicksal' begünstigt.

Eine dieser Ausnahmen, der jüdische Kürschner Bernd Kaiser ist frei geblieben, weil er ins Ausland vertrieben wurde.

Eberhard Fechner und Brigitte Kirsche

... am Schneidetisch

XVI

Er weiß das und formuliert deshalb den Satz, der sich mir aus dem Gesamtwerk am meisten eingeprägt hat: „Vom menschlichen Standpunkt aus ist es menschlich, ein Mörder zu werden."

Das formuliert kraß die Regel und von ihr handeln diese Filme. Sie zeigen, daß es ein Unglück ist, 1933 in Deutschland ein Gymnasiast zu sein. Die menschliche Unfähigkeit zu resignieren bedeutete für diese Menschen, in einem wichtigen Lebensabschnitt mit dem Krieg und der Barbarei ihren Frieden gemacht zu haben und damit – unwiederbringlich – ein Stück Menschenwürde und Einsichtsvermögen in die Wirklichkeit eingebüßt zu haben. Die materiell Erfolgreichen dieser „Schweigenden Generation" können daher nicht anders als unsympathisch sein und unter dem Konflikt zwischen positivem Selbstbild und der – für sie selber nicht erklärlichen – Wirklichkeit leiden.

Mit einer tiefen Schuld, wie sie nicht wenige auf sich geladen haben, kann niemand leben. Das Unangenehme zu verdrängen, ist in ganz starkem Maße ein menschliches Grundbedürfnis. Weil jedes an die Wurzel gehende Denken Selbstbilder beschädigt, kommt man den Dingen nicht auf den Grund: das ist eine der wichtigsten Lehren nicht nur der Nachkriegsgeschichte.

Was Fechner in „Tadellöser & Wolff" am Beispiel der Kempowski-Jungen und ihrer Freunde schildert, ist die vollkommene Blindheit außerhalb der unmittelbaren persönlichen Interessen. Was so satirisch wirkt, ist die reale Komik der Wirklichkeit. Was nutzt die Sartresche Freiheit, sich zu entscheiden, die Fechner – wie viele seiner Alterskollegen – nach dem Kriege für sich reklamiert, wenn selbst die Menschen, die sinnvoll handeln wollen, weit davon entfernt sind, es tun zu können, weil das subjektiv Richtige nur zu oft das objektiv Falsche ist. Wir müssen damit leben, daß eine bestimmte Oberflächlichkeit psychisch programmiert ist.

So hat zum Beispiel mir, dem Fünfzehnjährigen, mein

Geschichtslehrer 1950 die Frage gestellt, ob der Mensch gut oder böse sei. Warum, weiß ich nicht. Ich weiß aber, daß ich antwortete, der Mensch sei gut. Leicht ist mir das sicher nicht gefallen, sonst würde ich mich nicht erinnern. Die Antwort war absurd falsch für einen jungen Deutschen fünf Jahre nach einer Epoche, die millionenfach das Gegenteil bewiesen hatte. Subjektiv dagegen war sie richtig, weil ein durchschnittlicher Heranwachsender mit Kriegs- und Diktatur-Erfahrungen sich so entscheiden mußte, um das vor ihm Liegende noch für sinnvoll halten zu können.

Und es bleiben die Opfer. In „Unter Denkmalschutz" sind die Jüngeren neben Mama Gertrud Geschlagene. Mögen sie auch einigermaßen, wie der Sohn, oder scheinbar sogar glänzend, wie der jüdische Makler, mit ihrem Leben zurechtkommen, von den Wunden, die ihnen zugefügt worden sind, werden sie sich nie wirklich erholen. Ebensowenig wie alle Menschen, die in der Hölle Majdanek gewesen sind, in welcher Funktion auch immer.

In Fechners großer Erzählung ist für die Nachwelt eine Generations-Erfahrung und eine Sicht auf die Dinge festgehalten, die Jüngere heute in einem Land wie der Bundesrepublik zum Glück nicht mehr haben und nicht mehr machen können. Manch eine wesentliche Frage, die in den Filmen beantwortet worden ist, würden sie gar nicht mehr stellen können. Aber die Fragestellung ist es, die wichtig ist, um zu begreifen, wie die Lebensläufe aller Menschen von den Ereignissen nicht nur berührt, sondern bestimmt werden, und daß dies alle daher unmittelbar angeht. Das bedeutet: jeder einzelne müßte sehr viel mehr als üblich gewahr werden, in welcher Weise sein scheinbar so individuelles Leben ständig mitentschieden wird von Umständen, auf die er nicht den geringsten Einfluß hat.

Geschichte von unten heißt im Augenblick leider nicht mehr einfach den Sozialismus etablieren, sondern jedwedem System zu mißtrauen. Fechners Botschaft ist, daß nicht einmal der Anarchismus das anarchische Wesen Mensch organisieren kann. Es ist unorganisierbar. Wer ehrlich ist, kann nur ratlos sein. Daher gibt es nur eine produktive Haltung: hinzusehen, zu widersprechen, die Erwartungen der gefährlichen Idealisten immer wieder zu enttäuschen. Wenn überhaupt etwas, hilft nur der ständige lebendige Streit um die Spielregeln, um den Rahmen, in dem Menschen handeln.

Auf die Rätselfrage, was der Mensch denn ist, und nach welchen Normen er handelt, geben Fechners Filme neue Antworten. Was Enzensberger (Jahrgang 1929) „zur Verteidigung der Normalität" in einem seiner poetisch-philosophischen Essays (1982) ausführt, daß sie, die Normalität, eine „defensive Kraft" ist, daß ihr deshalb mit Meinungen, Weltanschauungen, Ideologien „nicht beizukommen" ist, demonstrieren Fechners Filme praktisch. Die skeptische Hoffnung allerdings, die Enzensberger für das Überleben der Menschheit aus ihrer Unfähigkeit zu resignieren ableitet, verdüstert sich eher noch.

Deshalb erheben wir uns jetzt von den Stühlen und verkünden in erster Instanz folgendes Urteil: Jeder, der die Rätsel der Normalität erforschen will, wird dazu verurteilt in den Spiegel zu blicken. Aus der Urteilsbegründung zitieren wir: Der Grundsatz, demzufolge die Normalität stets in der Mehrheit ist, gilt nicht nur im objektiven, sondern auch im subjektiven Sinn. Nach der allgemeinen Lebenserfahrung kann dabei von der Gültigkeit der 95%-Klausel ausgegangen werden. Ein Zwanzigstel Abweichung, meine Lieben, ist bereits das Höchste der Gefühle. In eurer eigenen Brust sollt ihr, je nach Klassenlage, Beruf, Alter, Herkunft, Geschlecht, Status und Milieu wiederfinden, was ihr vergeblich versucht zu ignorieren, zu verleugnen, von euch abzuspalten: Vorräte an Normalität, die unermeßlich, unerschöpflich, unentrinnbar sind.

Hans Magnus Enzensberger

Filmographie

1966   *Selbstbedienung*
        (Fernsehfilm, 92 min; Produktion: NDR;)
        Buch und Regie: Eberhard Fechner;
        Besetzung: Wolfgang Condrus, Jürgen Draeger,
            Wolfgang Giese, Dagmar Bienert u. a.;
        Kamera: Rudolf Körösi;
        Ton: Wolfgang Schmeiss;
        Schnitt: Brigitte Kirsche;
        Script: Jannet Gefken

1967   *Vier Stunden von Elbe 1*
        (Fernsehfilm, 105 min; Produktion: NDR;)
        Buch: Helga Feddersen;
        Regie: Eberhard Fechner;
        Besetzung: Klaus Höhne, Carsta Löck, Helga
            Feddersen, Elke Twisselmann u. a.;
        Kamera: Rudolf Körösi;
        Ton: Werner Stumpf;
        Schnitt: Brigitte Kirsche;
        Regie-Ass.: Jannet Gefken-Fechner

1968   *Damenquartett*
        (Fernsehfilm, 90 min; Produktion: NDR;)
        Buch und Regie: Eberhard Fechner;
        Besetzung: Sonja Karzau, Renée Hepp, Karl
            Lieffen, Birgid Füllenbach, Annemarie
            Schlebitz u. a.;
        Kamera: Wolfgang Zeh;
        Ton: Werner Stumpf;
        Schnitt: Brigitte Kirsche

234

1969   *Der Versager*
        (Fernsehfilm, 90 min; Produktion: ZDF;)
        Buch: Herbert Knopp;
        Regie: Eberhard Fechner;
        Besetzung: Horst Bollmann, Günter Strack,
            Helga Feddersen, Wolfgang Condrus u. a.;
        Kamera: Rudolf Körösi;
        Ton: Wolfgang Ernst;
        Schnitt: Stefanie Möbius;
        Regie-Ass.: Jannet Gefken-Fechner

1969   *Nachrede auf Klara Heydebreck*
        (Dokumentarfilm, 60 min; Produktion: NDR;)
        Buch und Regie: Eberhard Fechner;
        Kamera: Rudolf Körösi;
        Ton: Dieter Schulz;
        Schnitt: Brigitte Kirsche;
        Regie-Ass.: Jannet Gefken-Fechner;
        Auszeichnungen:
            1970 Adolf Grimme-Preis in Silber
            1971 Goldene Kamera („Hör zu")
            1971 Kritikerpreis (Film) Verband d. dt.
            Kritiker

1969   *Gezeiten*
        (Fernsehfilm, 92 min; Produktion: NDR;)
        Buch: Helga Feddersen;
        Regie: Eberhard Fechner;
        Besetzung: Klaus Höhne, Elke Twisselmann,
        Vadim Glowna, Helga Feddersen u.
        Kamera: Rudolf Körösi;
        Ton: Horst Faahs;
        Schnitt: W. Gerhus;
        Regie-Ass.: Jannet Gefken-Fechner

1969/70   *Klassenphoto*
(zweiteiliger Dokumentarfilm, 85 und 100 min;)
Produktion: NDR;
Buch und Regie: Eberhard Fechner;
Kamera: Rudolf Körösi;
Ton: Dieter Schulz;
Schnitt: Brigitte Kirsche;
Regie-Ass.: Jannet Gefken-Fechner;
Auszeichnung: 1971 Adolf Grimme-Preis in Silber

1970   *Frankfurter Gold*
(Fernsehfilm, 87 min; Produktion HR, in der
Reihe: Tatort;)
Buch und Regie: Eberhard Fechner;
Besetzung: Hans-Christian Blech, Michael Gruner,
Klaus Höhne, Karl Lieffen, Fritz Rasp,
Günther Strack, Rolf Schimpf u. a.;
Kamera: Rudolf Körösi;
Ton: Wolfgang Richter;
Schnitt: Brigitte Rhotert;
Regie-Ass.: Jannet Gefken-Fechner

1970/71   *Geheimagenten*
(Fernsehfilm, 88 min; Produktion: HR;)
Buch und Regie: Eberhard Fechner;
Besetzung: Hans-Christian Blech, Klaus Herm,
Cordula Trantow u. a.;
Kamera: Gero Ehrhardt;
Ton: Wolfgang Richter;
Schnitt: H. Rosenhagen;
Regie-Ass.: Jannet Gefken-Fechner

1973 *Aus nichtigem Anlaß*
   (Fernsehfilm, 93 min; Produktion: NDR;)
   Buch und Regie: Eberhard Fechner;
   Besetzung: Helmut Lohner, Edda Seippel,
     Horst Beck, Susanne Beck u. a.;
   Kamera: Bernd Schofeld;
   Ton: Hans Diestel;
   Schnitt: Brigitte Kirsche;
   Regie-Ass.: Jannet Gefken-Fechner

1973/74 *Unter Denkmalschutz – Erinnerungen aus einem*
    Frankfurter Bürgerhaus
   (Dokumentarfilm, 91 min; Produktion: HR;)
   Buch und Regie: Eberhard Fechner;
   Kamera: Manfred Lowack;
   Ton: Olaf Reinke;
   Schnitt: Brigitte Kirsche;
   Regie-Ass.: Jannet Gefken-Fechner;
   Auszeichnungen:
    1976 Adolf Grimme-Preis in Gold
    1976 DAG-Preis

1974 *Tadellöser & Wolff*
   (zweiteiliger Fernsehfilm, 99 und 94 min;
   Produktion: ZDF;)
   Buch und Regie: Eberhard Fechner;
    (nach dem Roman von Walter Kempowski)
   Besetzung: Edda Seippel, Karl Lieffen,
    Martin Kollewe, Martin Semmelroge;
    Michael Poliza, Gabriele Michel,
    Jesper Christensen, Ernst von Klippstein,
    Ernst Jacobi;
    Kamera: Gero Ehrhardt;
    Ton: Jonny Gimm;
    Schnitt: Barbara Grimm;
    Regie-Ass.: Jannet Gefken-Fechner;

Musik: Hans-G. Leonhardt;
Auszeichnungen:
    1975 Prix Italia: Premio della Rai
    1976 Preis des Kultusministers des Landes
    Nordrhein-Westfalen

1975   *Lebensdaten*
(Dokumentarfilm, 89 min; Produktion: SFB/
    Manfred Durniok-Produktion;)
Buch und Regie: Eberhard Fechner;
Kamera: Axel Delaroche;
Ton: Michael Überall;
Schnitt: Brigitte Kirsche;
Regie-Ass.: Jannet Gefken-Fechner

1975/76 *Die Comedian Harmonists*
(zweiteiliger Dokumentarfilm, 96 und 95 min;
Produktion: NDR;)
Buch und Regie: Eberhard Fechner;
Kamera: Rainer Schäfer;
Ton: Dieter Schulz;
Schnitt: Brigitte Kirsche;
Regie-Ass.: Jannet Gefken-Fechner;
Auszeichnung:
    1977 Stern des Jahres der AZ-München

1977   *Winterspelt*
(Kinofilm, 111 min;
Produktion: Ullstein AV/SFB/HR;)
Buch und Regie: Eberhard Fechner;
    (nach dem Roman von Alfred Andersch)
Besetzung: Ulrich v. Dobschütz, Katharina
    Thalbach, Hans-Christian Blech,
    Henning Schlüter, George Roubicek,
    Frederik Jaeger, Claus Theo Gärtner u. a.:
Kamera: Rudolf Körösi, Kurt Weber;

Ton: Peter Kellerhals, Hans Joachim Schwarzat;
Schnitt: Barbara Grimm;
Regie-Ass.: Jannet Gefken-Fechner;
Auszeichnungen:
    1979 Prädikat wertvoll
    1983 IFF Paris: Goldmedaille

1978/79   *Ein Kapitel für sich*
    (dreiteiliger Fernsehfilm, 118 und 116 und 127 min;
    Produktion: Ullstein AV im Auftrag von ZDF,
       ORF und SRG;)
    Buch und Regie: Eberhard Fechner
       (nach Romanen von Walter Kempowski)
    Besetzung: Edda Seippel, Ernst von Klippstein,
       Stephan Schwartz, Jens Weisser, Klaus Höhne,
       Gabriele Michel, Jesper Christensen u. a.;
    Kamera: Gero Ehrhardt;
    Ton: Norbert Giebel, Reinhard Lewin;
    Schnitt: Barbara Grimm;
    Regie-Ass.: Jannet Gefken-Fechner;
    Musik: Hans-S. Leonhardt;
    Auszeichnungen:
       1980 Goldene Kamera (Hör zu)
       1980 Goldener Gong
       1980 Fernsehspiel des Monats
       1980 Jakob-Kaiser-Preis

1983/84   *Im Damenstift*
    (Dokumentarfilm, 90 min; Produktion: Eberhard-
       Fechner-Film im Auftrag des WDR;)
    Buch und Regie: Eberhard Fechner;
    Kamera: Karsten Müller;
    Ton: Henner Reichel;
    Schnitt: Brigitte Kirsche;
    Regie-Ass.: Jannet Gefken-Fechner

1976 bis   *Der Prozeß*
84   (dreiteiliger Dokumentarfilm, 89 und 92 und
        88 min;)
       Produktion: NDR;
       Buch und Regie: Eberhard Fechner;
       Kamera: Frank Arnold, Niels-Peter Mahlau u. a.
       Ton: Dieter Schulz;
       Schnitt und künstlerische Mitarbeit:
         Brigitte Kirsche;
       Regie-Ass.: Jannet Gefken-Fechner;
       Auszeichnung: 1985 Eduard Rhein-Preis

1987/88   *La Paloma*
       (zweiteiliger Dokumentarfilm, 89 und 89 Minuten;
       Produktion: Eberhard-Fechner-Film im Auftrag
         des WDR;)
       Buch und Regie: Eberhard Fechner;
       Kamera: Karsten Müller;
       Ton: Henner Reichel;
       Schnitt: Brigitte Kirsche;
       Regie-Ass.: Jannet Gefken-Fechner

Weitere Auszeichnungen:

1985: Verband der deutschen Kritiker e.V.
     „Deutscher Kritikerpreis" für das
     Gesamtwerk;
1985: Adolf Grimme-Preis für das Gesamtwerk;
1985: Alexander Zinn-Preis der Freien und
     Hansestadt Hamburg für das Gesamtwerk;

Personenverzeichnis

Quellen- und Abbildungsverzeichnis

Privatarchiv Eberhard Fechner:
S. I, II, IV, V, VI, VII, VIII oben, IX, X, XI, XII, XIV unten, XV oben.
Rosemarie Clausen: S. III.
Erich O. Krueger: S. VI oben rechts.
NDR: S. VII unten, S. VIII unten
Rolf Amber: S. XIII, S. XIV oben
Oliver Hadji: Seite XV unten, S. XVI; Umschlagphoto (Titel)

BIOGRAPHIEN BEI QUADRIGA

Claude Francis/
Fernande Gontier
Simone de Beauvoir
Aus dem Französischen von
Silvie César und Friedmar Apel.
520 Seiten,
(Broschur)
ISBN 3-88679-141-6
(Leinen)
ISBN 3-88679-156-4

Eberhard Fechner
Die Comedian Harmonists
Sechs Lebensläufe
452 Seiten, zahlreiche Abb.,
Leinen
ISBN 3-88679-174-2

Egon Netenjakob
Eberhard Fechner
Lebensläufe dieses Jahrhunderts
im Film. Eine Biographie
240 Seiten, 30 Abb.
ISBN 3-88679-181-5

Volker Skierka
Lion Feuchtwanger
Hrsg. von Stefan Jäger
388 Seiten, 375 Abb., Leinen
ISBN 3-88679-104-1

Christina Haberlik
Peter Lühr
Ein Portrait
168 Seiten, 32 Abb., Leinen
ISBN 3-88679-183-1

Carl von Ossietzky
Ein Lebensbild
Hrsg. von Richard von Soldenhoff
336 Seiten mit zahlreichen Abb.,
Leinen
ISBN 3-88679-173-4

Rotraut Hackermüller
**Roda Roda – Einen Handkuß
der Gnädigsten**
280 Seiten, 140 Abb.,
gebunden mit Schutzumschlag
ISBN 3-88679-149-1

Kurt Tucholsky 1890–1935
Ein Lebensbild
Hrsg. von Richard von Soldenhoff
296 Seiten, 325 Abb.
ISBN 3-88679-138-6 (Leinen)
ISBN 3-88679-154-8 (Broschur)

Hedwig Müller
Mary Wigman
324 Seiten, zahlr. Abb., Leinen
ISBN 3-88679-143-2

QUADRIGA

Verlagsgesellschaft mbH
Weinheim, Berlin